Knowledge House & Walnut Tree Publishing

Knowledge House & Walnut Tree Publishing

四季花與節令物

——中國古人頭上的一年風景

賈璽增　著

自序

自古以來，中華民族以農為本，以農立國，中國古代文化與社會生活即在此基礎上形成與展開。在長期的農業生產實踐中，中國先民以精確的觀察和極高的智慧，逐步認識了天象變化的自然規律，找到了氣候變化的關鍵節點，形成了以二十四節氣為核心的生產活動、節俗儀式，以及以四季花與節令物為核心內容的應景服飾文化。

服裝是與人類社會生活最為貼近的物質文化。它不僅反映社會現實，還折射了人類的精神理想。作為社會文化活動的產物，服飾在構建社會禮儀秩序的同時，也自然成為中國古人與自然對話、相互關照的手段。中國古代應景服飾文化尤其如此。概括地講，它是以農耕生活方式為基礎，四季景物變化為參照，「天人合一」哲學思想為指導，通過色彩、紋樣、簪花、飾物進行模擬情景設定，構建而成的生動和諧、時節有序、內外融合的服飾文化，體現了華夏民族的浪漫情懷、文化想像和社會發展進程中的主動參與意識。

與冠冕堂皇、博衣大帶的禮服不同，應景服飾文化很少用於殿堂廟宇的正襟危坐，也不屬於整齊規範、細緻縝密、不可僭越的被記載於典籍文獻中的格式化、法制化、條文化的服飾制度。它是有血肉、有生命、有傳承且真實存活於中國古人的日常生活中的服飾內容。無庸置疑，只有熱愛生活、善於觀察的民族才能創造出如此生動活潑、靈活多樣、形式豐富、富於聯想的服飾文化。通過對四季花與節令物的解讀與賞析，我們可以看到那些隱含於中國傳統服飾文化中的具有頑強生命力、親和力、擴張力的文化基因，感受中國古代服飾文明所具有的強大包容性和凝聚力的內在本源，體會華夏民族生生不息、樂觀向上、積極進取的民族精神。這正是本書的意義所在！

本研究成果獲得二〇一四年度清華大學人文社科振興研究基金資助，特此致謝！

目錄

Contents

緒論

鮮花對於人類，不僅可以用作裝飾，還可以美化生活，滋潤心靈，娛人感官，撩人情思，寄以心曲。古今中外，無論地域，沒有哪個民族不喜歡鮮花的。在古希臘和古羅馬雕塑中經常可見頭戴玫瑰或橡樹葉花飾的人。人們將花環或葉環授予奧林匹克運動員、軍事指揮官和最高統治者。在十八世紀，歐洲女性也喜歡用鮮花做服飾裝飾。

作為世界上擁有花卉種類最為豐富的國家之一，中國古人栽花、種花、賞花、詠花，乃至簪花的歷史更是悠久。鮮花不僅是滲透於血液中的文化滋養，更是璀璨的華夏服飾文明中的重要組成部分。人們心目中種種花卉的形象，成了幸福、吉祥、長壽的化身，代表了中國古人的情感與情操，寄託了中國先民對美好生活的期望。

到了漢代，雖然簪花文化尚未形成風氣，但花卉已開始以各種形式逐漸進入人們的生活之中。有人會將茱萸花視為能驅魔辟邪的節令物，每到重陽時節便要插在髮髻上，也有人因喜歡茉莉花的香氣而簪插在頭上。而此時的貴族女性則多簪插以花為形的步搖或花釵。金、銀質地加飾寶石，其形式豐富，工藝也精美之極。

隨著佛教文化的傳播，加之上層統治者的喜愛，簪花到了唐代逐漸成為一種社會風尚。各色鮮花、樹葉和精工巧做的步搖、花釵等飾品，高調地裝飾著女性烏黑高大的髮髻，成為丰韻美人頭上不可缺少的裝飾品。與之相配的不僅有盛裝禮服，還有平時穿用的生活服飾。甚至，人們還將鮮花做成花冠戴在頭上。時代稍後，以風花雪月著稱的趙宋王朝，不僅繼承了前代文化，還在此基礎上更上一層樓，將節日時物也加了進去，這許多內容都將應景與簪花文化推到了頂峰。在日常生活中，鮮花成為一種禮儀和娛樂文化，日漸深入地與人們的禮儀慶典、衣食住行、歲時節日、婚喪嫁娶、遊藝娛樂等發生了密切的聯繫。隨著內容不斷地豐富和分化，久而久之，發展成為民俗生活的一部分，給人們的生活帶來了精神愉悅和心理滿足。

在一些重要的宮廷儀式中，鮮花也成為烘托氣氛的重要儀程。遠遠望去，浩浩蕩蕩的鑾駕隊伍，因簪花所呈現出的一派錦繡乾坤的繁華景象，甚至堪稱宋朝政府的形象工程。有時，君王也會在不同場合將鮮花賞賜給身邊群臣。受賞者的歡喜自不必說。那些風雅名士們也會在各種場合簪戴鮮花，除了追逐風尚的原因，還在於鮮花所具有的祥瑞氣息。雅集賞花，人們看到的不僅是不同時節的各色花卉，也是人與自然、人與人相互交融、相互交流的絕好契機。

簪花是無論性別與年齡的。一切的標準只是個人的興趣與喜好。因此，對於鮮花的需求自然極多。城市街巷間的花店應運而生，專門以種花為業的花戶更是不可或缺。為了吸引顧客，賣花者在穿行弄堂深巷時，多半會吟唱悠揚的吆喝。此時，端坐閣樓閨房的小姐貴婦們便起身，走出庭院，推開院門挑選自己中意的花枝插在髮髻間。境況好者暗自欣喜，傷春感懷者則顧影自憐。這曾經飄蕩在歷史深處的「清婉可聽」的賣花聲，甚至會成為江南城市記憶中不可缺少的景色。

作為以農耕經濟為基礎的中國傳統服飾，其文化形態必然會有所反映。節令物將時令鮮花、繽紛彩蝶按時節插飾在髮髻間，不僅能夠反映自然景觀的輪迴，還能濃縮出「天人合一」的氣象。高興到極致，人們還會將四季花卉合併在一起，集中呈現，體現出一派生機盎然的景致與喜氣。這是長期受農耕文化浸染，而深植於中國古人內心的不可磨滅的情懷。為了湊足一年的節令風景，又因為鮮花價格昂貴，鮮榮瞬息，枯萎無常，所以中國古人剪綵為花，扎帛成朵，雕金嵌寶，便成為一種順應自然的必然手段。查看實物，憑手工製作的花朵也都鮮活自然，充滿靈氣，這與中國古人細緻觀察和匠心獨特的手工技藝密不可分。

當然，古人也有用鮮花象徵身份，釋放情緒，懷念親人的習慣。中國古人在漫長的社會物質生活發展過程中，逐步將花卉、節令物和中國文化相結合，創造了豐富而多彩的文化內涵。

1.2 大汶口文化花瓣紋壺彩陶

1.1 大汶口類型彩陶鉤葉圓點紋缽。約公元前四千五百年至公元兩千五百年，江蘇邳縣出土

第一章　纖手摘芳

夜來微雨洗芳塵，公子驊騮步貼勻。莫怪杏園憔悴去，滿城多少插花人。

（杜牧〈杏園〉）

中國先民簪花裝飾，究竟始於何時，已難考索。在生產力尚不發達的原始社會，生活資料極度匱乏，擺在人們面前的首要問題是如何獲取更多的生存資料。人們最需要的內容，往往最易引起關注。這就可以理解，為什麼樸實但不嬌艷的豆莢花能夠最早進入華夏先民的裝飾題材。在河南陝縣廟底溝、陝西華縣泉護村、江蘇邳縣等文化遺址出土的彩陶上，就有很多以圓點、弧邊三角方式繪畫的豆莢、花瓣和花蕾紋樣〔1.1、1.2〕。這些紋樣線條概括、造形樸實，對稱與連續法則運用熟練。

其實也不難理解，因為當人類尚在為如何生存而掙扎的時候，人們更願意用那些與猛獸相關的材料作為佩飾，以期在精神上獲得力量和庇護，

1.3 遼寧海城小孤山穿孔項飾

1.4 良渚文化冠形玉飾上頭戴羽冠的線雕人面紋樣

1.5 人頭形器口彩陶瓶

花朵雖然好看，但並不能帶來現實幫助。這就是為什麼我們能夠在北京山頂洞人和遼寧海城小孤山的遺址中發現獸牙串飾的原因〔1.3〕。因為祭祀需要，遠古先民也有用鳥羽做頭飾的例子。在浙江省餘杭縣瑤山良渚文化遺址出土的冠形玉飾上，就有頭戴羽冠的人面紋樣〔1.4〕。這與以祭「天」為重點的原始宗教信仰有關。中國先民相信主宰萬物的神存在於天上，「鳥」在「祭天」時，是有助於人與天上神靈溝通的特殊媒介。

除了現實原因，中國先民最初的髮式為自然下垂的「披髮」式樣。這也阻礙了簪花飾髮的可能性。例如，一九七三年甘肅秦安大地灣出土的一件人頭形彩陶瓶[1]所表現的人物髮型就為前額修剪過的披髮式樣〔1.5〕。顯而易見，披髮是無法插戴鮮花的，只有將頭髮束起來，才具備簪花的條件。

鮮花很難長久保存，所以我們尚不能因沒有直接證據而斷言：中國遠古先民沒有簪花風尚。但至少可以明確的是，雖然有個別還不能定論的孤例（詳見第三章），但在目前筆者掌握的相關考古資料中還沒有中國遠古時期即已流行簪花的實證。如果將花葉形的步搖首飾也算作簪花的話，我們最多也只能將華夏先民簪花的歷史推至春秋戰國。這或許與我們的想像有所差距。當然，這裡講的是以裝飾為目的的簪花，而不是為了祈福和降神的目的。

1.6 東漢庖廚侍奉女陶俑。重慶中國三峽博物館收藏，高四十五公分、寬三十二公分

1.7 東漢提罐捧物女陶俑。新都區楊升庵博物館收藏，高六十九公分、長二十七公分、寬十公分

1.8 東漢執鏡女陶俑

1.9 東漢獻食陶俑

1.10 東漢持簸箕女陶俑

文獻中最早出現「步搖」一詞是戰國宋玉所著〈諷賦〉中「主人之女……垂珠步搖」的描寫。到了漢代，步搖更是被列入女子禮服範疇。貴族女性們只在髮髻上簪插步搖、花釵等像生花。簪插真花只是侍女與庶民的事情。《西京雜記全譯》：「漢武帝宮人賈佩蘭，九月九日佩茱萸，食蓬餌，飲菊花酒，云令人長壽。蓋相傳自古，莫知其由。」❷茱萸又名「越椒」、「艾子」，是一種常綠帶香的植物，具備殺蟲消毒、逐寒祛風、吉祥辟邪的功能。在每年的重陽節，漢朝人除了爬山登高，還要飲菊花酒，折茱萸花飾髮，在手臂上繫帶茱萸囊，用以辟邪去災，延年增壽。在川蜀地區出土了許多簪茱萸的東漢婦女人物俑，如重慶江北工農公社向陽大隊M1東漢庖廚侍奉女陶俑〔1.6〕、四川成都新都區東漢提罐捧物女陶俑〔1.7〕、四川成都永樂東漢墓執鏡女陶俑〔1.8〕、重慶化龍橋東漢獻食陶俑〔1.9〕和四川省忠縣持簸箕女陶俑〔1.10〕，等等，都在頭部簪插茱萸花。多者四五

❶ 仰韶文化廟底溝類型，距今有五千年。

❷〔漢〕劉歆著，〔東晉〕葛洪輯，成林、程章燦譯註：《西京雜記全譯》卷三，一〇六頁，貴陽，貴州人民出版社，一九九三。

1.11 茱萸紋繡絹長三十四公分、寬三十五公分

1.12 東漢女舞俑

朵，少者一兩朵。其實，這些陶俑正是現世生活中簪花習俗的真實反映。

在漢代，用茱萸紋樣裝飾的紡織品也十分流行。在湖南長沙馬王堆一號漢墓出土的紡織品中就有茱萸紋刺繡絹，用朱紅、土黃、深土黃色絲線，在絹上繡茱萸花〔1.11〕。

除了簪插茱萸，漢代閩人（今廣州）也有用彩色絲線將茉莉花穿成串戴在頭上聞香的風俗。漢初政論家陸賈所著《南越行紀》中就有記載。晉人嵇含《南方草木狀》卷上：「耶悉茗花、末利花，皆胡人自西國移植於南海，南人憐其芳香，競植之。陸賈《南越行紀》曰：『南越之境，五穀無味，百花不香。』此二花特芳香者，緣自胡國移至，不隨水土而變，與夫橘北為枳異矣。彼之女子，以彩絲穿花心，以為首飾。」❸廣州東漢墓出土女舞俑頭部的高大髻上就插滿四瓣花朵，其形狀很像茉莉花〔1.12〕。《晉書・后妃傳・成恭杜皇后》：「三吳女子相與簪白花，望之如素柰」❹，文中「三吳女子」所簪的白花很可能就是指茉莉花。

魏晉南北朝時期，中國古人簪花的種類逐漸豐富，如梁簡文帝〈和人渡水〉詩：「帶前結香草，鬢邊插石榴」，簪花的目的也不再局限於辟邪和祈福。在這一時期的文獻中，簪花內容逐漸多了起來。美女「插花」是一件極其值得稱道的事，南朝梁・袁昂《古今書評》：「衛恆，書如插花

美女，舞笑鏡台。」❺

真正對簪花起到推波助瀾作用的是佛教的廣泛傳播。在魏晉、隋、唐時期的敦煌壁畫中，經常可見頭戴「花鬘」的菩薩、飛天、伎樂、舞伎等人物形象，如莫高窟初唐第三二一窟飛天、莫高窟盛唐第三六八窟飛天和榆林窟五代第十六窟天女滿首飾花。在敦煌出土絹畫《引路菩薩》〔1.13〕中被引的引路菩薩頭上就戴著花鬘冠。❻在唐代文獻中，也有許多關於西域異族男女頭戴花鬘的記載，《舊唐書》卷一九七〈南蠻傳〉：「（林邑國）王著日氈古貝，斜絡膊，繞腰，上加真珠金鎖，以為瓔珞，卷髮而戴花」❼；「（婆利國）王戴花形如皮弁」❽等諸多的記載❾。唐代

1.13 敦煌出土絹畫《引路菩薩》

❸〔清〕梁廷楠著，楊偉群校點：《南越五主傳及其它七種》，五七頁，廣州，廣東人民出版社，一九八二。

❹〔唐〕房玄齡等：《晉書》，三十二卷，九七四頁，北京，中華書局，一九九六。

❺李昉編纂，夏劍欽校點：《太平御覽》卷七四八，三一頁，石家莊，河北教育出版社，二〇〇〇。

❻此絹畫被斯坦因從敦煌持去，現藏倫敦大英博物館，原作可參見斯坦因《西域考古記》卷前插圖。

❼〔後晉〕劉昫等：《舊唐書》卷一九七，五二六九頁，北京，中華書局，一九七五。

❽〔後晉〕劉昫等：《舊唐書》卷一九七，五二七一頁，北京，中華書局，一九七五。

❾〔後晉〕劉昫等：《舊唐書》卷一九九〈東夷傳〉：「（百濟國）其王……烏羅冠，金花為飾……官人盡緋為衣，銀花飾冠。」五三二九頁，北京，中華書局，一九七五。《新唐書》卷二二二下〈南蠻傳〉：「（驃王）戴金花冠、翠冒，絡以雜珠。」六三〇八頁，北京，中華書局，一九七五。「（驃國樂工）冠金冠，左右珥璫，條貫花鬘，珥雙簪，散以毳。」「（南詔）舞人……，首飾抹額，冠金寶花鬘。」六三一〇頁，北京，中華書局，一九七五。「（雍羌）……冠金冠，左右珥璫，條貫花鬘，珥雙簪，散以毳。」六三一四頁，北京，中華書局，一九七五。

高僧[10]玄奘《大唐西域記》卷二：「（印度人）首冠花鬘，身佩瓔珞。」「國王、大臣服玩良異，花鬘寶冠以為首飾，環釧瓔珞而作身佩。」文中的「花鬘」即是指敦煌壁畫中套於人物頭上的花環。在遼寧朝陽北票房身村晉墓出土有花蔓狀金飾兩件，上面懸掛有圓形金葉片，與步搖共用，疑為冠上的圍飾。[11]

1.14 晉代花蔓狀金飾（遼寧朝陽北票房身村晉墓出土）

花鬘也稱「華蔓」〔1.14〕，不僅可戴在頭上，也可戴在身上。《佛學大辭典》〈華蔓〉條稱：「印度風俗男女多以花結貫飾首或身，謂之俱蘇摩摩羅（Kusum-amala），因而以為莊嚴佛前之具。」[12]

簪花發展至唐代，已經成為一種比較常見的社會風氣。其文化內涵和表現形式也更為豐富多樣。據記載，唐明皇親自為楊貴妃插頭花。宋人楊巽齋〈茉莉〉也曾吟過：「誰家浴罷臨妝女，愛把閒花插滿頭。」唐代貴婦簪花形象如敦煌一三〇窟唐代樂廷環夫人太原王氏供養人像。其中人物盛裝禮服，錦繡衣裙，帔帛繞肩，束腰長帶，髮髻簪花數枝，氣度端莊，雍容富貴〔1.15〕。此外，在阿斯塔那出土《弈棋仕女圖》中貴婦髻上都簪有十瓣綠葉組成的花朵〔1.16〕。

此時，還出現了一種專屬婦女的簪花鬥花比賽。據《開元天寶遺事》卷三載：「長安士女，於春時鬥花，戴插以奇花，多者為勝。皆用千金市名花，植於庭苑中，以備春時之鬥也。」[13]當然，除了這種備春而植的上層豪門浪擲千金的鬥花活動，還有許多民間的鬥花之戲。例如，在敦煌地區，民間春日簪花鬥新鬥奇的活

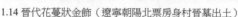

1.15 唐代樂廷環夫人太原王氏供養人像

1.16〔唐〕《弈棋仕女圖》

1.17 李憲墓中壁畫仕女

動亦頗盛行。有敦煌歌辭〈鬥百草〉可證：

一、建寺祈穀生，花林摘浮郎。有情離合花，無風獨搖草。喜去喜去覓草，色數莫令少；二、佳麗重名臣，簪花競鬥新。不怕西山白，唯須東海平。喜去喜去覓草，覺走鬥花先；三、望春希長樂，南樓對北華。但看結李草，何時憐頡花？喜去喜去覓草，鬥罷且歸家；四、庭前一株花，芬芳獨自好。欲摘問旁人，兩兩相捻笑。喜去喜去覓草，灼灼其花報。⑭

唐代初期，人們簪花多為點綴，即使是「滿頭」插花也多用小花，如陝西唐太子李憲墓中壁畫仕女髮髻上多插一枝或幾枝小紅花，為烏黑濃密中點一撮鮮色〔1.17〕。又如，河南安陽唐・太和三年（八二九年）趙逸公墓天井東壁壁畫仕女髻上也都簪花朵。其形象正符合詩仙李白〈宮中行樂詞〉

⑩〔唐〕玄奘著，季羨林註：《大唐西域記校注》卷二，一七六～一七七頁，北京，中華書局，一九八五。

⑪陳大為：〈遼寧北票房身村晉墓發掘簡報〉，載《考古》，一九六〇（一），二四～二六頁。

⑫丁福保：《佛學大辭典》卷十二，二一〇七頁，上海，上海書店出版社，一九九一。

⑬〔五代〕王仁裕撰，曾貽芬點校：《開元天寶遺事》，唐宋史料筆記，四九頁，北京，中華書局，二〇〇六。

⑭高國藩：《敦煌曲子詞欣賞》，三二〇頁，南京，南京大學出版社，二〇〇一。

1.18《簪花仕女圖》中頭戴牡丹的貴婦

1.19《簪花仕女圖》中頭戴荷花的貴婦

1.20《簪花仕女圖》中頭戴海棠花的貴婦

1.21《簪花仕女圖》中頭戴芍藥的貴婦

（八首之一）中所稱的「山花插寶髻，石竹繡羅衣」。到了唐代中後期，開始流行簪插大朵花。唐代周昉《簪花仕女圖》中仕女的高髻上皆簪插盛開的牡丹、荷花、芍藥與海棠等花朵。鮮艷怒放的花朵，正與晚唐女性頭上烏黑的峨峨高髻形成對比〔1.18~1.21〕。其中一婦女頭戴的芍藥很可能就是蘇鶚《杜陽雜編》提到的「輕金之冠」，徐夤有詩題作〈銀結條冠子〉：「日下徵良匠，宮中贈阿嬌。瑞蓮開二孕，瓊縷織千條。蟬翼輕輕結，花紋細細挑。舞時紅袖舉，纖影透龍綃。」按照詩人描述，這種蓮冠蟬翼輕薄，瓊縷千條，精細且輕。

在白沙宋墓壁畫第一號墓前室東壁闌額下繪有女樂十一人，左側立上排第三彈琵琶者髻上也簪戴一朵碩大的花冠，冠下插簪飾〔1.22〕。另外，麥積山五代壁畫、宋人繪《女孝經圖》等繪畫中都有當時女性頭簪大花的形象〔1.23、1.24〕。

實行文人治國政策的趙宋王朝，因商業的繁榮和士大夫階層的興起而促成了宋人愛花、養花的社會風氣。商業繁榮，城市發達，帶來了花卉產業的空前繁榮。簪花也成為一個無關性別、年齡與身份的集體風尚。

1.22 白沙宋墓壁畫上頭戴團冠、花冠的女性形象

1.23 麥積山五代壁畫中頭戴花冠的女性形象

1.24 宋人繪《女孝經圖》

1.25〔宋〕李嵩《花籃》

宋代花卉繪畫也達到了前所未有的新高度。南宋李嵩《花籃》所繪籐編花籃插滿各種春花，如牡丹、茶花等〔1.25〕。畫法極為精工，設色濃麗，展示了宋代院體花鳥畫的精緻與寫實。宋代歐陽修《洛陽牡丹記》記載，北宋的洛陽以產牡丹聞名，「春時城中無貴賤皆插花，雖負擔者亦然」。[15]宋代詩詞中關於簪花的內容更是多不勝數。

折寄隴頭春信。香淺綠柔紅嫩。插向鬢雲邊，添得幾多風韻。但問，但問，管與玉容相稱。

（〔宋〕石孝友〈如夢令〉）

玉奩收起新妝了。鬢畔斜枝紅裊裊。淺顰輕笑百般宜，試著春衫猶更好。裁金簇翠天機巧。不稱野人簪破帽。滿頭聊插片時狂，頓減十年塵土貌。

（〔宋〕周邦彥〈玉樓春〉）

鳩雨細，燕風斜。春悄謝娘家。一重簾外即天涯。何必暮雲遮。釧金寒，釵玉冷。薄醉欲成還醒。一春梳洗不簪花。孤負幾韶華。

（〔宋〕許棐〈喜還鶯〉）

因為花枝插進鬆軟的髮髻裡，無法長時間固定，所以，一般需要用髮釵來固定才行：

1.26 上海博物館藏南宋無款《歌樂圖》

1.27 宋人繪《雜劇圖》

1.28 偃師酒流溝宋墓出土的雜劇人物磚刻

東風催露千嬌面。欲綻紅深開處淺。日高梳洗甚時忺，點滴燕脂勻未遍。霏微雨罷殘陽院。洗出都城新錦段。美人纖手摘芳枝，插在釵頭和風顫。

（〔宋〕柳永〈木蘭花・海棠〉）

交刀剪碎琉璃碧。深黃一穗瓏松色。玉蕊縱妖嬈。恐無能樣嬌。綠窗初睡起。墮馬慵梳髻。斜插紫鸞釵。香從鬢底來。

（〔宋〕侯寘〈菩薩蠻・簪髻〉）

金釵鮮花相互映襯，應是一番別樣精緻的風景。

《宋史・輿服志》曰：「襆頭簪花，謂之簪戴。」⑯簪花，又叫插花、戴花，即是把花朵插戴於髮髻或帽冠之上。如果頭上戴冠或帽，那麼宋人也會將花插在冠帽外側。例如，南宋無款《歌樂圖》〔1.26〕、宋人繪《雜劇圖》〔1.27〕和偃師酒流溝宋墓出土的雜劇人物磚刻中的簪花女性形象〔1.28〕。後者人物頭戴小帽，腦側簪有花

⑮歐陽修：《洛陽牡丹記・風俗記第三》，景印文淵閣四庫全書，子部，譜錄類，二十七冊，八四五～八四六頁。

⑯〔元〕脫脫等：《宋史・輿服志》卷一五三，三五六九頁，北京，中華書局，一九七七。

葉，腰後插有團扇一把，她雙手抱拳於胸前，做打揖狀站立。身著長衫，腰部繫有帕帶一條，足下蹬平底靴，人物頭部外上方，有字牌一個上書「丁都賽」三字。據宋代文獻記述，丁都賽是北宋末年開封著名雜劇藝人，平時在「瓦子」中表演。每逢元宵節，皇城門前搭建露天戲台演戲，丁都賽等民間藝人都要登台獻技，被稱為「露台弟子」。磚雕所反映的正是丁都賽表演戲曲時的情景。從圖像上看，這些花朵應該是別插於鬢旁耳側。

在《水滸傳》中描寫的梁山好漢裡，就有很多喜歡簪花的人物，例如：

小霸王周通「頭戴撮金尖乾紅凹面巾，鬢傍邊插一枝羅帛像生花」⑰；

短命二郎阮小五「斜戴著一頂破頭巾，鬢邊插朵石榴花」⑱；

病關索楊雄「鬢邊愛插翠芙蓉」⑲；

一枝花蔡慶「金環燦爛頭巾小，一朵花枝插鬢傍」「這個小押獄蔡慶，生來愛戴一枝花，河北人順口都叫他做一枝花蔡慶。」⑳「頭巾畔花枝掩映」㉑；

沒面目焦挺「絳羅巾幘插花枝」㉒；

金槍手徐凝「金翠花枝壓鬢傍」㉓。

與宋同時期的金人受中原風氣影響，也以簪花為尚。趙秉文〈戴花〉：「人老易悲花易落，東風休近鬢邊吹。」至元代，簪花習俗仍舊流行，詩詞中簪花的內容頗為豐富，元好問〈辛亥九月末見菊〉詩云：「鬢毛不屬秋風管，更揀繁枝插帽簷。」張可久〈春日簡鑑湖諸友〉小令：「簪花帽，載酒船，急管間繁弦。」元．強珇〈西湖竹枝詞〉：「湖上女兒學琵琶，滿頭多插鬧妝花。」又，張渥〈次友人韻〉：「舞衫歌袖奏紅紗，一朵春雲帶晚霞。盡日無人見纖手，小屏斜倚笑簪花。」

白樸【雙調】〈慶東原〉曲：「朱顏漸老，白髮凋騷，則待強簪花，又恐傍人笑。」

在一九六三年河南焦作元墓出土彩繪陶持巾男侍俑和彩繪陶提盆男侍俑〔1.29〕。該陶俑人物都身穿白色圓領窄袖長袍，頭戴黑色幞頭插花飾。同墓出土的彩繪捧奩女侍俑也是頭戴花冠。這或許就是元代官服制度中的金花幞頭。此外，在元山西洪洞縣廣勝寺和山西稷山縣青龍寺壁畫中都有頭上簪花的貴婦形象。

1.29 彩繪陶持巾男侍俑和彩繪陶提盆男侍俑

到了明代，貴族女性還保留著簪花的風尚。如明代《燼宮遺錄》中載：「后喜簪茉莉，坤寧有六十餘株，花極繁。每晨摘花簇成球，綴於鬢髻。」㉔其形象如唐寅繪《孟蜀宮伎圖》〔1.30〕，該畫題跋云：「蓮花冠子道人衣，日侍君王宴紫微。花柳不知人已去，年年鬥綠與爭緋。蜀後主每於宮中裹小巾，命宮妓

⑰〔明〕施耐庵：《水滸傳》第五回，七七頁，北京，人民文學出版社，二〇〇五。
⑱〔明〕施耐庵：《水滸傳》第一五回，一八七頁，北京，人民文學出版社，二〇〇五。
⑲〔明〕施耐庵：《水滸傳》第四四回，五九〇頁，北京，人民文學出版社，二〇〇五。
⑳〔明〕施耐庵：《水滸傳》第六二回，八二三頁，北京，人民文學出版社，二〇〇五。
㉑〔明〕施耐庵：《水滸傳》第七六回，九九〇頁，北京，人民文學出版社，二〇〇五。
㉒〔明〕施耐庵：《水滸傳》第七六回，九八八頁，北京，人民文學出版社，二〇〇五。
㉓〔明〕施耐庵：《水滸傳》第七六回，九九〇頁，北京，人民文學出版社，二〇〇五。
㉔〔明〕無名氏：《燼宮遺錄》，二〇頁，張鈞衡輯：《適園叢書》第一集，民國烏程張氏刊本。

1.30〔明〕唐寅《孟蜀宮伎圖》局部。絹本，長一百二十四．七公分、寬，六十三．六公分

衣道衣，冠蓮花冠，日尋花柳以侍酣宴……」圖中所繪是五代前蜀後主王衍後宮場景，圖中四個整妝待召的宮女，其中左邊人物頭戴的就是蓮花冠，髮髻間插有茉莉花，體貌豐潤中不失娟秀。

除了繪畫作品，明代壁畫中簪花的人物也比較常見，如寶寧寺明代水陸畫《大威德步擲明王圖》中豎髮怒目的擲明王足下的一少女頭上就簪有一朵紅色的牡丹花〔1.31〕；《大梵天無色界上天並諸天眾圖》中前排手捧經卷的諸天頭頂冠上有一朵紅色花朵〔1.32〕；《六道四生一切有情精魂眾圖》[25]〔1.33〕中也有一位頭上簪花，手捧鮮花的少女形象〔1.33〕。

到了清代，簪花風俗雖然日趨衰落，但在某些地區仍然保留，如朴趾源在《熱河日記》中記載了滿族婦女「五旬以上」猶「滿髻插花，金釧寶璫」。[26]即便年近七旬，甚至「顛髮盡禿，光赭如匏」仍「寸髻北指，猶滿插花朵」。在遼北地區，有些漢族婦女甚至在髮髻上插一個內裝清水的小瓶，瓶內再插上數枝鮮花，生機盎然。此時，歐洲女服也有在帽子〔1.34〕和領巾上飾花的習俗，其風格和方式與中國相去甚遠。

1.31《大威德步擲明王圖》

1.32《大梵天無色界上天並諸天眾圖》

1.33《六道四生一切有情精魂眾圖》

1.34 十八世紀歐洲女服帽子和領巾上的花飾

㉕ 六道、四生係佛教名詞，佛教把眾生分為天、人、阿修羅、地獄、餓鬼、畜生六類。四生指生物的胎生、卵生、溼生、化生。

㉖〔清〕朴趾源著，朱瑞平校點：《熱河日記》，二〇頁、二三頁，上海，上海書店出版社，一九九七。

第二章　簪花飾首

明珠翠羽帳，金薄綠綃帷。因風時暫舉，想像見芳姿。清晨插步搖，向晚解羅衣。托意風流子，佳情詎可私。

（〔南朝・梁〕沈滿願〈戲蕭娘〉）

清人李漁在《閒情偶寄》中稱：「簪珥之外，所當飾鬢者，莫妙於時花數朵，較之珠翠寶玉，非止雅俗判然，且亦生死迥別。〈清平調〉之首句云：『名花傾國兩相歡』。歡者，喜也。相歡者，彼既喜我，我亦喜彼之謂也。國色乃人中之花，名花乃花中之人，二物可稱同調，正當晨夕與共者也。漢武云：『若得阿嬌，貯之金屋。』吾謂金屋可以不設，藥欄花榭則斷斷應有，不可或無。富貴之家，如得麗人，則當遍訪名花，植於閫內，使之旦夕相親，珠圍翠繞之榮不足道也。晨起簪花，聽其自擇，喜紅則紅，愛紫則紫，隨心插戴，自然合宜，所謂兩相歡也。寒素之家，如得美婦，屋旁稍有隙地，亦當種樹栽花，以備點綴雲鬢之用。他事可儉，此事獨不可儉。」[1]可見清人簪花風氣之盛。

步搖

與簪戴真花的歷史相比，中國女性使用花形首飾的歷史似乎更早一些。楚人宋玉在〈諷賦〉中已寫出「垂珠步搖」的詩句❷。想必，這時人們已經開始簪戴步搖了。漢末劉熙《釋名・釋首飾》中解釋：「步搖，上有垂珠，步則搖動也。」❸可知，因其上綴垂珠之飾，人動則搖曳，故名「步搖」。後人也多沿襲這種說法，如五代馬縞《中華古今注》卷中載：「殷后服盤龍步搖，梳流蘇，珠翠三服，服龍盤步搖，若侍去梳蘇，以其步步而搖，故曰『步搖』。」❹

在漢代，步搖是屬命婦禮服範疇的首飾。此時，男服、女服基本同形，而男子戴冠、女子插笄是此時性別差異的標誌。據《後漢書・輿服志》載：皇后謁廟、助蠶時，頭戴的步搖「以黃金為山題，貫白珠為桂枝相繆，一爵九華。熊、虎、赤羆、天鹿、辟邪、南山豐大特六獸，詩所謂『副笄六珈』者。諸爵獸皆以翡翠為毛羽。金題，白珠璫繞，以翡翠為華雲」❺。這即是《周禮》中所謂的「副笄六珈」。《毛詩傳》曰：「副者，後夫人之首飾，編髮為之。笄，衡笄也。珈，笄飾之最盛者，所以別尊卑。」❻在洛陽東北郊朱村

❶〔清〕李漁著，沈勇譯註：《閒情偶寄》聲容部，治服，三三頁，北京：中國社會出版社，二〇〇五。
❷宋玉〈諷賦〉：「主人之女，翳承日之華，披翠雲之裘，更披白縠之單衫，垂珠步搖。」
❸〔漢〕劉熙：《釋名》，七四頁，北京，中華書局，一九八五。
❹〔五代〕馬縞：《中華古今注》，一〇〇頁，北京，中華書局，二〇一二。
❺〔南朝・宋〕范曄：《後漢書》志三十，三六七六頁，北京，中華書局，一九六五。
❻〔清〕馬瑞辰撰，陳金生點校：《毛詩傳箋通釋》，一六九頁，北京，中華書局，一九八九。

2.1 洛陽東漢墓壁畫中髮髻上插「副笄六珈」的女性

2.2 西漢馬王堆帛畫中頭戴步搖的貴婦

2.3 甘肅武威漢墓出土金步搖

東漢晚期墓壁畫中，就有在髮髻上插「副笄六珈」的女性〔2.1〕。按照文獻記載，步搖應是在金博山狀的基座上安裝的桂枝，枝上懸掛有白珠，並飾以鳥雀和花朵，或再輔以葉片。在湖南長沙西漢馬王堆墓出土的帛畫中有頭戴步搖的女主人〔2.2〕。其實物如甘肅武威漢墓出土金步搖〔2.3〕。它是在一個四枚披垂的花葉基座捧出一簇八根彎曲的細枝，除中間一莖立一隻小鳥外，其餘枝條頂端或結花朵，或結花蕾。這與馬王堆漢墓帛畫中墓主人的頭戴首飾頗為相似。

到了魏晉南北朝時，傳統審美觀念逐漸改變，妝飾趨於奢侈，髮髻崇尚高大，《晉書・五行志》：「太元中，公主婦女必緩鬢傾髻，以為盛飾。」[7]髻上插有諸多飾件，其數目多寡成為區分尊卑身份的象徵。步搖不再局限於貴族禮服，日常生活中也可簪戴，於是便有了南朝梁沈滿願〈戲蕭娘〉「清晨插步搖，向晚解羅衣」的詩句。此時，簪插步搖的圖像已經比較常見。例如，在北魏司馬金龍墓出土彩繪《列女古賢圖》漆屏中「有虞二妃」〔2.4〕和「周室三母」〔2.5〕中就有魏晉時期「插花美女」的形象。圖中女性梳大十字髻，頭頂髮髻上插三朵花、二枝葉。花、葉相隔，有序排列。這種簪插式樣還保留著漢代的風格。其實物如比利時吉賽兒（Gisele Croes，比利時古董商）在巴黎舉辦的展覽上有一件北齊時期嵌紅琉璃金步搖，高十三・五公分，寬十七・五公

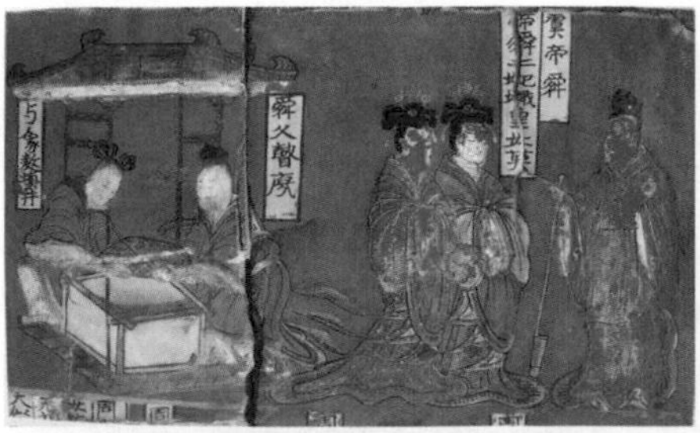

2.4《列女古賢圖》之「有虞二妃」

2.5《列女古賢圖》之「周室三母」

2.6 北齊時期嵌紅琉璃金步搖

分，步搖頂部呈樹枝狀，一粗柄上放射散出八細枝，枝頭頂端大致對稱地裝飾著圖案化的花、姿態優美的降龍、荷葉以及三朵造形各異的蓮花〔2.6〕。❽

在傳晉代顧愷之《列女仁智圖》中女性髮髻上也有二支步搖〔2.7〕。每支都有一主幹，其上作花葉形。其實物見北票房身、朝陽王墳山、姚金溝、袁檯子與西團山等七座鮮卑墓中均出土有金質步搖冠❾。一九五七年，遼寧北票市房身村二號前燕墓曾出土金步搖冠兩件〔2.8〕，一小一大：小的高十四・五公分，大的高二十八公分，其基座均為透雕金博山；小的從基座上伸出十二根枝條，尚存金葉二十七片；大的十六根，尚存圓形、桃形金葉三十片。此類步搖冠後來又有發現，與這裡出土的金步搖十分相似，都是在金博山上起金枝。有的上有十根金枝條，每枝梢頭垂一金葉，共十片雞

❼〔唐〕房玄齡：《晉書》卷二十七，第三冊，八二六頁，北京，中華書局，一九九六。

❽鄭又嘉：〈石雕金銀器，巴黎現身〉，載《典藏・古美術》，二〇〇五（九）。

❾少則一件，多則四件，多數是兩件同一形制冠飾同出。

2.7《列女仁智圖》

2.8 金步搖

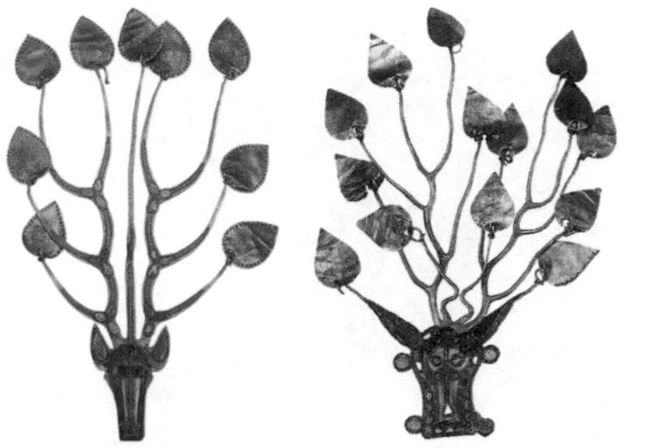

2.9 馬頭鹿角金步冠和牛頭鹿角金步搖冠

2.10 十六國時期步搖冠

心形金葉⑩。還有的金博山上金枝螺旋形呈纏繞狀直接向上，中間形成兩側橫伸枝條，分成兩層，主幹頂端有五個分叉。這樣的金枝枝條橫出後再分叉，共垂綴四十餘片金葉，顯得富麗堂皇。

與此相類似的還有內蒙古烏蘭察布盟達茂旗西河子北朝墓出土的馬頭鹿角金步冠和牛頭鹿角金步搖冠各一件〔2.9〕。在馬頭額部原鑲嵌料石，現已脫落，眉梢上端另加一對圓圈紋，每個枝梢掛桃形金葉一片。另一件頭部輪廓似牛，角是由一個主根生出兩個支根，再向上分出四個支根，每個枝梢上掛桃形金葉一片，共十四片。⑪另外，在遼寧北票西官營子馮素弗墓中還出土有公元五世紀前期的金冠飾一件，其式樣為在兩條彎成弧形的管金片上十字相交處，安裝扁球形疊加仰缽狀的基座，座上伸出六根枝條，每根枝條上以金環繫金葉三片。冠飾通高約二十六公分，枝形步搖高約九公分〔2.10〕。⑫

除了這種枝葉形的步搖簪，還有簪首為花形的髮簪，如傳顧愷之

⑩中國科學院考古研究所：《二十世紀中國考古大發現》，成都，四川大學出版社，二〇〇〇。

⑪孫機：〈東周、漢、晉腰帶用金銀帶扣〉，見《中國聖火》，六四頁，瀋陽，遼寧教育出版社，一九九六。

⑫黎瑤渤：〈遼寧北票西官營子馮素弗墓〉，載《文物》，一九七三（三）。

2.12 黃金鬧蛾撲花

2.11《女史箴圖》及其局部

《女史箴圖》中女性髮髻上簪有二支笄首為花形的髮簪〔2.11〕。魏晉時期實物尚未見到，但在宋明時期的考古出土實物中是非常普遍的首飾類型。這種髮簪的簪腳很長，穿過髮髻露出長長的簪腳，與此時女性髮髻鬢角流行的「垂髾」或「分髾」相互呼應。

隋唐時期，貴族女性頭上的裝飾日益華美。有錢人家會用金銀錘鍱出花朵的形狀，固定在簪釵的頭部，再插戴於綰起的髮髻上。例如，陝西西安玉祥門外隋朝李靜訓墓出土的一件黃金鬧蛾撲花[13]。李靜訓之父李敏官至光祿大夫，母親是周宣帝之女宇文娥英，外祖母楊麗華是隋文帝長女、周宣帝皇后。據墓誌記載，李靜訓幼年在皇宮隨外祖母生活，卒於大業四年（六〇八年），是年九歲，葬於長安皇城西的休祥里萬善道場。由於身份特殊，陪葬品極盡奢華。在其墓中，隨葬大量金銀玉器和瓷器、玻璃器等。該墓出土的黃金鬧蛾撲花是由一簇簇六瓣花朵的小花組成，每枝花朵還綴一顆珍珠做花蕊〔2.12〕。上有一隻大花蛾飛於花叢中，其下有三杈簪腳，可固定於髮髻間。整個頭飾製作精緻，華貴燦爛，正如其墓誌銘上所說：「戒珠共明並曜，意花與香佩俱芬。」

2.14《引路菩薩》中的貴族女子

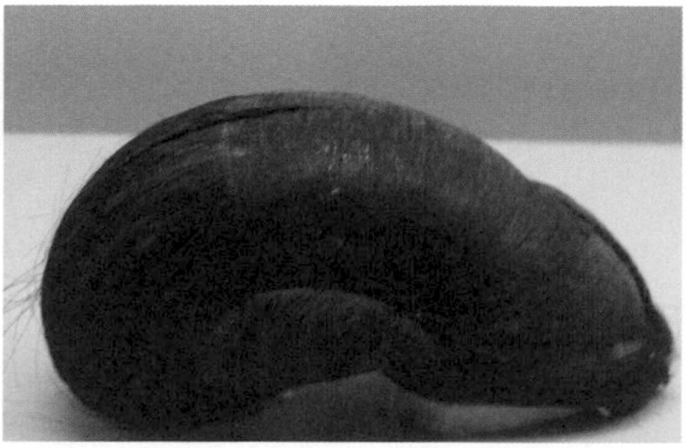

2.13 唐代婦女戴的「假髻」

花釵

晚唐時期，婦女多體態豐腴，重視化妝，臉用粉與胭脂，畫眉、貼花，使皮膚嬌艷，髮式豐富多彩，有倭墮髻、高髻、低髻、風髻、小髻、烏蠻髻、同心髻、花髻等。唐代還十分流行婦女頭戴「假髻」，如吐魯番地區出土唐代「假髻」實物，以麻布為襯裡，把鬃毛纏繞在麻布上製成〔2.13〕。因為髮鬢高大，簪插的裝飾也日益增多，這在當時的詩詞中多有表現，如岑參〈敦煌太守後庭歌〉：「美人紅妝色正鮮，側垂高髻插金鈿。」隨著唐代金銀工藝的成熟，出現了一種釵頭鏨刻、鏤空成不同紋樣花形的花釵。為了適應女性高髻，開始流行長達三十至四十公分的長釵。釵是一種用來綰髮的兩根簪腳首飾。其安插有多種方法，有的橫插，有的豎插，有的斜插，也有自下而上倒插的。所插數量也不盡一致，既可安插兩支，左右各一支；也可插上數支，視髮髻需要而定。通常，一副花釵紋樣相同、兩兩相對，分別左右對稱地插在髮髻上。在敦煌出土絹畫《引路菩薩》中菩薩身前的貴族女子頭梳高髻，髻上有一支白花紅蕊菊花狀的金鈿，旁邊插有三個黃色金釵。兩

⓭ 中國社會科學院考古研究所：《唐長安城郊隋唐墓》，圖版一〇：三，北京，文物出版社，一九八〇。

側髮髻上，還有金釵的簪腳〔2.14〕。

唐代花釵作為地位等級的象徵，佩戴的多寡有其定制。據《舊唐書・輿服志》記載：「內外命服花釵，施兩博鬢（編按：博鬢為一種假鬢，下垂過耳，以之掩耳，或只掩半耳，鬢上飾珠寶、花鈿、翠葉之物，起於隋，唐宋以後貴族婦女用以表貴賤、別等級，凡衣禮服，必施以博鬢。），寶鈿飾也」，「第一品花鈿九樹，寶鈿準花數，以下準此也，翟九等。第二品花鈿八樹，翟八等。第三品花鈿七樹，翟七等。第四品花鈿六樹，翟六等。第五品花鈿五樹，翟五等。」鈿釵禮衣「第一品九鈿，第二品八鈿，第三品七鈿，第四品六鈿，第五品五鈿。」[14]又，《唐六典》：「鈿釵禮衣，外命婦朝參、辭見及禮會則服之」；「凡婚嫁花釵禮衣，六品以下妻及女嫁則服之」；「其次花釵禮衣，庶人女嫁則服之。」[15]《新唐書・車服志》：「庶人女嫁有花釵，以金銀琉璃塗飾之。連裳，青質，青衣，革帶，襪、履同裳色。」[16]可見此類髮飾的使用遍及當時社會的各個階層，尤以宮中貴婦為甚。

花釵的佩戴者為貴族階層而非大眾百姓，因而其製作工藝、紋樣都極盡奢華。通常而言，一副花釵紋樣相同，簪戴時左右相對地插在髮髻上。在鏨刻鏤空之前，手工藝者先繪製出粉本，通過粉本進行形態的複製，從而使釵頭兩兩紋樣基本一樣。其整體錘鍱成型，通體鎏金，釵頭採用鏨刻、鏤空工藝，做成不同紋樣的花形，形態與今天人們常見的皮影、剪紙中的雕鏤部分十分相似。製作時需要將花釵固定在膠版上，再用鋒利的刻刀鏨刻出來，剔除不要的部分。其實物如一九五二年陝西省博物館收購吳雲樵舊藏唐代鎏金刻花摩羯紋蓮葉紋銀釵和唐代鎏金菊花紋銀釵〔2.15、2.16〕。後者其一殘長二十九・八公分，最寬處七・五公分，重三十克。其二長三十四・五公分，最寬處七・五公分，重三十克。簪頭鏤空五朵盛開的菊花，

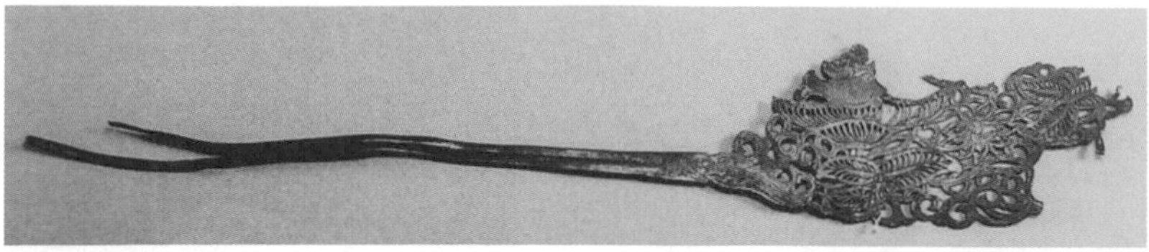

2.15〔唐〕鎏金刻花摩羯紋蓮葉紋銀釵

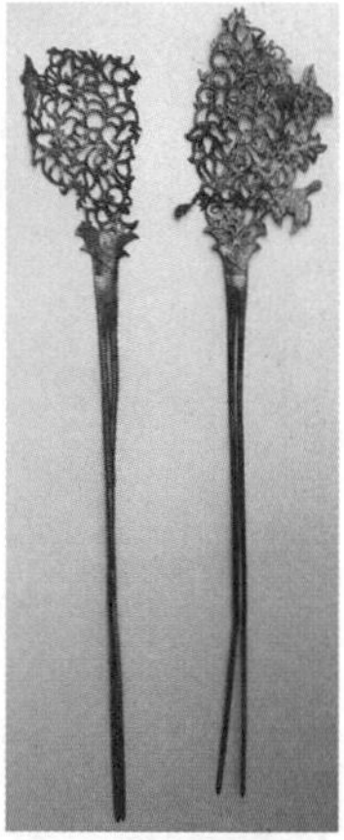

2.16〔唐〕鎏金菊花紋銀釵

2.17〔唐〕鎏金銀花釵

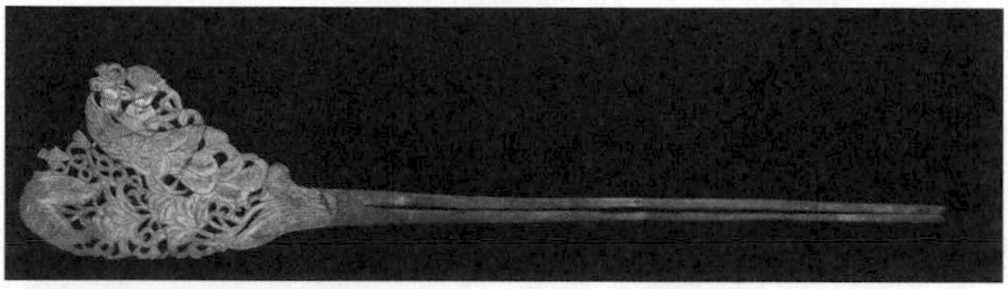

2.18〔唐〕迦陵頻伽花鳥金釵

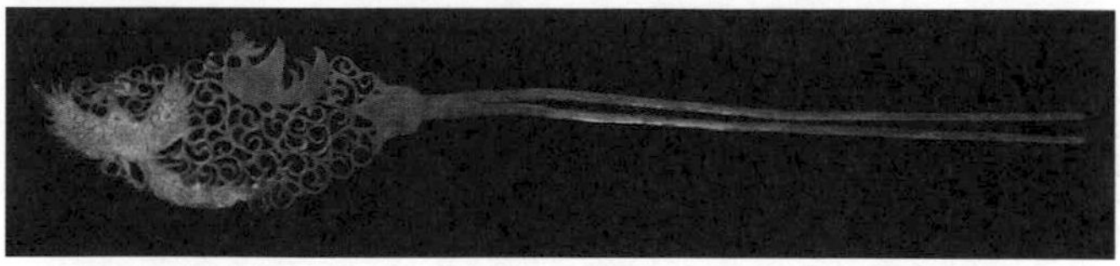

2.19〔唐〕鳳鳥卷草紋金釵

花朵間枝葉纏繞。又如，浙江長興唐墓出土鎏金銀花釵〔2.17〕和一九五六年西安南郊惠家村唐大中二年（八四八年）墓出土鎏金鬧蛾蔓草紋銀釵（見第八章〈節令時物・鬧蛾〉）。

唐代還有鳳鳥和佛教內容的花釵，如私人收藏的唐代迦陵頻伽花鳥金釵〔2.18〕和唐代鳳鳥卷草紋金釵〔2.19〕。後者釵頭底紋為卷草紋，右邊是背生雙翅、手捧花籃的迦陵頻伽，左邊是花卉和枝葉。迦陵頻伽，梵語kalavińka，巴利語karavīka，又作歌羅頻伽鳥、羯邏頻伽鳥、迦蘭頻伽鳥、迦陵毗伽鳥等，意譯作好聲鳥、美音鳥、妙聲鳥。傳說此鳥產於印度，本出自雪山，山谷曠野

⑭〔後晉〕劉昫等：《舊唐書》卷四十五，一九五六頁，北京，中華書局，一九七五。
⑮〔唐〕李林甫等：《唐六典》尚書禮部，卷四，一一九頁，北京，中華書局，一九九二。
⑯〔宋〕歐陽修、宋祁撰：《新唐書》卷二十四，二五四頁，北京，中華書局，一九七五。

2.20.a〔唐〕金鑲玉步搖花釵

2.20.b〔唐〕金鑲玉四蝶銀步搖花釵

2.20.c〔唐〕四蝶銀步搖花釵

2.20.d〔南唐〕銀鑲琥珀雙蝶簪

亦多。其色黑似雀，羽毛甚美，喙部呈赤色，在卵殼中即能鳴，音聲清婉，和雅微妙，為天、人、緊那羅、一切鳥聲所不能及。在佛教經典中，常以其鳴聲譬喻佛菩薩之妙音。或謂此鳥即極樂淨土之鳥，在淨土曼荼羅中，作人頭鳥身形。

唐代末期，工匠們將步搖與花釵的形式結合，新創製出來一種步搖花釵，即在花釵上吊墜步搖裝飾。其一，安徽合肥南唐墓出土的南唐金鑲玉步搖花釵〔2.20.a〕。其二，南唐金鑲玉四蝶銀步搖花釵，高二十三公分，在鎏金的釵股上，以金絲鑲嵌玉片，製成一對展開的蝴蝶翅膀。蝶翼之下和釵梁頂端也有以銀絲編成的綴飾，極其精巧別致〔2.20.b〕。其三，一九五六年安徽合肥西郊南唐湯氏墓出土四蝶銀步搖花釵，長十九公分，頂端有四蝶紛飛，下垂銀絲編成飾有玉片的串飾〔2.20.c〕。其四，安徽合肥五代墓出土的南唐銀鑲琥珀雙蝶簪〔2.20.d〕。

這種步搖花釵有四種佩戴方式，第一種，插在髮髻上前端，如傳唐代畫家周昉繪《簪花仕女圖》中五位貴婦的雲髻頂端都簪插鮮花，前側則簪插步搖花釵〔2.21〕。又如，陝

2.21《簪花仕女圖》局部

2.22 頭插步搖花釵的唐代仕女

2.23 永泰公主陰線仕女畫拓片

2.24《送子天王圖》之王后

西省乾縣唐永泰公主墓出土石刻也有髮髻前面插步搖花釵的唐代仕女〔2.22〕。第二種，插在髮髻的側面，如一九六一年陝西省乾縣永泰公主墓出土永泰公主陰線仕女畫拓片〔2.23〕、唐代吳道子繪《送子天王圖》中王后〔2.24〕和敦煌莫高窟六十一窟五代女供養人壁畫的髮髻側面〔2.25〕。尤其是《簪花仕女圖》中第二位仕女髮髻側下方簪的髮釵與金鑲玉步搖花釵頗為相似。第三種，插在髮髻的後面，如江蘇邗江蔡莊五代墓出土木俑的頭後部還有簪插花釵的實物〔2.26〕。這與同墓出土的銀鎏金花釵實物〔2.27〕極其相似。由此可見，每式花釵一式兩件，花紋相

2.25 五代女供養人壁畫

2.29 宋代金步搖

2.28 唐俑髮髻頂部的花釵花孔

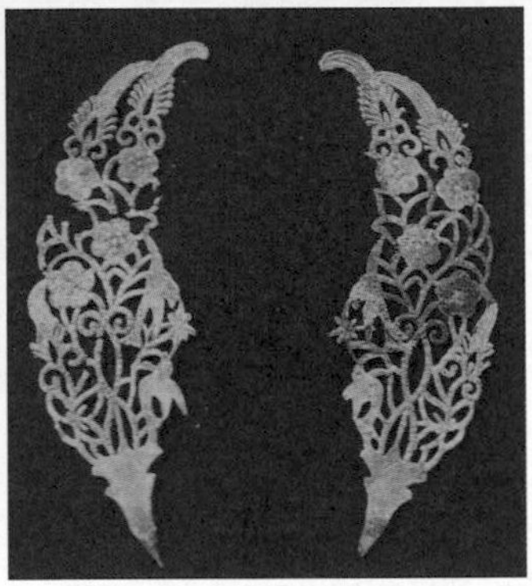

2.27〔五代〕樹葉形鏨花銀釵

2.26〔五代・南唐〕木俑背景

同而方向相反，分辨左右分插。第四種，從髮髻頂端往下簪插，如湖北武昌第二八三號唐墓出土唐俑髮髻頂部有插花釵花孔〔2.28〕。

唐代的步搖花釵到了宋代演變成女性髮髻兩邊展開的博鬢。其實物如四川閬中市雙龍鎮宋墓出土一支金步搖，也稱「博鬢簪」，長約二十三公分〔2.29〕。釵首為鏃鏤打製紋樣相同的兩片金片扣合而成，兩道連珠紋勾出卷草邊框，鏤刻芙蓉、牡

2.32〔明〕唐寅《吹簫仕女圖》局部

2.31 南薰殿舊藏《宋高宗皇后像》

2.30 南薰殿舊藏《宋宣祖杜皇后坐像》

2.35 南薰殿舊藏《孝貞純皇后像》

2.34 南薰殿舊藏《孝安皇后像》

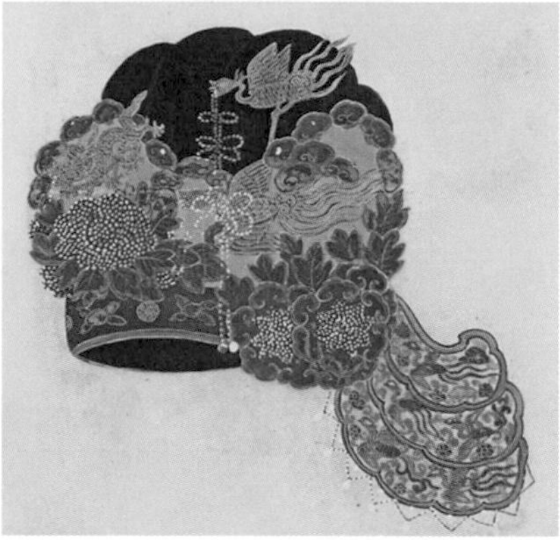

2.33 北京市文物局藏「雙鳳翊龍冠」插圖

丹和菊花等形，外鑲框又飾荷葉和花果。下緣做出兩相扣合的六個小繫，繫下懸一溜六枚帶著葉子的小桃。釵腳另外打製，然後與釵首套接。在南薰殿舊藏《宋宣祖杜皇后坐像》〔2.30〕和《宋高宗皇后像》〔2.31〕中均有博鬢的形象。明代亦沿襲此式樣花釵，如唐寅《吹簫仕女圖》中的仕女圖像〔2.32〕。《中東宮冠服》中「雙鳳翊龍冠」的兩後側也有博鬢〔2.33〕，與之對應的南薰殿舊藏《孝安皇后像》〔2.34〕、《孝貞純皇后像》〔2.35〕中首服式樣〔2.35〕。

2.38 魏晉金鈿

2.37 雲南省博物館藏
西漢 S 形金飾片

2.36 雲南省博物館藏
西漢金花飾片

花鈿

除了步搖和花釵，自魏晉以來，還流行一種叫「金鈿」的飾品。《說文》：「鈿，金華也。」[17]古時「華」通「花」，故金鈿也稱「金花」。又因其多以花卉為型，故也稱花鈿。

漢代金鈿實物如一九五六年雲南晉寧石寨山六號墓出土西漢金花飾片〔2.36〕和南晉寧石寨山十號墓出土西漢S形金飾片〔2.37〕。前者以金片鏤空鏨刻出五枚連珠金花，金花上鏨刻小連珠紋一圈。魏晉時期的金鈿實物更多，如湖南長沙晉墓出土金鈿〔2.38〕。此外，山東臨沂洗硯池M2號晉墓出土了八件桃形金葉和部分金飾殘件[18]。一九七二年南京大學東晉墓出土的金飾片發掘報告稱：「桃形金片三十二片。均用薄僅〇・三公釐左右的金片剪成，尖端有小孔，可以穿繫。這種金片有大小兩種：大的長一・六公分、寬一・三公分，重〇・二三至〇・三克不等；小的長一・三公分、寬一公分，重〇・一二克左右。」[19]這種桃形金片曾發現於洛陽的西晉元康七年（二九七年）徐美人墓中[20]，又見於長沙東晉寧康三年（三七五年）劉氏女墓[21]。

唐代女性流行梳高髻，式樣豐富繁複，且喜在髮髻上面點綴花鈿和插飾髮梳。花鈿實物如唐人張萱《搗練圖》〔2.39〕中仕女和四川大學博物館藏唐代提

2.39〔唐〕張萱《搗練圖》局部

2.40〔唐〕提籃侍女陶塑局部

籃侍女陶塑髮髻的花鈿〔2.40〕。另外，阿斯塔納村古墓群編號第二〇六號張雄夫婦墓出土塗黑漆木胎假髻〔2.41〕與吐魯番唐墓出土紙胎假髻〔2.42〕上都繪著精緻、繁縟的金色花紋。這與江蘇南京南唐二陵墓出土陶俑的高髻式樣相同〔2.43〕。

最多的唐代貴族女性髮髻上花鈿多達數百枚，超出今人的想像，如陝西西安理工大學曲江新校區唐李倕墓墓主人頭骨上部出土了大大小小有三百七十多個花鈿飾件——綠松石、琥珀、珍珠、紅寶石、玻璃、貝殼、瑪瑙、金銀銅鐵等，很多金飾件下還有翡翠鳥鮮艷的藍色羽毛，色彩絢爛，極盡奢華。這些飾件就應該依附於裡面的漆紗冠之上〔2.44〕。此外，一九八八年西安西郊咸陽國際機場鍋爐房M2工地初唐賀若氏墓㉒出土冠飾。賀若氏死後陪葬豐富，有華麗精美的金頭飾，發現時仍戴在墓主人頭上。其餘散落在頭部周圍。金頭飾由金萼托、金花鈿、金墜、金花

⑰〔漢〕許慎：《說文解字》金部，二九九頁，北京，中華書局，一九六三。
⑱山東省文物考古研究所、臨沂市文化局：〈山東臨沂洗硯池晉墓〉，載《文物》，二〇〇五（七）。
⑲南京大學歷史系考古組：〈南京大學北園東晉墓〉，載《文物》，一九七三（四）。
⑳河南省文化局文物工作隊第二隊：〈洛陽晉墓的發掘〉，載《考古學報》，一九五七（一）。
㉑湖南省文物管理委員會：〈長沙南郊爛泥沖晉墓清理簡報〉，載《文物參考資料》，一九五五（十一）。
㉒賀若氏，名厥，其夫獨孤羅是北周柱國大將軍獨孤信之子。獨孤羅的七妹為隋文帝楊堅的文獻獨孤皇后。賀若氏家族為周、隋、唐三代皇親國戚。

2.42 紙胎假髻

2.41 黑漆木胎假髻

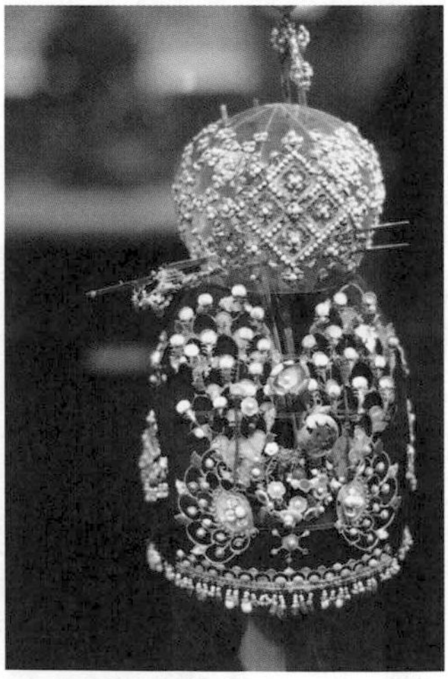

2.44〔唐〕頭冠飾件

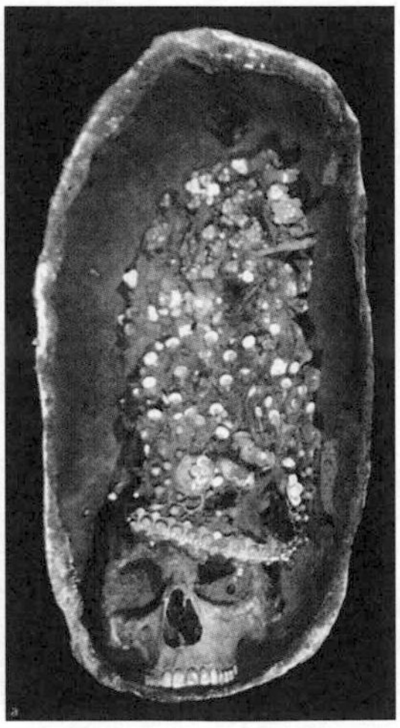

2.43 南唐陶俑

2.45〔唐〕金鈿

等各種飾件和寶石、珍珠、玉飾等三百多件連綴而成〔2.45〕。

髮梳

雨後春容清更麗。只有離人，幽恨終難洗。北固山前三面水。碧瓊梳擁青螺髻。一紙鄉書來萬里。問我何年，真個成歸計。白首送春拚一醉。東風吹破千行淚。

（〔宋〕蘇軾〈蝶戀花・京口得鄉書〉）

唐代中後期，女性們盤梳高髻之風導致了插梳風尚的流行。最初，女性們在髻前單插一梳，梳上鏨刻精緻絕美的花朵紋樣。之後髮梳的數量逐漸增加，以兩把梳子為一組，上下相對而插。到了晚唐，婦女盛裝時，有在髻前及其兩側共插三組的情況。詩人王建〈宮詞〉詩云：「玉蟬金雀三層插，翠髻高聳綠鬢虛。舞處春風吹落地，歸來別賜一頭梳。」形象地描繪出唐代女性髮髻的優美造形及髮髻上簪釵和髮梳的複雜程度。在唐人張萱繪《搗練圖》〔2.46〕和晚唐《宮樂圖》〔2.47〕中都有插髮梳的仕女圖像。

2.46〔唐〕張萱《搗練圖》局部

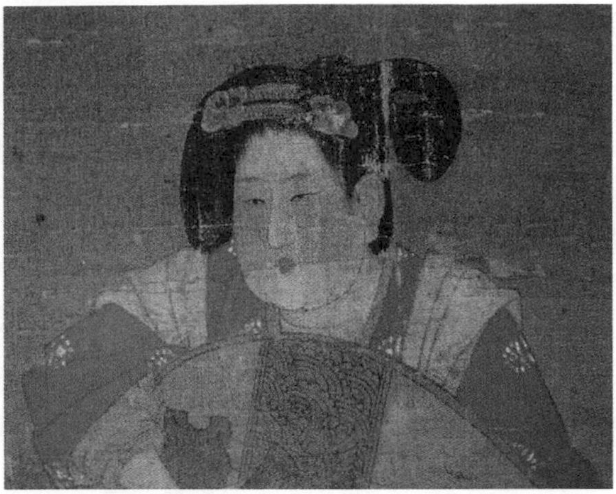

2.47〔唐〕《宮樂圖》局部

五代至宋代插梳之風更盛，簪插的數量也更多，如敦煌莫高窟彩繪絹本《南無藥師琉璃光佛》〔2.48〕、《法華經普門品變相圖》〔2.49〕、《水月觀音圖》〔2.50〕、甘肅省博物館收藏的國寶宋代敦煌莫高窟藏經洞《報父母恩重經變》圖軸〔2.51〕中女性供養人都為盛裝且滿頭插梳的形象，有的在髮髻後方還插有一把雕花大梳。宋代女性仍流行在頭上插梳，且奢華程度也達到了歷史巔峰。宋代詞人辛棄疾〈鷓鴣天・和陳提幹〉詞云：「香噴瑞獸金三尺，人插雲梳玉一彎」描寫的就是婦女插梳的形象。此外，宋代詞人歐陽修〈南歌子〉「龍紋玉掌梳」、唐・李珣〈浣溪沙〉「鏤玉梳斜雲鬢膩」等也都是描寫梳子的美詞。

唐代髮梳實物如香港大學美術博物館夢蝶軒藏唐代鎏金花卉紋銀梳〔2.52〕；唐代鸚鵡牡丹紋銀梳〔2.53〕。唐代還流行一種套於梳齒背面，手指大小的金梳背。其實物如西安市南郊出土的唐代金筐寶鈿卷草紋梳背。梳背為半圓形，在指頭大的梳背上，將細如髮線的金絲掐製成卷草、梅花形狀焊接在梳背的兩面，周邊還鑲嵌一圈直徑〇・五公釐如針尖般大小的金珠〔2.54〕。無論是金絲，還是金珠，焊口平直，結實牢固，堪稱

2.49 大英博物館藏〔五代〕《法華經普門品變相圖》局部，天福四年（九三九年），絹本設色

2.48 大英博物館藏〔五代〕《南無藥師琉璃光佛》局部，敦煌莫高窟彩繪絹本

2.51 敦煌莫高窟藏經洞〔北宋〕圖軸《報父母恩重經變》局部

2.50 敦煌莫高窟藏經洞〔北宋〕《水月觀音圖》局部，絹畫

2.53〔唐〕鸚鵡牡丹紋銀梳，高八・六公分、寬十一・五公分

2.52 香港大學美術博物館蓼蝶軒藏〔唐〕鎏金花卉紋銀梳，高八・二公分、寬十一公分

2.54 陝西歷史博物館藏〔唐〕金筐寶鈿卷草紋梳，背高一・七公分、厚〇・〇五公分、重三克

2.55 月形雙獅戲球紋銀梳

中國古代掐絲和炸珠焊接工藝的偉大傑作。

據陸游《入蜀記》卷六記載，西南一帶的婦女「未嫁者，率為同心髻，高二尺，插銀釵至六支，後插大象牙梳，如手大。」[23]這種大梳加步搖簪的形式被美譽為「冠梳」。因為象牙梳、白角梳質料易斷，因此「接梳兒」盛行。製梳也成為一門獨立的行業，製梳也都有了自己的名號，吳自牧《夢粱錄》卷三「團行」條記有「官巷萬梳行」[24]，「鋪席」條記有「官巷內飛家牙梳鋪」[25]，「偌色雜貨」條記有「接梳兒」[26]等。當時臨安梳子行當名和品名，如江西彭澤南宋墓出土月形雙獅戲球紋銀梳就鏨有「江州打造」、「周小四記」字號（2.55）。該銀梳為銀片鏤空、鏨刻而成，由裡向外分為四層：第一層，花瓣紋一周，正中刻「周小四記」，為工匠款識；第二層，五瓣梅花紋，底地鏨刻魚子紋；第三層，鏤刻雙獅戲球紋飾，對彎的兩端各鏨刻牡丹花；第四層，另一銀片鏨刻出連珠紋、四葉紋樣用來裹沿。這種梳子齒薄如紙，很難插入髮間，應當是作繫結固定在髮髻上，作壓髮、固定髮髻或純裝飾之用。

二〇〇四年江寧區江寧鎮建中村宋代古墓出土一對荷花卷草紋玉梳（2.56.a）和牡丹纏枝紋玉梳（2.56.b）。這對玉梳以和闐玉製成，長十三・七公分，寬五・一公分，厚〇・三公分，形狀呈半月形，大小與成年人的手掌相似。玉梳的梳齒製作規整，在僅一公分寬的梳背上採用透雕工藝，精妙地琢出三朵盛開的牡丹和兩朵含苞待放的花蕊，其間輔之以纏枝枝葉，構圖疏朗雅致。而鏤空最細處只有兩三公釐，顯示出南宋時

2.56.a〔南宋〕荷花卷草紋玉梳

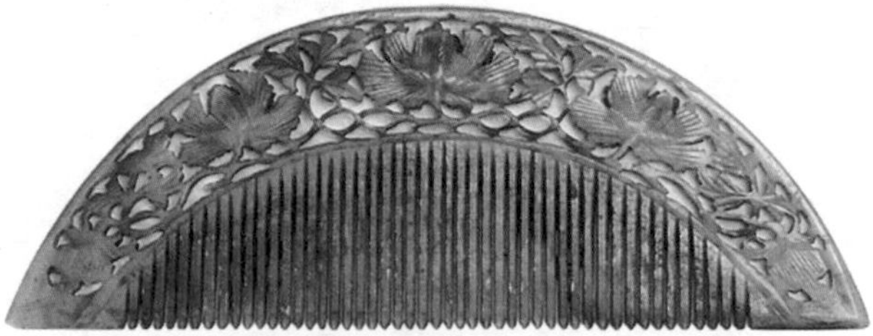

2.56.b〔南宋〕牡丹纏枝紋玉梳

期工匠高超的琢玉技巧。㉗

據《武林舊事》卷六〈小經濟〉條記載，當時象牙梳染色和重染也成為一種常見的小本生意，稱為「小梳兒、染梳兒、接補梳」㉘。這些精工細作的冠梳價值萬金。成書於五代末至北宋初的《清異錄》中描寫「洛陽少年崔瑜卿，多資，喜遊冶，曾為娼妓玉潤子造綠象牙五色梳，費錢近二十萬。」㉙高髻大冠的流行，使得奢靡之風日盛，宋太宗曾屢發禁令加以整肅。稍後，宋仁宗因厭惡宮中使用大冠梳的侈靡風氣，下詔禁止以角為冠梳，並嚴令規定梳、冠最多闊一尺、長四寸，其質地也改用魚腦骨、象牙、玳瑁等製造。到南宋早期，大冠梳一般只用在禮儀場合，日常生活中已少見。

㉓〔宋〕陸游：《入蜀記》卷六，八頁，一八八〇。

㉔〔宋〕吳自牧：《夢粱錄》卷三，一一二頁，北京，商務印書館，一九六〇。

㉕〔宋〕吳自牧：《夢粱錄》卷三，一一四頁，北京，商務印書館，一九六〇。

㉖〔宋〕吳自牧：《夢粱錄》卷三，一一七頁，北京，商務印書館，一九六〇。

㉗古代稱梳子為「櫛」（音同「治」）。按照梳齒的密度，齒鬆的稱為「櫛」，齒密的稱為「篦」，因此梳子又統稱為「梳篦」。從戰國到魏晉南北朝，梳篦的材料一直以竹木為主，尤以木料最為常見，造形多為上圓下方，形似馬蹄。隋唐五代的梳篦多做成梯形，到了宋朝，梳子的形狀趨於扁平，一般多做成半月形。

㉘〔宋〕周密：《武林舊事》卷六，一七四頁，北京，中華書局，二〇〇七。

㉙〔宋〕陶穀：《清異錄》卷下，七四頁，惜陰軒叢書，光緒長沙重刊本。

宋代以後，梳篦的式樣變化不大。直至明清，中國古人的梳篦樣式基本沿襲宋制。

2.57 銀折枝花卉紋巾環

2.58〔南宋〕荔枝紋金巾環

巾環

冠梳用於女子，而男子頭戴頭巾或帽子上繫束用的巾環也有非常精緻的花卉圖案。例如，湖南省臨沭縣柏枝鄉窖藏中出土的一對用薄銀片打製的折枝花卉紋巾環〔2.57〕，直徑三・五公分，高〇・八公分，重四克，一枝菊花、一枝茶花分飾於銀環兩邊，另外兩邊的花葉之側各有一個小孔。又如，江西省博物館藏江西安義縣石鼻山南宋李碩人墓出土一枚荔枝紋金巾環〔2.58〕。該物製作甚是精緻。它是先用金片圍成一個直徑二・六公分的環形框，再在金片的框裡安排五組纏枝荔枝，薄金片為葉，細金代條為枝，穿起五顆錘成形的荔枝果，攏起的葉邊和荔枝的表面均裝飾細密的金粟粒。環之背光素無紋，唯於扁平的表面焊接一對如意式小繫。[30]

除了鮮花、瓜果，也還有竹節形，如蘇州博物館所藏的元末明初張士誠母曹氏墓〔2.59〕[31]和北京豐台區金代烏古倫窩倫墓出土巾環〔2.60〕[32]。除了玉質外，還有黃金製成的竹節形巾環。其實物如黑龍江阿城巨源鄉出土的金代齊國王完顏晏與王妃墓出土的王妃頭巾後側部的一對竹節形金巾環〔2.61〕、吉林扶餘遼金墓出土的一對竹節形金巾環（外徑二・八公分、內徑一・八公分、厚〇・六公分）[33]和北京房山長溝峪金

2.62〔金〕七節竹節形巾環（直徑四公分）

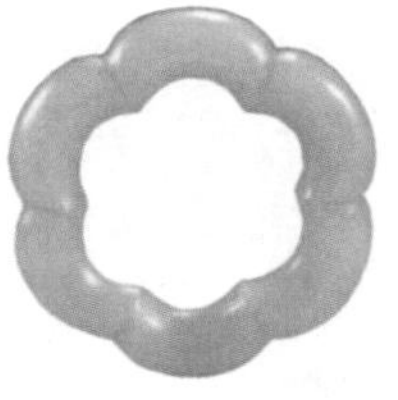

2.60〔金〕六節花瓣形玉巾環（直徑四・九公分）

2.59 蘇州博物館藏〔元〕十節竹節形巾環

2.61〔金〕王妃頭巾。外徑四・七二公分、內徑三・五五公分，金竹節外徑〇・七五公分、竹節中段〇・四二五公分

代墓出土的竹節形巾環〔2.62〕㉞。這三個竹節形巾環外形幾乎完全一樣。其外側為圓面，內側為底平的竹節形。在其竹節上還鏨刻有芽結，十分逼真。區別處只是北京房山出土巾環的竹節為七節，比前兩者少了一節。以上三例竹節形金巾環，應即《金史・輿服志》記載「花珠冠」後側的「金鈿窠二，穿紅羅鋪金款幔帶一。」㉟。《說文》：「窠，空也。」㊱可知其質地都應為金箔鏨刻打造成竹節形的中空巾環。據元好問《續夷堅志》卷一

㉚ 肖發標：〈華貴絢麗——江西出土金器擷珍〉，載《南方文物》，二〇〇六（二），一〇八頁。

㉛ 蘇州市文物保管委員會、蘇州博物館：〈蘇州張士誠母曹氏墓清理簡報〉，載《考古》，一九六五（六）。

㉜ 北京市文物局：《北京文物精粹大系・玉器卷》，圖一〇九，北京，北京出版社，二〇〇二。

㉝ 吉林省博物館：〈吉林省扶餘縣的一座遼金墓〉，載《考古》，一九六三（十一）。

㉞ 北京市文物研究所：《北京金代皇陵》，七七頁，彩版一三：三，北京，文物出版社，二〇〇六。

㉟〔元〕脫脫等：《金史・輿服志》卷四十三，第三冊，九七八頁，北京，中華書局，一九七七。

云，宣和方士燒水銀為黃金，鑄為錢，「汴梁下，錢歸內府，海陵以賜幸臣，得者以為帽環。」[37]雖方士燒水銀為黃金只是一說，但金人用金錢熔鑄巾環，似正可以與前者相印證。

在中原地區，巾帽只是一種不入禮儀場合的日常燕居首服，因此，其裝飾比較樸素簡單。而北方金人統治者則無論日常和禮儀場合都以頭巾裹首，甚至包括金主完顏晏在金上京乾元殿也是「頭裹皂頭巾，帶後垂」[38]。金人頭巾名曰「蹋鴟」[39]，屬軟體帽，需用巾帶戴束收，所以巾環就成為金人頭上的裝飾重點，加之對玉的喜好，更是促成了金人在巾環上的精雕細琢。

據《宋史》卷一五四〈輿服志〉載，宋人聯合元兵夾攻金人於蔡州，繳獲了眾多「亡金寶物」，其中有「碾玉巾環」[40]。「碾」為打磨、雕琢之義[41]。碾玉巾環，即雕刻精美紋樣的玉質巾環，時稱「玉屏花」[42]。在北京故宮博物院藏南宋陳居中繪《文姬歸漢圖》〔2.63〕和宋人所繪《文姬歸漢圖》中蔡文姬頭戴的冠式〔2.64〕與阿城金墓中的頗為相似〔2.61〕。該冠後側部的玉屏花和冠後垂下長長羅帶也有描繪。這兩幅圖像成為研究金人首服上佩戴玉屏花的重要依據。它可以使很多同時期相似的玉飾件有了命名和歸類的線索。

2.63〔南宋〕陳居中《文姬歸漢圖》局部

2.64〔宋〕佚名《文姬歸漢圖》

金人玉屏花也有折枝竹紋的，如北京房山長溝峪金代墓出土鏤雕折枝竹節形巾環〔2.65〕。它是由盤捲的竹枝和三片竹葉組成，竹梢朝外，通體鏤空。其盤捲竹枝所形成的孔洞可穿入巾帶，竹葉、竹枝和竹梢間的小孔用於向頭巾上縛結。[43]竹子是中國重要的物產之一。它既

2.65〔金〕竹枝形玉屏花

是做房子的建築材料，也是造紙的原材料。竹枝竿挺拔修長，四季青翠，凌霜傲雨，備受人民喜愛，有「梅蘭竹菊」四君子之一、「梅松竹」歲寒三友之一等美稱。金人玉屏花以折枝竹為紋，應是受中原地區文化影響所致。

在明代，巾帽仍舊在士人階層流行。除宮廷外，明代民間佩戴玉器的風氣很盛行。這導致明人頭部飾玉的風氣。明人顧起元在《客座贅語》稱士人方巾「側綴以兩大玉環」㊹。但考察圖像，上海博物館藏明代項聖謨、張琦繪《尚友圖》中紅色道袍人物頭巾兩側即有片狀白色裝飾〔2.66〕。此外，在明代官員的畫像中也有頭戴頭巾兩側裝飾玉屏花的圖像㊺〔2.67〕。其實物如湖北鍾梁明梁莊王墓出

㊱〔漢〕許慎撰、〔清〕段玉裁註：《說文解字注》，六〇三頁，南京，鳳凰出版社，二〇〇七。

㊲〔漢〕許慎撰、〔清〕段玉裁註：《說文解字注》，六〇三頁，南京，鳳凰出版社，二〇〇七。

㊳〔宋〕徐夢莘：《三朝北盟會編》甲集・宣政上帙二〇引。

㊴〔宋〕周煇：《北轅錄》說：「（金人）無貴賤，皆著尖頭靴，所頂巾謂之蹋鴟。」

㊵《宋史・輿服志》載：「碾玉巾環一，樺皮龍飾角弓一，金龍環刀一，紅紵絲靠枕一，佩玉大環一，皆非臣庶服用之物。」〔元〕脫脫等：《宋史・輿服志》卷一五四，三五九〇頁，北京，中華書局，一九七七。

㊶《警世通言・崔待詔生死冤家》：「這塊玉上尖下圓，甚是不好，只好碾一個南海觀音。」又《水滸傳》第二回：「那端王起身淨手，偶來書院裡少歇，猛見書案上一對兒羊脂玉碾成的鎮紙獅子，極是做得好，細巧玲瓏。」

㊷〔明〕范鐮：《雲間據目抄》卷二：「丙戌（萬曆十四年）以來，皆用不唐不晉之巾，兩邊玉屏花一對。」

㊸張先得、黃秀純：〈北京市房山縣發現石撐墓〉，載《文物》，一九七七（六）。

㊹〔明〕陸粲、顧起元：《庚巳編・客座贅語》，元明史料筆記，二三頁，北京，中華書局，一九八七。

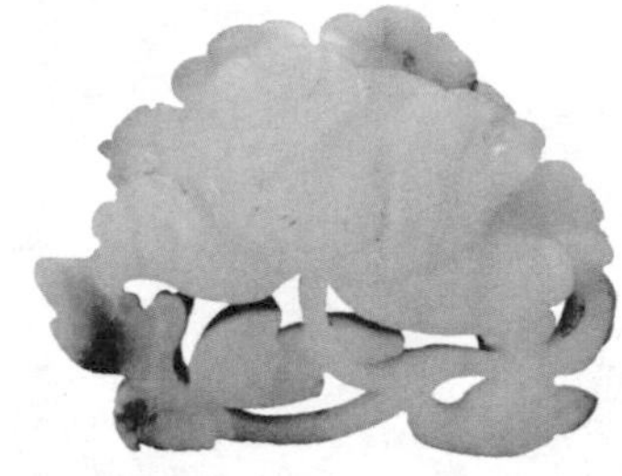
2.68〔明〕白玉折枝牡丹玉屏花圖

2.67 明代官員畫像中玉屏花圖像

2.66〔明〕項聖謨、張琦《尚友圖》縱三十八・一公分、橫二十五・五公分

2.69 故宮博物院藏折枝櫻桃玉屏花

土清白玉折枝牡丹玉屏花〔2.68〕。玉屏花還有花卉的折枝紋樣，如北京故宮博物院藏一枚折枝櫻桃玉屏花〔2.69〕，枝幹折曲成橢圓形，可穿巾帶。[46]

除了玉屏花，還有一種類似的玉逍遙玉飾件。其形狀為單體左右對稱，一般裝飾於金人巾帽後部。關於這種玉飾件的定名，有學者稱之為納言[47]，也有學者將其稱為「玉逍遙」[48]。其關鍵在於玉飾件所在冠帽的名稱。稱其納言者，是根據《金史・輿服志》皇后花株冠的後面飾有「納言」[49]，又《宋史・輿服志》記載宋仁宗時，「造冠冕，蠲減珍華」，以「納言，元（原）用玉製，今用青羅，采畫出龍鱗錦」[50]，又載中興之後官員所戴「進賢冠以漆布為之，上縷紙為額花，金塗銀銅飾，後有納言」[51]。稱其玉逍遙者，是根據《金史・輿服志》：「婦人服襜裙……年老者以皂紗籠髻如巾狀，散綴玉鈿於上，謂之玉逍遙。此皆遼服也，金亦襲之。」[52]所以，筆者認為所謂納言和玉逍遙都是指同一物，只是置於不同首服之上的不同名稱。

除了禽鳥題材外，金代「玉逍遙」花卉內

容，如北京房山金墓出土的折枝八瓣花（聚八仙花，也稱「瓊花」）玉逍遙〔2.70〕。這件折枝玉巾環通體鏤空透雕，造形呈扁橢圓形。造形設計精巧，兩叢折枝八瓣花構成的花頭並列在玉逍遙上部，其花形飽滿，生動寫實。兩個折枝向上纏交在一起，宛如花籃的精美提梁。花的枝葉依形而生，偃仰翻轉，自然生動。透露空間，穿插交織，激活了規整的對稱式構圖，給人以圓滿富貴的感覺。

2.70〔金〕折枝八瓣花玉逍遙

宋朝官員在官帽背後裝飾玉逍遙的樣子如南宋陳居中繪《文姬歸漢圖》中身穿朱衣朱裳朝服的宋朝官員。在其頭上戴的黑色官帽的後山部有一根縱向貫穿的紅色絲帶。其中部就穿綴了一個白色玉飾件。這個玉飾件很可能就是《宋史・輿服志》中記載的「納言」。其制在前朝服飾中不曾見

㊺ John E. Vollmer: *Silk for Thrones and Altars - Chinese Costumes and Texiles*, p.34, Myrna Myers, 2003.

㊻《中國玉器全集》第五卷，圖九〇，石家莊，河北美術出版社，一九九三。

㊼ 趙評春、遲本毅：〈金代服飾——金齊國王墓出土服飾研究〉；伊葆力、郭聰：〈金代皇后的「花株冠」與「納言」——房山金太祖陵出土文物管窺〉，載《北京文博》，二〇〇四（七）。

㊽ 孫機：〈玉屏花與玉逍遙〉，載《文物》，二〇〇六（十）。

㊾《金史・輿服志》：「皇后冠服。花株冠，用盛子一，青羅表、青絹襯金紅羅托裡，用九龍、四鳳，前面大龍銜穗球一朵，前後有花株各十有二，及鸂鶒、孔雀、雲鶴、王母仙人隊、浮動插瓣等，後有納言，上有金蟬鑻金兩博鬢。以上並用鋪翠滴粉縷金裝珍珠結制，下有金圈口，上用七寶鈿窠，後有金鈿窠二，穿紅羅鋪金款幔帶一。」

㊿〔元〕脫脫等：《宋史・輿服志》卷一五一，三五二四頁，北京，中華書局，一九七七。

(51)〔元〕脫脫等：《宋史・輿服志》卷一五二，三五五八頁，北京，中華書局，一九七七。

(52)〔元〕脫脫等：《金史》卷四十三，第三冊，九八五頁，北京，中華書局，一九七五。

2.71〔明〕曾鯨《顧夢遊像》

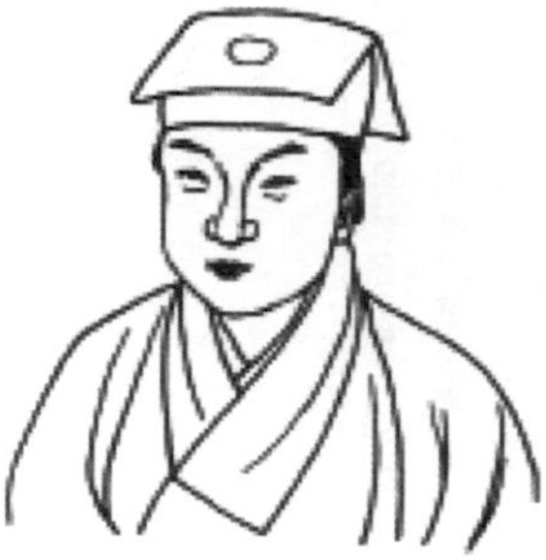
2.72〔明〕《夏完淳像》

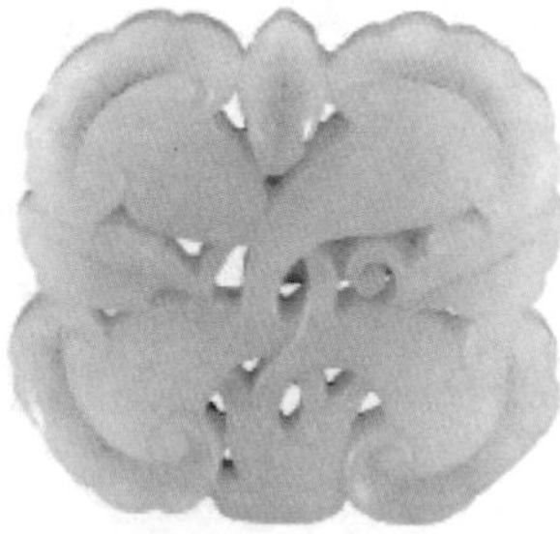
2.73〔明〕鏤雕折枝玉簪花結子

到，應是受金人服飾文化影響的結果。

到了明代，又流行一種玉結子的冠上飾物。明人顧起元《客座贅語》談到士人巾履時言：「南都服飾，在慶、曆前尤為樸謹，官戴忠靜冠，士戴方巾而已。近年以來，殊形詭制，日新月異。於是士大夫所戴其名甚伙，有漢巾、晉巾、唐巾、諸葛巾、純陽巾、東坡巾、陽明巾、九華巾、玉臺巾、逍遙巾、紗帽巾、華陽巾、四開巾、勇巾。巾之上或綴以玉結子、玉花餅。」[53]所謂「玉結子」「玉花瓶」皆為片狀的玉飾。其形象如頭戴飄飄巾的明曾鯨繪《顧夢遊像》〔2.71〕和明人繪《夏完淳像》〔2.72〕中的人物頭部前巾簷上縫綴的「玉結子」。其式樣特點是背面中部有縫綴結構，形狀主要有玉花形片、玉「工」形片、玉方形片、玉圓形片。其中，玉花形片主要有外廓呈圓形的秋葵、菊瓣，外廓隨形的牡丹、玉簪花〔2.73〕等。其花瓣紋樣複雜，充分展示了在商業經濟衝擊下的明代服飾不拘一格的想像力和創造力。

此外，明代王圻《三才圖會》〔2.74〕所示漢巾和《大明會典》所示冕冠〔2.75〕的正前方也都四合雲紋形的飾件。雖不知其材質如何，但無外乎金、玉、鎦金或金鑲玉等工藝。在韓國傳統服飾中也類似的飾件，其名曰「貫子」。在韓國首爾檀國大學校石宙善博物館中就有

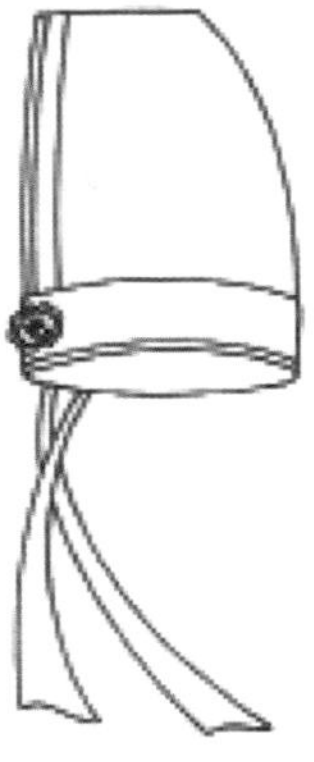

2.74〔明〕王圻《三才圖會》中漢巾

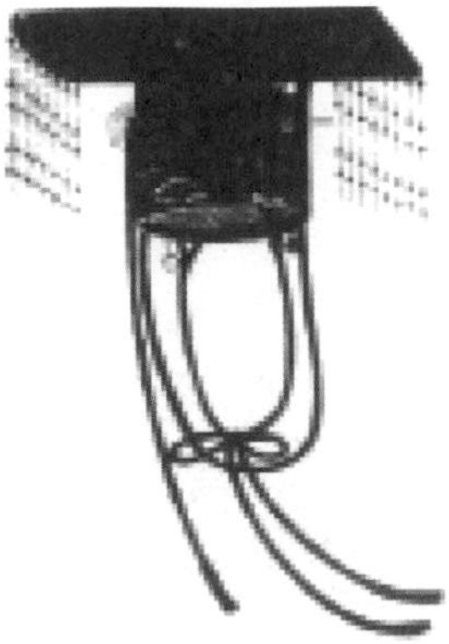

2.75《大明會典》繪冕冠

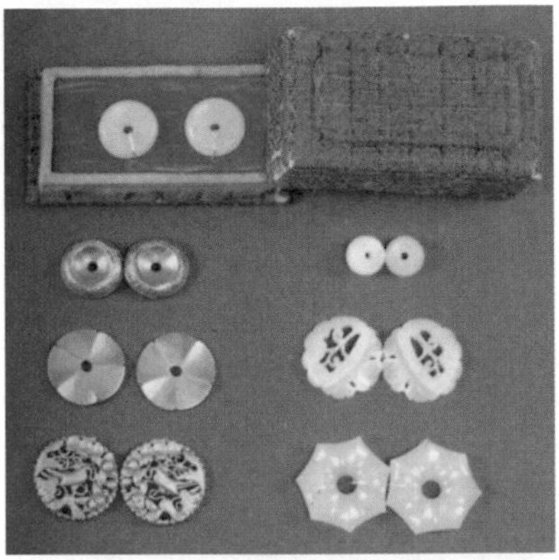

2.76 韓國首爾檀國大學校石宙善博物館藏「貫子」實物

數件「貫子」實物〔2.76〕[54]。其材質有玉、金等，造形各異。

頭花

雖然鮮花遍地，但清代婦女更喜歡將一種「金銀花縷」的宮花戴在髮髻上。清代政府設置了「七作二房」，七作即銀作、銅作、染作、衣作、繡作、花作、皮作；二房是指帽房和針線房。花作就是製作各種裝飾用像生花的部門。這種「金銀花縷」的頭花製作自然也隸屬於花作。

清代頭花是由花頭和針梃兩部分組成的髮飾。它是隨著滿族婦女的「軟翅頭」「兩把頭」「架子頭」，以及最終的「大拉翅」，這種日趨寬大的髮式而產生的一種覆蓋面較大的頭飾。清代滿族婦女在梳頭時，如果將一大朵頭花戴在兩把頭正中，稱為「頭正」，如用兩朵一對頭花分插在「兩把頭」的兩端，則稱為「壓髮花」或

[53]〔明〕陸粲、顧起元撰，譚棣華、陳稼禾點校：《庚巳編・客座贅語》，元明史料筆記，二三頁，北京，中華書局，一九八七。

[54] 石宙善：〈冠帽與首飾〉，見《民俗學資料（四）》，五一頁，首爾，韓國首爾檀國大學校出版部，一九九三。

「壓鬢花」。這種頭花是將不同粗細的銅絲做成花草枝葉、鳥獸蟲蝶、吉字祥符等的底托，再在其上嵌綴珍珠、寶石等物，然後按照設計圖形擺好集中固定在一根較粗的銅絲上，最後紮牢在針梃頂端的「十」字交叉點上，形成環抱簇擁的頭花。北京故宮博物院內珍藏的嵌寶金屬類首飾，以乾隆時期的居多，如紅寶石串米珠頭花、藍寶石蜻蜓頭花、紅珊瑚貓蝶頭花、金累絲雙友戲珠頭花、金嵌花嵌珍珠寶石頭花、點翠嵌寶石花果頭花等，這些首飾蟲禽的眼睛、觸角、植物的鬚葉、枝杈都用細細的銅絲燒成彈性很大的簧，輕輕一動，左右搖擺，形象活潑逼真，充滿動感。

清朝晚期，國庫困窘，財力日衰，為了節省開支，頭花也由昔日的純金變成鍍金、包金、絨花、絹花，甚至紙花、通草花，就連羽毛點翠的頭花，都用茜草染色代替了。

第三章　以花為冠

3.1 仰韶文化人面紋彩陶盆

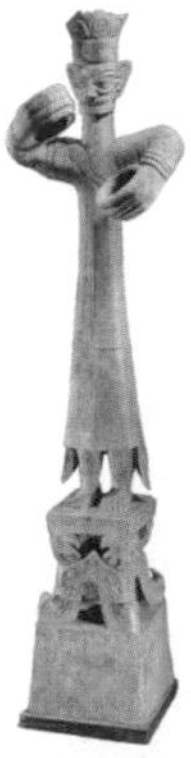

3.2 三星堆青銅立人像

據一些學者研究，原始先民有時會將鮮花或花蕾作為祭神媒介，戴在頭上，進行祈禱儀式。當然，這樣簪戴鮮花的目的並不是為了美觀。中國古人頭戴花蕾的例子如西安半坡出土仰韶文化人面紋彩陶盆中的人面圖像（3.1）。林河在〈論儺文化與中華文明的起源〉中稱這種三角形尖頂冠源自於「花果形」，是為了祈福和降神之用❶。中國先民早期頭戴花冠的例子又如一九八六年四川廣漢南興鎮古蜀國國都三星堆遺址出土的一尊大型青銅立人像，連座通高兩百六十二公分，人像高一百七十二公分，大眼直鼻，外衣飾有陰刻龍紋、尖角紋、饕餮紋，左背有卷龍紋（3.2）。下裳分前後兩片，後片呈燕尾狀，前片略短，長至足踝，露出小腿部，戴腳鐲，赤足立於獸面台座上。頭部有高大冠飾。除了獸面、羽毛說之外❷，王政〈三星堆青銅立人新考〉認為該冠

❶林河：〈論儺文化與中華文明的起源〉，載《民族藝術》，一九九三（一），六一～八三頁。

❷《三星堆祭祀坑》稱：「冠上前部飾變形的獸面，獸面兩眉之間上部有一日暈紋，冠的邊緣已被砸捲曲，部分已殘缺無存。」（四川省文物考古研究所：《三星堆祭祀坑》，北京，文物出版社，一九九九。）〈三星堆祭祀坑文物研究〉稱其上裝飾著羽毛之類的飾物（趙殿增：〈三星堆祭祀坑文物研究〉，見《三星堆與巴蜀文化》，成都，巴蜀書社，一九九三。）；〈三星堆青銅立人冠式的解讀與復原——兼說古蜀人的眼睛崇拜〉稱其為「反映古蜀人隨處可見的眼睛崇拜的眼形譜」。（王仁湘：〈三星堆青銅立人冠式的解讀與復原——兼說古蜀人的眼睛崇拜〉，載《四川文物》，二〇〇四（四）。）

是「蓮花狀的獸面和回字紋冠，頂有花蕾吐釋或花果包藏，後腦勺上鑄有一凹痕，可能原有髮簪之形的飾物嵌於此，是中國原始巫教迎神遣靈的象徵標識。」❸當然，由於以上資料年代久遠，其真實意義已很難真實還原與解釋，這些說法或許只是研究者的一家之言。

除了前兩件花冠實例外，雲南晉寧石寨出土高冠盛裝樂舞滇人鎏金銅像似乎也可列入〔3.3〕。這是一排四位、做舞蹈狀盛裝的舞女。她們右手執法鈴，穿左衽衣和齊腰短裙，頭戴綴有五隻花球的圓錐形高冠，後有長帔垂至地面。這或許是漢魏間盛行的執鐸（大鈴）而舞的「鐸舞」。至今，土家族的「八寶銅鈴舞」、藏族「熱巴」藝人跳的「鈴鼓舞」，也是執鈴而舞的。可見這種執鈴起舞形式，源遠流長，傳布極廣。故此，有人認為這是滇人「巫舞」的形象。可見，這裡的「花冠」仍舊不是為了裝飾和美觀。

3.3 高冠盛裝樂舞滇人鎏金銅像

漢代以後道教盛行，魏晉之後佛教盛行。兩者雖然教法各異，但都將蓮花看作聖潔之物。這促成了蓮花圖案，以及蓮花冠的流行。河南省博物院收藏的北魏鞏義石窟寺石刻《帝后禮佛圖》中帝后都戴著蓮花冠，這是中國古代最早期可以明確辨識的花冠〔3.4〕。隋唐時期，髮髻插花之風日漸流行。無論是頭戴花鬘的佛教人物造形的影響，還是社會統治階層的推波助瀾，都促成了簪花風尚的形成。或許唐人認為，只是插花並不盡興。於

3.4〔北魏〕《帝后禮佛圖》

是，唐人還將冠帽做成花形戴於頭上。白居易〈長恨歌〉：「雲鬢半偏新睡覺，花冠不整下堂來。」借花之形做冠，是中國傳統服飾文化的一個亮點。這符合農耕文化所衍生的擬物象形的造物方法。

其實，在胡風和女效男裝流行以前，唐代女子只有道姑和舞女有戴冠習慣。敦煌曲子詞集《雲謠集雜曲子・柳青娘》詞云「碧羅冠子結初成」，「碧羅冠子」只說了冠的色彩為綠色，而唐人和凝〈宮詞〉中的「碧羅冠子簇香蓮」又描述了這種冠式有蓮花狀裝飾的特徵。

以玉製冠在唐代已有先例。例如，睿宗之女金仙公主和玉真公主出家為道士，是著名的例子，玉真公主所著玉葉冠，竟也講究得成為傳聞。唐高宗、武后女兒太平公主為帝后所寵，參與朝政，生活豪奢。有冠，以玉為飾，稱「玉葉冠」，價值連城。其冠以玉為飾，為稀世之寶。五代蜀主王衍令使官「皆戴金蓮花冠」❹，就連上清宮的道士們也是「皆衣道服，頂金蓮花冠，衣畫雲霞，望之若神仙」❺。用蓮花裝飾頭部，或者做成花冠，這與佛教、道教文化的傳播有著直接關係。在洛陽澗西唐乾元二年（七五九年）墓出土的高士宴樂紋螺鈿鏡中盤座舉杯的

❸王政：〈三星堆青銅立人新考〉，載《天府新論》，二〇〇二（一）。

❹《五代史記》卷六十三〈王衍世家〉：「（衍）後宮皆戴金蓮花冠……國中之人皆效之。」

❺〔宋〕薛居正等：《舊五代史》卷一三六，一九一九頁，北京，中華書局，一九七六。

高士頭上就戴著一頂蓮花狀小冠〔3.5〕。傳唐人周昉繪《揮扇仕女圖》卷首貴婦人也戴著一頂白色荷花冠〔3.6〕。荷花狀冠圈口較高大，可將頭頂部整體覆蓋。又如，南宋《女孝經圖》中身穿鞠衣的皇后頭上戴的蓮花冠〔3.7〕。除了將冠做成一朵完整的花朵形狀，宋代還有用許多朵小花簇擁成冠的樣子，如台北故宮博物院藏五代《宮樂圖》中貴婦頭上戴著的花冠〔3.8〕。其形象正如唐代尹鶚〈女冠子〉詞云：「霞帔金絲薄，花冠玉葉危。」

在宋代的《洛陽花木記》、《牡丹譜》、《揚州芍藥譜》中也有許多品種名目以「冠子」「樓子」為名，如《揚州芍藥譜》的「冠群芳」是「大旋心冠子也，深紅、堆葉，頂分四五旋，其英密簇，廣可及半尺，高可及五六寸」。「賽群芳」是「小旋心冠子也。漸添紅而緊，枝條及綠葉並與大旋心一同。凡品中言大葉、小葉、堆葉者，皆花葉也。言綠葉者，謂枝葉也。」「寶妝成」是「髻子也。色微紫，於上，十二大葉中，密生曲葉，迴環裹抱團圓。其高八九寸，廣半尺餘，每一小葉上絡以金線，綴以玉珠。香欺蘭麝，奇不可紀。枝條硬而葉平。」「怨春紅」是「硬條冠子也。色絕淡，甚類金線冠子而堆葉，條硬而綠，葉疏平，稍若柔。」❻可知，當時的這些花卉都可用直接或間接作花冠。

可知，當時的這些花卉都可用直接或間接作花冠。與晚唐相比，宋代貴族女子的冠形更加高大，冠寬與肩等齊，冠後常有披帶下垂至肩。有的冠高甚至可達一公尺。其形象如台北故宮博物院藏宋代錢選《招涼仕女圖》〔3.9〕中，兩位舉止嫻雅的宋代貴婦，手持著圓扇，相偕在庭院中漫步。其中，右側的那位身穿對襟背子、長裙的女婦頭戴重樓子白紗花冠。宋朝政府曾嚴令冠的高度，如《宋史・輿服志》：「皇祐元年，

❻〔宋〕左圭輯：《左氏百川學海》，載武進陶氏涉園影刊本，一九二七年。

3.6 傳〔唐〕周昉《揮扇仕女圖》局部

3.5 高士宴樂紋螺鈿鏡

3.7.b〔南宋〕《女孝經圖》中的皇后形象

3.7.a〔南宋〕《女孝經圖》局部

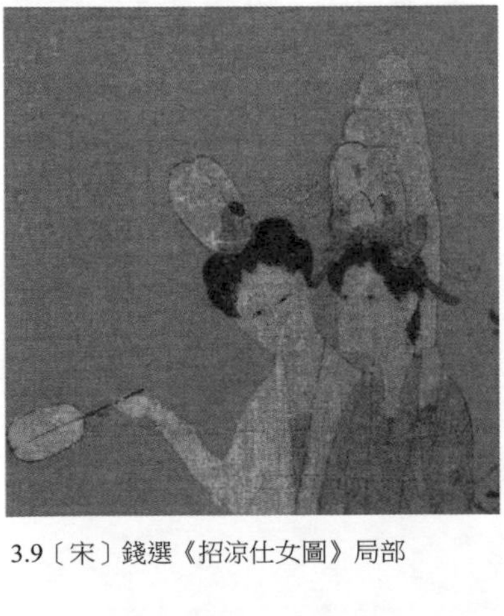

3.9〔宋〕錢選《招涼仕女圖》局部

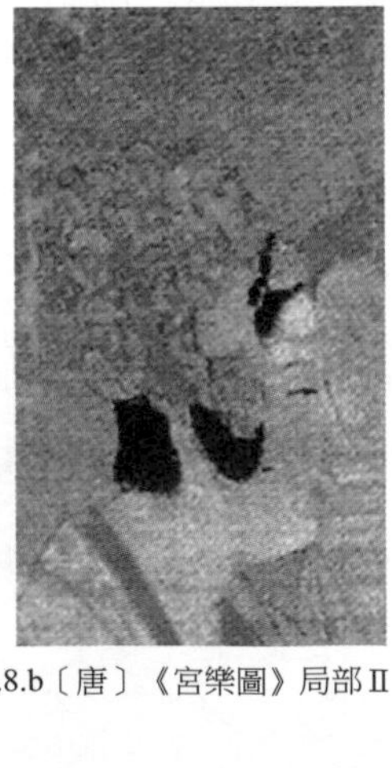

3.8.b〔唐〕《宮樂圖》局部 II

3.8.a〔唐〕《宮樂圖》局部 I

3.11 私人收藏蓮花玉冠一

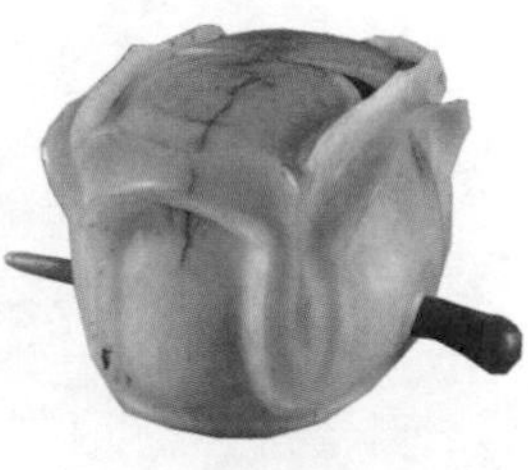

3.10 南京博物院藏〔宋〕青立冠

3.12 私人收藏蓮花玉冠二

詔婦人冠高毋得逾四寸。」[7]

以玉製冠在宋代頗為盛行，這源於宋人對玉石的喜好。宋徽宗趙佶的嗜玉成癮，金石學的興起，工筆繪畫的發展，城市經濟的繁榮，寫實主義和世俗化的傾向，都直接或間接地促進了宋代玉器的空前發展。

宋代用玉「禮」性大減，玉器的實用和裝飾功能大增而變得更接近現實生活。這促成了中國古代以玉製冠的新風尚式。宋人佚名〈驀山溪〉詞云：「玉冠斜插，唯恨欠清香，風動處，月明時，不怕吹羌管。」其實物如一九七〇年江蘇省吳縣靈巖畢沅墓出土青玉冠，該冠高六公分、寬九公分，作花瓣狀，將整塊和闐青玉料挖空，外雕雙層綻開花瓣，頂鏤雕出兩片合瓣而成，冠下端兩側對鑽有雙風，插入一束髮髮簪〔3.10〕。又如私人收藏的兩件蓮花形玉冠實物〔3.11、3.12〕。其實物二為墨玉冠，雕琢精細，巧奪天工，色分黑白，過渡自然。墨玉沉韻，作冠一邊；白玉為冠另一邊。該玉冠由整器精工琢製成一朵蓮花，中腹挖空放束髮，因冠戴在頭頂要求輕薄，所以此器壁薄約二公釐，整器輕至一百七十・五克，寬六・五公分、高四・八公分，正中有穿孔，可貫簪以使髮冠固定，頂部兩側各有一孔起橫向加固之作用，妙然天成。看到此玉冠就能想到古人用此物時，有時用墨玉一邊，有時用白玉一邊；似有兩頂玉冠。宋代以後，以花為冠的風氣日漸衰落。

❼〔元〕脫脫等：《宋史・輿服志》卷一五三，三五七六頁，北京，中華書局，一九七七。

第四章　儀程風尚

在經歷了大唐盛世的百業興旺，伴隨著社會經濟的繁榮昌盛，宋朝成為一個「花事」最多的時代——不僅種花、賣花、賞花蔚然成風，關於花卉的書籍、繪畫、工藝、文學作品等層出不窮，與花卉相關的禮程和文化也得到了空前發展，甚至，插花還與點茶、掛畫、燃香合稱為「四藝」，成為文人、士大夫階層風雅生活的重要組成部分。

此時，鮮花更加融入日常生活中——髮髻間簪花，書房案頭插花，宴席上帝王賜花，朋友間相互贈花，婚禮上簪花，宴飲時簪花助興，給死刑犯人行刑簪花。甚至，在宋金交往和對峙中，簪花風氣也影響到了金國。總之，簪花是宋代風俗，亦是宋人的禮節，甚至成為所屬時代社交禮儀與生活方式中的一部分。

賞花局

北宋洛陽，在花朝（編按：中國古代傳統節日，其日為二月二日、二月十二，或二月十五日，因地而異。又稱花神節或百花生日）、清明前後、端午、重陽等節慶時間裡，每到風和日麗之際，私家花園有向遊人開放的風俗。南宋初年，這種風俗又從臨安傳向各地。據南宋周密《武林舊事》卷七〈乾淳奉親〉記載，南宋孝宗皇帝，對太上皇高宗備極奉親事孝之心，每到清明前，均派內侍人員，請太上皇到聚景園賞花，但高宗則認為他居住的德壽宮御花園內百花盛開，讓孝宗過來陪同看花。❶皇家賞花的示範效應，對百官、百姓賞花熱的推動不言而喻。到了每年的五六月份，荷花盛開，西湖上賞花納涼的人多在湖船內，泊於柳蔭之下飲酒。也或者，在荷花茂盛的園館之側。中秋前後，桂花盛開之時，人們到東馬塍、西馬塍（見編註）園館爭相觀賞。宋人吳自牧《夢粱錄》卷一〈二月望〉，記載：「仲春十五日為花朝節，浙間風俗，以為春序正中，百花爭放之時，最堪遊賞。都人皆往錢塘門外玉壺、古柳林、楊府、雲洞，錢湖門外慶樂、小湖等園，嘉會門外包家山王保生、張太尉等園，玩賞奇花異木，最是包家山桃開渾如錦障，極為可愛。」❷由此可見，宋人賞花場面之盛，可謂花海人潮，空前絕後。（編註：明田汝成《西湖遊覽志》卷二十二載：「出錢塘門而西為東西馬塍羊角埂。東、西馬塍在溜水橋北，以河分界。並河而東，抵北關外，為東馬塍。河之西，上泥橋、下泥橋至西隱橋，為西馬塍。錢王時蓄馬於此，至三萬餘匹，號曰海馬，故以名塍。……土細敏樹，杭城四時花卉于此出焉，今名南花園；北去十餘里為板橋，今名北花園。……城北有村曰馬塍，居民多業藝花。土沃，俗質聚近而蓋遠。」《大清一統志》卷二十七：「馬塍在錢塘縣西，有東西馬塍。在溜水橋北，以河分界，並河而東，抵北關外，為東馬塍；河之西有上泥下泥二橋，為西馬塍。吳越時為蓄馬之所，故名。土細宜花，南宋時都城花卉皆出於此，每日市於都城。」）

從文獻記載推測，馬塍位於古杭州西北面，即今杭州市的武林門、半道紅一帶及古蕩和夾城巷地區。

❶〔宋〕周密：《武林舊事・乾淳奉親》卷七，記載：「乾道三年三月初十日，南內遣閤長至德壽宮，奏知：『連日天氣甚好，欲一二日間，恭邀車駕幸聚景園看花，取自聖意，選定一日。』太上云：『傳語官家，備見聖孝，但頻頻出去，不唯費用，又且勞動多少人。本宮後園，亦有幾株好花，不若來日請官家過來閒看。』」一九六頁，北京，中華書局，二〇〇七。

❷〔宋〕孟元老等：《東京夢華錄（外四種）》，一四五頁，上海，古典文學出版社，一九五七。

回鑾

春色何須羯鼓催，君王元日領春回。牡丹芍藥薔薇朵，都向千官帽上開。

（〔宋〕楊萬里〈德壽宮慶壽口號〉）

兩宋時期，簪花之風達到鼎盛。統治者對簪花給予了從未有過的重視。簪花不僅是良時佳節烘托氣氛的手段，還是朝廷禮儀場合的儀節。尤其是中興以後，遇有郊祀、明堂等活動結束回鑾的時候，皇帝鹵簿儀仗中的臣僚、扈從都要簪花，一派錦繡乾坤、花花世界的奢華景象，以致四方百姓，不遠千里，無不以先睹為快。正如楊萬里〈德壽宮慶壽口號〉詩中所寫宮中正月十五，人人頭上簪花，遠遠望去有如一片浮動的紅雲。宋人陳世崇《隨隱漫錄》卷三中也錄有許多描寫簪花美景的詩句，「丞相以下皆簪花。姜夔云：『六軍文武浩如雲，花簇頭冠樣樣新。唯有至尊渾不帶，盡分春色賜群臣。』『萬數簪花滿御街，聖人先自景靈回。不知後面花多少，但見紅雲冉冉來。』潘牥云：『輦路安排看駕回，千官花壓帽簷垂。君王不輟憂勤念，玉猊還如未插時。』鄧克中云：『輦路春風錦繡張，裁紅剪綠鬬芬芳。黃羅傘底瞻天表，萬疊明霞捧太陽。』阮秀實云：『宮花密映帽簷新，誤蝶疑蜂逐去塵。自是近臣偏得賜，繡鞍扶上不勝春。』先臣（其父陳郁）云：『幸驂恭謝睹繁華，馬上歸來戴御花。老婦稚兒相顧問，也須春色到詩家。』」[3]這些美麗的詩句，展現給我們的是一片淹沒在花海中的大宋王朝。

雖然臣僚、扈從們都要簪花，但不知為何，皇帝本人並不在簪花之列，《夢粱錄》卷六引《會要》：「嘉定四年十月十九日，降旨：『遇大朝會、聖節大宴，及恭謝回鑾，主上不簪花。』又條：『具遇聖節、朝會宴，賜群臣通草花。遇恭謝親饗，賜羅帛花。』又，「唯獨至尊不簪花，止平等輦後面黃羅扇影花而已」。[4]或許，這是皇帝龍威區別常人的一種體現吧。

節典

在宋遼訂立「澶淵之盟」之後，宋朝政府的治國策略由外轉內，實施「以祭為教」的治國方略。宋真宗一方面「東封西祀」，另一方面又完善典禮制度，設立天慶、天貺、先天、降聖、天祺等諸慶節日，到南宋時達到二十多個。過節內容包括官員放假、建道場、禁屠宰、斷刑罰、官府賜宴、張燈結綵，以及必不可少的簪花禮程。

在宮中舉行的慶典，如皇帝生日、聖節、賜宴及賜新進士的聞喜宴上，簪花是必備的內容。在《宋史》中記載頗多，如孝宗隆興二年：「導駕官自端誠殿簪花從駕至德壽宮上壽，飲福稱賀，陳設儀注，並同上

[3]《宋元筆記小說大觀》第五冊，五四〇五頁，上海，上海古籍出版社，二〇〇一。

[4]〔宋〕孟元老等：《東京夢華錄（外四種）》卷六〈孟冬行朝饗禮遇明歲行恭謝禮〉，一七九頁，上海，古典文學出版社，一九五七。

壽禮。」[5]淳熙二年十一月：「是日早，文武百僚並簪花赴文德殿立班，聽宣慶壽赦。……禮畢，從駕官、應奉官、禁衛等並簪花從駕還內，文武百僚文德殿拜壽稱賀。」[6]淳熙年間禮部尚書趙雄等建議「請慶壽行禮日，聖駕往還並用樂及簪花。」[7]又，《東京夢華錄》卷九，宰執親王宗室百官入內上壽「宴退，臣僚皆簪花歸私第，呵引從人皆簪花並破官錢。」[8]《武林舊事》卷一，淳熙十三年（一一八六年）正月元日，在慶賀太上皇帝宋高宗八十大壽的御宴上「自皇帝以至群臣禁衛吏卒，往來皆簪花。」[9]可見，在宋代的節日裡，宮廷簪花風氣之盛。

宋徽宗不僅崇尚戴花，還要制定一些規則，他賜給隨身的衛兵每人衣襖一領，翠葉金花一枝。有時，還在賜給臣民的「翠葉金花」上加一枚鏨字牌飾，在進出慶典場合時，以此為證。有宮花錦襖者，才能自由出入大內。[10]除了宮廷禮儀場合，簪花風俗滲透到宋代各個階層。佳節簪花亦為平民所好，上元簪玉梅、雪柳，端午節戴茉莉，立秋戴楸葉，重九、過壽要簪菊。例如，宋代鄧剡〈八聲甘州・壽胡存齊〉詞云：「笑釵符、恰正帶宜男。還將壽花簪。」又如，《水滸傳》第七十一回，梁山重陽「菊花會」上，宋江乘著酒興，作〈滿江紅〉一詞：「頭上盡教添白髮，鬢邊不可無黃菊。」[11]等等例子不勝繁舉。

賜花

據記載，在唐代就已有賜花給大臣以示嘉獎的情況。例如，《御製佩文齋廣群芳譜》卷二引武平一（唐朝）《景龍文館記》記載，「正月八日立春，內出彩花賜近臣。武平一應制云，鑾輅青旗下帝台，東郊上苑望春來，黃鶯未解林間囀，紅蕊先從殿裡開，畫閣條風初變柳，銀塘曲水半含苔，欣逢睿藻光韶律，更促霞觴畏景催。是日中宗手敕批云：平一年雖最少，文甚警新。……更賜花一枝，以彰其美。所賜學士花，並令插在頭上。」[12]前引文中唐中宗立春日賜花給學士並非孤例。又如，唐代南卓《羯鼓錄》：「璡嘗戴砑絹帽打曲，上自摘紅槿花一朵，置於帽上笪處，二物皆極滑，久之方安。遂奏《舞山香》一曲，而花不墜落。」[13]文中記載，唐玄宗李隆基摘下一朵木槿花，簪在寧王李璡的絹帽上。

到了宋代，賜花之風達到鼎盛，簪花不僅局限在禮儀場合，更成為國家制度。接受皇帝賞賜的花，是身份與殊榮的象徵。據吳曾《能改齋漫錄》卷十三「御親賜帶花」記載，東封（到泰山封禪）前夕，分別任命陳堯叟、馬知節為東京留守和大內都巡檢使。封官完畢，宋真宗把他倆留在宮中宴飲慶賀，「真宗與二公，皆戴牡丹而行」，宴會間，真宗命陳堯佐（按：即陳堯叟）「盡去所戴」，並「親取頭上一朵為陳

---

⑤〔元〕脫脫等：《宋史》卷九十九，二四四五頁，北京，中華書局，一九七七。

⑥〔元〕脫脫等：《宋史》卷一一二，二六八〇頁，北京，中華書局，一九七七。

⑦〔元〕脫脫等：《宋史》卷一一三　，三〇四五頁，北京，中華書局，一九七七。

⑧〔宋〕孟元老：《東京夢華錄全譯》卷九，一六六頁，貴陽，貴州人民出版社，二〇〇九。

⑨〔宋〕周密：《武林舊事》卷一，六頁，北京，中華書局，二〇〇七。

⑩〔明〕施耐庵：《水滸傳》第七十二回，王班直即道：「今上天子慶賀元宵，我們左右內外，共有二十四班，通類有五千七八百人，每人皆賜衣襖一領，翠葉金花一枝，上有小小金牌一個，鏨著『與民同樂』四字，因此每日在這裡聽候點視。如有宮花錦襖，便能勾入內裡去。」九三九頁，北京，人民文學出版社，二〇〇五。

⑪〔明〕施耐庵：《水滸傳》第七十一回，九三四頁，北京，人民文學出版社，二〇〇五。

⑫〔清〕汪灝等編：《御製佩文齋廣群芳譜》，見《文淵閣四庫全書》，台北，台灣商務印書館，一九八六。

⑬〔宋〕李昉：《太平廣記》卷二五〇，一五六〇頁，北京，中華書局，一九六一。

簪之，陳跪受拜舞謝。宴罷，二公出。風吹陳花一葉墜地，陳急呼從者拾來，此乃官家所賜，不可棄。置懷袖中。」[14]能夠受到皇帝親自簪花的禮遇，自然殊榮無比，令人羨慕。同書還記載，有一次寇準以參知政事入宮侍宴，真宗特賜異花，說：「寇準年少，正是戴花喫酒時。」[15]皇帝賜花，對於剛要踏進仕途的年輕人而言，自然是無比的榮耀。

如果遇到國家重大喜慶、皇帝遊幸等場合，賜花也就成為一種廣施恩澤的手段。據《西湖老人繁盛錄》記載，孟冬，駕詣景靈宮「駕出三日，比尋常多出一日，緣第三日駕過太一宮，燒香太一殿，謝禮畢，賜花，自執政以下，依官品賜花。幕士、行門、快行，花最細且盛。禁衛直至捌巷，官兵都帶花，比之尋常觀瞻，幕次倍增。乾天門道中，直南一望，便是鋪錦乾坤。吳山坊口，北望全如花世界。」[16]又，宋人吳自牧《夢粱錄》卷三中也說：「須臾傳旨追班，再坐後筵，賜宰臣百官及衛士殿侍伶人等花，各依品味簪花。」[17]當然，皇帝本人為了表示與民同樂，也會「易黃袍小帽兒，駕出再坐，亦簪數朵小羅帛花帽上」[18]。

宋廷的簪花風氣，在宋金交往和對峙中，也影響到金國，女真族的權貴們也在典禮宴會上實行簪花的禮儀，如《遼史》卷五十三載：「賜（進士）宴，簪花。」[19]據《宋史》卷三九〇記載，湖州歸安人莫濛為賀金正旦出使金國時，金主賜宴，莫濛以「本朝忌辰，不敢簪花聽樂」[20]為由，拒絕簪花，以示不與金人同流。

明清時期，宮廷禮儀猶沿古制，不過顯然已大大地刪繁就簡。王元楨《漱石閒談》記云，明成祖朱棣舉行迎春慶典，按制應由國子監學生為成祖簪花。當時那些監生見了皇帝，都畏縮不前，只有一個叫邵記的監生不怕，徑直走上前去取花為成祖戴上。

聞喜宴

皇帝為新科進士舉行慶祝宴會，被稱為「聞喜宴」。在宴會上，皇帝要親自為進士簪花。

「聞喜宴」的制度始自唐代的「曲江宴」。據說，唐代考中的進士，在放榜後都要大宴於曲江亭，因此，又名「曲江會」。「年少才俊」是唐代男子簪花的主要特徵。明代陶宗儀《說郛》卷六十九上引唐人李淖《秦中歲時記》云：「進士『杏園』初宴，謂之探花宴。差少俊二人為探花使，遍遊名園，若他人先折花，二使皆被罰。」[21]探花使是唐代新科進士賜宴時採折名花的人，常以同榜中最年少的進士二人為之。杏花也就有了及第花的文化內涵，例如唐代鄭谷〈曲江紅杏〉詩所云：「女郎折得慇勤看，道是春風及第花。」最終，遊杏園變成了一種象徵，好似唐代詩人孟郊〈登科後〉詩云「春風得意馬蹄疾，一日看盡長安花」。

---

⑭〔宋〕吳曾：《能改齋漫錄》卷十三，三九五頁，北京，中華書局，一九六〇。

⑮〔宋〕吳曾：《能改齋漫錄》卷十三，三九五頁，北京，中華書局，一九六〇。

⑯〔宋〕西湖老人：《西湖老人繁勝錄》，一五頁，北京，中國商業出版社，一九八二。

⑰〔宋〕孟元老等：《東京夢華錄（外四種）》，一五四頁，上海，古典文學出版社，一九五七。

⑱〔宋〕孟元老等：《東京夢華錄（外四種）》，一五四頁，上海，古典文學出版社，一九五七。

⑲〔元〕脫脫等：《遼史》卷五十三，八七一頁，北京，中華書局，一九七四。

⑳〔元〕脫脫等：《宋史》卷三九〇，一一九五七頁，北京，中華書局，一九七七。

㉑〔明〕陶宗儀纂：《說郛》卷七十四，三八〇頁，北京，中國書店，據涵芬樓一九二七年十一月版影印，一九八六。

4.1 清代「御賜養老」銅牌，長八・二公分、寬四・五公分

4.2《狀元圖考》

在宋代，「聞喜宴」已成定制，如《宋史・輿服志》記載：「中興，郊祀、明堂禮畢回鑾，臣僚及扈從並簪花。……太上兩宮上壽畢，及聖節、及賜宴、及賜新進士聞喜宴，並如之。」[22]到了明代，狀元須由皇帝欽點，人們將寫著殿試結果的黃榜張貼在長安左門外臨時搭建的龍篷中。此時，順天府官用傘蓋儀仗把狀元送回府第。到了張榜的第二天，禮部宴請新科狀元和進士，名曰「恩榮宴」。在宴會上，新科進士與官員人各簪一枝由彩綢、彩絹剪裁而成的花朵。花朵上還附一個刻有「恩榮宴」的小銅牌。其形制與清代「御賜養老」銅牌相似〔4.1〕。只有狀元簪金花，飾翠羽，附鎏金銀牌，以區別於其他進士。明萬曆年刊《狀元圖考》中有狀元簪金花的圖形〔4.2〕。另外，北京故宮博物院藏明人繪《徐顯卿宦跡圖・瓊林登第》中的徐顯卿也是頭簪金花的形象〔4.3〕。

除了金花，也有簪銀花的時候，如《金瓶梅》第一回〈西門慶熱結十弟兄　武二郎冷遇親哥嫂〉，武松打虎後遊街，「頭戴著一頂萬字頭巾，上簪兩朵銀花；身穿著一領血腥衲襖，披著一方紅錦。[23]」武松遊街時頭上簪的兩朵銀花是表彰用的，並非一般裝飾。

新科進士簪花之禮一直沿用至清朝。在清代，張榜之日，尹丞親自於長安左門外為頭甲三進士簪花披紅，令鼓樂護送一干人等赴宴並送回府第。從順治十五年（一六五八年）開始，殿試傳臚後三日方舉行恩榮宴，進士與執事各官簪花亦成為定制。工部負責採辦赴宴彩花五百枝，其中包括狀元所戴金飾銀花一枝。

4.3《徐顯卿宦跡圖・瓊林登第》中的徐顯卿

筵宴

頭上花枝照酒卮，酒卮中有好花枝。身經兩世太平日，眼見四朝全盛時。況復筋骸粗康健，那堪時節正芳菲。酒涵花影紅光溜，爭忍花前不醉歸。

（〔宋〕邵雍〈插花吟〉）

在唐人的酒席上，那些擔當管錄行酒令的才情女妓就被稱為「簪花錄事」。唐人黃滔〈斷酒〉詩云：「免遭拽盞郎君謔，還被簪花錄事憎。」在宋代，簪花更是文人雅士宴飲時的必做禮節。朋友之間舉行便宴

㉒〔元〕脫脫等：《宋史・輿服志》卷一五三，三五六九～三五七〇頁，北京，中華書局，一九七七。

㉓蘭陵笑笑生：《全本金瓶梅詞話》，二二頁，香港，太平書局，一九八一。

時簪花已成為社會的一種習俗。宋人曾鞏〈會稽絕句三首〉詩云「花開日日插花歸，酒盞歌喉處處隨。」㉔宋人宴會簪花最經典的例子當屬《齊東野語》卷二十中的記載。當時，侍郎王簡卿曾赴南宋左司郎官張鎡舉行的牡丹宴，文中稱「眾賓既集，坐一席堂，寂無所有，俄問左右云：「香已發未？」答云：「已發。」命捲簾，則異香自內出，郁然滿座。」如此看來，宋人在開始上餐前的焚香儀程，也是講究頗多。「群伎以酒餚絲竹，次第而至。別有名姬十輩皆衣白。凡首飾衣領皆牡丹，首帶照殿紅一枝，執板奏歌侑觴，歌罷樂作乃退。復垂簾談論自如。良久，香起，捲簾如前。別十姬，易服與花而出。大抵簪白花則衣紫，紫花則衣鵝黃，黃花則衣紅，如是十杯。衣與花凡十易。所謳者皆前輩牡丹名詞。」這紛至沓來的歌舞伎，白衣紅花，紫衣白花，黃衣紫花，紅衣黃花，在花與衣之間形成了美妙的色彩對比與耳目一新的變換。同時，宴會間人聲鼎沸，場面熱鬧，「酒競，歌者、樂者，無慮數百十人，列行送客，燭光香霧，歌歡雜作，客皆恍然如仙遊也。」㉕這等場面就是在今天恐怕也不是一般人經常能夠見到的盛世。文中教樂伶工簪花形象如河北曲陽五代後梁龍德四年（九二四年）王處直墓後室東壁浮雕《奉侍圖》〔4.4〕和《女樂圖》〔4.5〕。其後者為漢白玉石浮雕，圖中有人物十五人，採取面右方站姿，分前後兩列。樂者都梳高髻簪花。

與女子在髮髻上簪花不同，男子樂師一般將花戴在帽子上，如河北宣化遼天慶六年（一一一六年）墓壁畫中《散樂圖》〔4.6〕和五代馮暉墓壁畫〔4.7〕中樂手戴的花腳幞頭，或「簇花幞頭」㉖，或云「卷曲花腳幞頭」㉗「花幞頭」㉘。金人沿襲宋代簪花的形式，鹵簿儀衛及宮廷樂工戴之。其形象如杖鼓伎樂人物磚雕〔4.8〕。伎樂人身穿長袍，腰中繫帶，頭上包裹幅巾，幅巾上簪花。元代樂工亦戴花幞頭，如《元史·輿服志》：「龍笛二十有八，已上工百三十有二人，皆花幞頭，緋絁生色雲花袍，鍍金帶，朱靴。次仗鼓

4.4〔五代〕《奉侍圖》

4.5〔五代〕《女樂圖》局部

4.6〔遼〕《散樂圖》

㉔〔宋〕曾鞏：《曾鞏集》卷六，九四頁，北京，中華書局，一九八四。

㉕〔宋〕周密：《齊東野語》，唐宋史料筆記，三七四頁，北京，中華書局，一九八三。

㉖《宋史・樂志》載：「諢臣萬歲樂隊，衣紫緋綠羅寬衫，諢裹簇花幞頭。」（卷一四二，三三五〇頁，中華書局，一九七七。）；馬端臨：《文獻通考・樂志》云：「打球樂隊，衣四色窄繡羅襦，系銀帶，裹順風脚簇花幞頭。」（卷一四六，一二八三頁，商務印書館萬有文庫本，一九三五。）

㉗孟元老《東京夢華錄》卷九載：「女童皆選兩軍妙齡容艷過人者四百餘人，或戴花冠，或仙人髻，鴉霞之服，或捲曲花脚幞頭。」（二二二頁，北京，中華書局，一九八二。）

㉘吳自牧《夢粱錄》卷二十在談到當時民間嫁娶風俗時，稱「向者迎新郎禮，其婿服綠裳、花幞頭」。（一八八頁，杭州，浙江人民出版社，一九八四。）

4.7〔五代〕馮暉墓壁畫

4.8〔金〕杖鼓伎樂人物磚雕（高三十公分，寬十六公分）

三十，工人花幞頭，黃生色花襖，紅生色花袍，錦臂韝，鍍金帶，烏靴。」㉙

在宴飲之時，興趣所致，宋代文人也會將瓶子裡原本用來觀賞的鮮花簪在頭上，郭應祥〈卜算子〉小序裡就說：「客有惠牡丹者，其六深紅，其六淺紅。貯以銅瓶，置之席間，約五客以賞之，仍呼侑尊者六輩，酒半，人簪其一，恰恰無欠餘。因賦。」其詞云：「誰把洛陽花，剪送河陽縣。魏紫姚黃此地無，隨分紅深淺。　小插向銅瓶，一段真堪羨。十二人簪十二枝，面面交相看。」紫和姚黃是宋代兩種名貴的牡丹名品，產自洛陽，插在瓶中，大家欣賞飲酒，飲至盡興之時，每位客人將瓶中牡丹簪在頭上。宋人毛滂〈武陵春〉一詞序：「正月二日，天寒欲雪，孫使君置酒作樂，賓客插花劇飲，明日當立春。」說賓客席上作樂簪花痛飲，彷彿是迎接春天的到來：「城上落梅風料峭，寒馥逼清尊。爽興天教屬使君。雪意壓歌雲。插帽殷羅金縷細，燕燕早隨人。留取笙歌直到明。蓮漏已催春。」㉚

婚儀

在宋代婚儀中要有簪花的儀程。司馬光《書儀・婚儀》之〈親迎〉條云：「世俗新婿盛戴花勝，擁蔽其首，殊失丈夫之容體，必不得已，且隨俗。戴花一兩枝，勝一兩枚可也。」司馬氏本性尚儉惡奢，這正襯出宋代婚禮的簪花風俗。《水滸傳》第五回寫周通去桃花莊劉太公莊上娶親時，「頭戴撮尖乾紅凹面巾，鬢傍邊插一枝羅帛像生花」㉛，即是反映此種簪花習俗。

刑獄

在宋代，有罪囚簪花的習俗，甚至，行刑處死的犯人也要簪花，如《宋史》卷六十五：「郡獄有誣服孝婦殺姑，婦不能自明，屬行刑者插髻上華於石隙，曰：生則可以驗我冤。」㉜又如，《夢粱錄》卷五：「通事舍人接赦宣讀，大理寺帥漕兩司等處，以見禁杖罪之囚，衣褐衣，荷花枷，以獄卒簪花跪伏門下，傳旨釋放。」㉝此外，《水滸傳》第四十回寫道：蔡九知府命人「把宋江、戴宗兩個匾紮起，又將膠水刷了頭髮，綰個鵝梨角兒，各插上一朵紅綾子紙花。」㉞除了罪囚簪花，獄卒也簪花。相同的記載在《水滸傳》中亦有

㉙〔元〕脫脫等：《元史・輿服志》卷七十九，一九七八頁，北京，中華書局，一九七七。
㉚〔宋〕司馬光撰：《司馬氏書儀》卷三，三八頁，江蘇書局，同治七年（一八六八）。
㉛〔明〕施耐庵：《水滸傳》第五回，七七頁，北京，人民文學出版社，二〇〇五。
㉜〔元〕脫脫等：《宋史》卷六十五。一四一八頁，北京，中華書局，一九七七。

許多，如病關索楊雄在薊州做兩院押獄，兼充市曹行刑劊子手，平時「鬢邊愛插翠芙蓉」（第四十四回）。劊子手蔡慶也是「生來愛戴一枝花」（第六十二回）。這樣做的原因，可能是人們希望用鮮花沖沖行刑時的晦氣。

花瑞

據宋人周煇《清波雜誌》卷三記載：「紅藥而黃腰，號『金帶圍』。初無種，有時而出，則城中當有宰相。韓魏公為守，一出四枝，公自當其一。選客具樂以賞之，時王岐公為倅，王荊公為屬，皆在席。缺其一，莫有當之者。會報過客陳太博入門，亟召之，乃秀公也。酒半，折花歌以插之。四公後皆為首相。」[35]又，王象之《與地紀勝》卷三十七〈揚州〉也記載有相同內容[36]。其大意是：宋仁宗慶曆五年（一〇四五年），韓琦任揚州太守，他的官署後花圃裡有一枝芍藥分隔了四岔，每一岔各開了一朵花，這四朵花的花瓣上下都是紅色，中間卻有一圈黃蕊，時稱「金纏腰」，也叫「金帶圍」。清代蘇繡名家趙慧君繡有一件《金帶圍圖》〔4.9〕。該作品高七十二公分、寬三十公分，折枝芍藥約佔整幅面積五分之一左右，餘為題字、印章。據說，金帶圍平時很罕見，如有花開便是城裡要出宰相的預兆。此時，恰巧王珪、王安石、陳升三位同來。四人聚首時，把四朵「金帶圍」摘下，各自簪戴在頭上。誰知在隨後的三十年裡，四人竟都相繼為相。人們因這四朵花是天降吉兆的象徵，將其稱為「花瑞」，更衍生了「四相簪花」的佳話。事實上，「四相簪花」這樣的「賞花會」本身所呈現的正是宋代當時士大夫階層社交方式的一個側面。

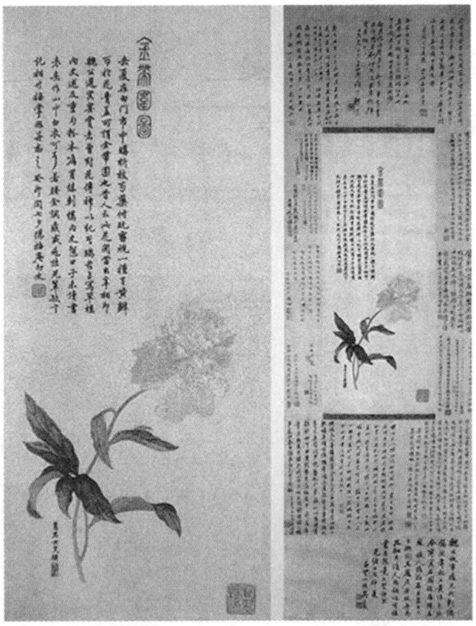

4.9 上海博物館收藏〔清〕趙慧君所繡《金帶圍圖》

不但文人騷客時常提起「四相簪花」的佳話，而且藝術家也時常將「四相簪花」作為題材。最著名的當屬「揚州八怪」之一黃慎在雍正二年（一七二四年）「納涼時節到揚州」。在這座商業繁盛的城市，黃慎作的第一幅畫就是《金帶圍圖》扇面。後來，他還在於六十七歲時畫過一幅《韓魏公簪金帶圍圖》〔4.10〕，取意韓魏公邀客品賞芍藥名品——金帶圍的軼事。清代錢慧安也畫有《簪花圖》〔4.11〕。此圖右側兩株虬枝盤折的青松，湖石旁有芍藥盛開，韓魏公等人站在前面，正在往頭上簪花。其畫風工整，人物神態各異。此外，清代畫家李墅還曾畫《四相簪花圖》扇頁〔4.12〕，清末的通俗瓷畫師、安徽新安郡人俞子明曾製一筆筒《四相簪花圖》。如此眾多的藝術家鍾情於「四相簪花」的題材，對於「祥瑞」的附會也反映出文人、士大夫階層對於仕途之路的期盼意識，也是迎合普通民眾追求榮華富貴的普遍心理。

33 〔宋〕孟元老等：《東京夢華錄（外四種）》，一七四頁，上海，古典文學出版社，一九五七。

34 〔明〕施耐庵：《水滸傳》第四十回，五三一頁，北京，人民文學出版社，二〇〇五。

35 〔宋〕周煇：《清波雜誌校注》卷三，一一六頁，北京，中華書局，一九九四。

36 〔宋〕王象之：《與地紀勝》卷三十七：「韓魏公琦自守維揚郡圃芍藥盛開，忽於叢中得黃緣稜者，土人呼為『金繫腰』。云：『數十年間或有一二，不常見也。』魏公開宴時，王岐公珪監郡、王荊公安石為幕官，方缺一客。魏公謂：『未有可當之者。』陳秀公升之初授御尉丞。忽經由。公召同賞，各簪一朵。其後四人相繼皆登宰輔。」（一五六五頁，北京，中華書局，一九九二。）

4.10〔清〕黃慎《韓魏公簪金帶圍圖》

4.11〔清〕錢慧安《簪花圖》

4.12 揚州博物館藏〔清〕李墅《四相簪花圖》扇頁

身份

在中國古代，簪花是沒有性別和年齡限制的，即清人趙翼《陔餘叢考》所云：「今俗唯婦女簪花，古人則無有不簪花者。」37

中國男子簪花最早例見於唐代歐陽詢《藝文類聚》卷五十八：「（梁簡文帝）又答新渝侯和詩書曰：『垂示三首，風雲吐於行間，珠玉生於字裡，跨躡曹左，含超潘陸，雙鬢向光，風流已絕，九梁插花，步搖為古，高樓懷怨。』」38又如，唐代詩人杜牧〈為人題贈二首〉詩云：「有恨簪花懶，無聊鬥草稀。」又〈九日齊山登高〉：「塵世難逢開口笑，菊花須插滿頭歸。」宋代男性也有簪花的風氣，如《水滸傳》中大名府小押獄蔡慶「生來愛戴一枝花」；阮小五出場「斜戴著一頂破頭巾，鬢邊插朵石榴花」；病關

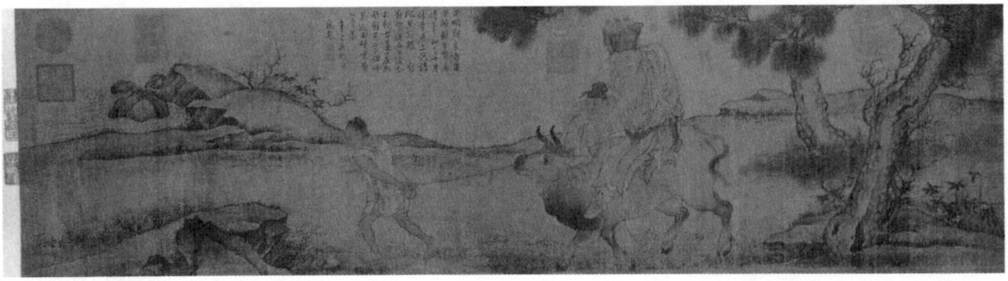

4.13 北京故宮博物院藏〔宋〕佚名《田醉歸圖》。絹本設色，縱二十一・七公分，橫七十・八公分

索楊雄絕對跟風流伶俐沾不上邊，也「鬢邊愛插翠芙蓉」；小霸王周通前往桃花村搶親，頭上「鬢旁邊插一枝羅帛像生花」，身邊的嘍囉也是「頭巾邊亂插著野花」。

尤其成為風景的是宋代老人簪花。蘇軾在〈吉祥寺賞牡丹〉詩中寫道：「人老簪花不自羞，花應羞上老人頭。」黃庭堅〈南鄉子・重陽日寄懷永康彭道微使君，用東坡韻〉：「白髮又扶逢紅袖醉，戎州，亂摘黃花插滿頭。」其絕筆詞〈南鄉子〉云：「花向老人頭上笑，羞羞，白髮簪花不解愁。」[39]南宋張元幹〈菩薩蠻〉：「春來春去催人老，老夫爭肯輸年少。醉後少年狂，白髭殊未妨。插花還起舞，管領風光處。把酒共留春，莫教花笑人。」陸游〈小舟游近村舍舟步歸〉：「不識如何喚作愁，東阡南陌且閒遊。兒童共道先生醉，折得黃花插滿頭。」這些詩詞不但沒有傷春歎老的悲情，反而是一幅幅白髮簪花、開朗豁達的胸襟。其形象如宋人繪《田醉歸圖》〔4.13〕中，蒼松掩映下有一位騎牛緩行，醉意十足的短鬚年長田官，頭戴的方帽頂部就簪花兩朵。旁邊一人步行相扶，前面有一童子，

---

37 〔清〕趙翼：《陔餘叢考》卷三十一〈簪花〉，六五七頁，上海，商務印書館，一九五七。
38 〔唐〕歐陽詢：《藝文類聚》卷五十八，一〇四二頁，上海，上海古籍出版社，一九六五。
39 龍榆生編選：《唐宋名家詞選》，一三七頁，上海，上海古籍出版社，一九五六。

一手牽牛一手拿水壺飲水。除了《四相簪花》，另一個男子簪花題材是清代畫家陳洪綬畫的《楊升庵簪花圖》〔4.14〕。楊升庵，明代著名文學家楊慎，被貶於雲南後，心情鬱悶，曾經醉酒後，臉上塗白粉，頭上插花，遊行於街市。

4.14 陳洪綬《楊升庵簪花圖》

儘管沒有身份限制，簪花確是少不了等級區別，尤其是宋朝建立後，為防止唐末五代以來藩鎮割據，宋政府採取了一系列加強中央集權的政策。簪花也被納入標示身份的工具。北宋蔡絛《鐵圍山叢談》卷六：「元豐中神宗嘗幸金明池，是日洛陽適進姚黃一朵，花面盈尺有二寸，遂卻宮花不御，乃獨簪姚黃以歸。」[40]牡丹已開，皇帝遊幸皇宮附近的金明池簪的是宮花（絹帛做的假花）。但皇帝更喜歡一尺多大的真牡丹，姚黃因其色與形被認為只有皇帝才能簪戴的花[41]。

宋代，花有生花與像生花之分，生花即時令鮮花，像生花是假花，由絹類織物製作而成。宮花屬於像生花一類，是宮廷特製的賞賜品。皇帝賜花百官，依品級高低而有所不同，戴什麼花和戴幾朵花，都有明文規定。簪花材質等級的記載如，《宋史・輿服志》載：「大羅花以紅、黃、銀紅三色，欒枝以雜色羅，大絹花以紅、銀紅二色。羅花以賜百官，欒枝卿監以上有之；絹花以賜將校以下。」[42]簪花數量的記載，如《夢粱錄》卷六記載：「其臣僚花朵，各依官序賜之：宰臣樞密使合賜大花十八朵、欒枝花十朵；樞密使同簽書樞密院事賜大花十四朵、欒枝花八朵；敷文閣學士賜大花十二朵、欒枝花六朵；知閣官係正任承宣觀察使賜大花十朵、欒枝花八朵；正任防禦使至刺史各賜大花八朵、欒枝花四朵；橫行使副賜大花六朵、欒枝花二朵；待制官大花六朵、欒枝花二朵；橫行正使賜大花八朵、欒枝花四朵；武功大夫至武翼賜大花六朵；正使皆欒枝花二朵；帶遙郡賜大花八朵、欒枝花二朵；閤門宣輦舍人大花六朵；簿書官加欒枝花二朵；閤門祇候大花六朵、欒枝花二朵；樞密院諸房逐房副使承旨大花六朵；大使臣大花四朵；諸色祇應人等各賜大花二朵。自訓武郎以下，武翼郎以下，並帶職人並依官序賜花簪戴。快行官帽花朵細巧，並隨柳條。教樂所伶工、雜劇色，渾裹上高簇花枝，中間裝百戲，行則動轉。諸司人員如局幹、殿幹及百司下親事等官，多有珠翠花朵，裝成花帽者。」[43]

宋代皇后褘衣有九龍四鳳冠，飾大花、小花各十二株；皇后及皇太子妃褕翟有九翬四鳳冠，大小花各九枝；皇太子妃冠花減少及無龍飾。中興以後，皇后龍鳳花釵冠，大小花二十四株。皇太子妃花釵冠，小大花十八株。宋徽宗政和年間（一一一一—一一一七）規定命婦首飾為花釵冠，冠有兩博鬢加寶鈿飾，服翟衣，青羅繡為翟，編次於衣及裳之制。一品花釵九株，寶鈿數同花數，繡翟九等；二品花釵八株，翟八等；三品花釵七株，翟七等；四品花釵六株，翟六等；五品花釵五株。其形象如南薰殿舊藏《宋仁宗皇后像》〔4.15〕。

---

[40]〔宋〕蔡絛：《鐵圍山叢談》卷六，一一七頁，北京，中華書局，一九八三。

[41] 隋唐時期，確立赤黃色（即赭色）為皇權獨有。從宋開始，由於強調皇權的高度集中，正黃色進一步為皇室專用，僭用、濫用即獲罪。

[42]〔元〕脫脫等：《宋史・輿服志》，三五七〇頁，北京，中華書局，一九七七。

[43]〔宋〕孟元老等：《東京夢華錄（外四種）》，一七九頁，上海，古典文學出版社，一九五七。

4.15 南薰殿舊藏《宋仁宗皇后像》

這種以身份確定簪花數量的情況在當代一些少數民族的插花活動中也還存在，如台灣魯凱族[44]插飾百合花象徵著獵人的榮耀——男子需累積獵得五隻公山豬，才可佩戴第一朵已開的百合花插飾；而後需在一次打獵中同時獵到兩隻，才可加戴第二朵；三隻可加第三朵；四隻可加第四朵；五隻可加第五朵，但頭飾不可超過五朵花。若男子一次獵得超過五隻山豬，或所獲獵物的總數超過一千隻，就有資格佩戴一朵未開百合花，寓意他已把所有獵人掌握在百合花裡面，超越他們變成獵王了。女子佩戴百合花象徵著貞潔。借由種種結親儀式和結拜儀式，魯凱族的平民女子可以取得百合花額飾及未開百合花插飾的佩戴權。[45]

[44] 魯凱族是台灣原住民的一個族群，現有人口約一萬一千人，主要居住在中央山脈南段東西兩側，即今高雄市茂林區、屏東縣霧台鄉和台東縣卑南鄉境內。

[45] 周典恩：〈台灣魯凱人的頭飾藝術及其象徵寓意〉，中國民族宗教網。

第五章　四季花序

天地輪轉，花開花落，自然景色年復一年地紛至沓來；春夏秋冬，時節更替，四季鮮花總會按時出現在我們眼前。地理環境是人類文明的塑造者。作為社會文化活動的產物，服飾在構建社會禮儀秩序的同時，也自然成為中國古人與自然對話、相互關照的手段與方法〔5.1〕。簪花須與季節對應，雖然有便於獲取的因素，但更主要體現了儒家文化「天人合一」的思想內涵。

四季花

早在漢代，中國先民已經有按照季節一年五次更換官服服色的「五時色」制度，即孟春穿青色，孟夏穿赤色，季夏穿黃色，孟秋穿白色，孟冬穿黑色。五行五色觀念源自中國先民在長期農耕生活中，善於識別方位的生產實踐，將其應用於服色制度，更是「天人合一」觀念在服飾文化上的顯現。

5.1〔宋〕趙昌《歲朝圖》局部

天地輪轉，四季花開，無論是早春吐露芳顏的辛夷，還是踏著冰雪招展的報歲蘭，時令鮮花總會按時出現在我們眼前。根據季節簪花也是中國傳統服飾文化的一個精彩亮點。唐末五代詩人、詞人韋莊〈思帝鄉〉：「春日遊，杏花吹滿頭。陌上誰家年少，足風流？妾擬將身嫁與，一生休。縱被無情棄，不能羞！」至宋代，文化昌達，商業繁榮，宋朝無名氏〈添字浣溪沙・山花子・紅梅〉「折得一枝斜插鬢，墜金釵」的簪花方式，演變成了將四季鮮花統一呈現的時尚。南宋吳自牧《夢粱錄》卷十三〈諸色雜貨〉條記載，在臨安市場上：「四時有撲帶朵花，亦有賣成窠時花，插瓶把花、柏桂、羅漢葉。春撲帶朵桃花、四香、瑞香、木香等物；夏撲金燈花、茉莉、葵花、榴花、梔子花；秋則撲茉莉、蘭花、木樨、秋茶花；冬則撲木春花、梅花、瑞香、蘭花、水仙花、臘梅花。」❶同書還記載了，在宋代婚儀中，男方送給新娘的催妝中有「四時冠花」一項。此外，《水滸傳》第六十一回描寫浪子燕青「腰間斜插名人扇，鬢畔常簪四季花」❷。所謂「四季花」應與「四時冠花」一樣，都是指根植於農耕生活方式的應景文化，所催生出的按季節時令簪花和插戴節物的風俗。

這種風尚演繹到清代，則體現在宮廷服飾的圖案設計上。在當時就有一個不成文的規定，無論是后妃、公主、福晉，還是七品命婦所穿用便服上面的織、繡的花卉紋樣，一定要為應季花卉，即：春季為牡丹、繡球、山蘭、萬年青、探春、桃花、杏花、迎春花等花卉；夏季為蜀葵、扶桑、牡丹、百合、萬壽菊、薔薇、虞美人、芍藥、石竹子、石榴、凌霄、荷花、杜鵑花、玫瑰花等花卉；秋季多為劍蘭、桂花、菊花、秋海棠等花卉；冬季為梅花、山茶花、水仙花等花卉〔5.2〕。

就傳統習慣而言，中國古人一般按照農曆劃分四季，農曆一月到三月是春季，四月到六月是夏季，七月到九月是秋季，十月到十二月是冬季。而氣象學上以公曆三月至五月為春，六至八月為夏，九至十一月為秋，十二月至第二年二月為冬。

5.2〔清〕慈禧服飾小樣

春之花

春之花主要有杏花、桃花、迎春花、棠梨，等等。

杏花，又稱杏子，果肉、仁均可食用。杏花單生，先葉開放，花瓣白色或稍帶紅暈。花朵嬌小可愛，而成片的杏花林景色更是奇麗。農曆二月又稱杏月，正是杏花初放之時，朵朵美若天仙，柔媚動人。杏花至少在中國已有兩三千年的栽培歷史，在公元前數百年問世的《管子》中就有記載。自唐代始，杏花就具有文人夢想科舉成功的文化象徵。探花使是唐代新科進士賜宴時採折名花的人，常以同榜中最年少的進士二人為之（詳見第四章）。

桃花屬木本薔薇科，盛開於農曆三月，一般又稱為桃月。桃花是春天早發的花卉，姿態優美，花朵豐腴，豔如紅霞，盛開時明媚如畫，猶如仙境，被稱為「世外桃源」，因此，桃花也被稱之為春桃。南朝梁代蕭子

❶〔宋〕孟元老等：《東京夢華錄（外四種）》，二四五頁，上海，古典文學出版社，一九五七。

❷〔明〕施耐庵：《水滸傳》第六十一回，八〇七頁，北京，人民文學出版社，二〇〇五。

5.3 迎春花

顯〈桃花曲〉中寫道：「但得桃花艷，得間美人簪。」劉禹錫在〈竹枝詞〉中寫道：「山桃紅花滿上頭，蜀江春水拍山流。花紅易衰似郎意，水流無限似儂愁。」

棠梨，亦作「棠梨」，俗稱野梨。落葉喬木，葉長圓形或菱形，花白色，果實小，略呈球形，有褐色斑點。唐代元稹〈村花晚〉詩云：「三春已暮桃李傷，棠梨花白蔓菁黃。村中女兒爭摘將，插刺頭鬟相誇張。」

迎春花，枝稍扭曲，小枝四稜形，葉對生，三出複葉。花期在每年六月。花色端莊秀麗，具有不畏寒威，不擇風土，適應性強的特點〔5.3〕。明末清初郝璧《郝蘭石師長教師集・廣陵竹枝詞》中附有一首寫揚州女子「各帶迎春花鬢側，行人綺陌踏青歌」的詩句。

夏之花

夏之花有牡丹、玫瑰、芍藥、薔薇、賽金花、金莖花、石榴（詳見「節令時物」）、茉莉（詳見「簪花為飾」），等等。

5.4〔明〕陳淳《牡丹》

5.5〔清〕惲壽平《牡丹》

牡丹

牡丹，是毛茛科、芍藥屬植物，為多年生落葉小灌木。花色澤艷麗，玉笑珠香，富麗堂皇，有「花中之王」美譽。牡丹品種繁多，色澤亦多，以黃、綠、肉紅、深紅、銀紅為上品。牡丹花大而香，故又有「國色天香」之稱。唐代劉禹錫〈賞牡丹〉詩曰：「庭前芍藥妖無格，池上芙蕖淨少情。唯有牡丹真國色，花開時節動京城。」牡丹花被擁戴為花中之王，有關文化和繪畫作品很豐富〔5.4、5.5〕。牡丹花開之時，無論貴賤老幼都喜歡把牡丹簪在頭上，遊賞觀花、香氣四溢。最著名的當屬唐代周昉《簪花仕女圖》中最右側貴婦（見第一章）。

牡丹象徵榮華富貴，女子戴於髮間更能顯出雍容的美態，以牡丹為形的首飾在明清有很多，如江陰青陽鄒令人墓出土明代嵌寶石蝴蝶戲牡丹金簪〔5.6〕。簪頭為牡丹花和枝葉紋樣，以金片錘鍱成形，再鏨刻花葉的紋理，下面一朵大牡丹，上面是一隻蝴蝶，左右兩側各有一支小牡丹。牡丹嵌紅寶石做花蕊，蝴蝶身上嵌藍寶石。最上面是三支葉片包捲狀。又如，一九六三年雲南呈貢王家營沐氏家族墓之沐詳夫婦合葬墓出土牡丹鑲寶金簪〔5.7〕，簪首為牡丹花形，以金片鏨刻出花瓣形狀，層

5.6〔明〕嵌寶石蝴蝶戲牡丹金簪

5.7 雲南省博物館藏〔明〕牡丹鑲寶金簪

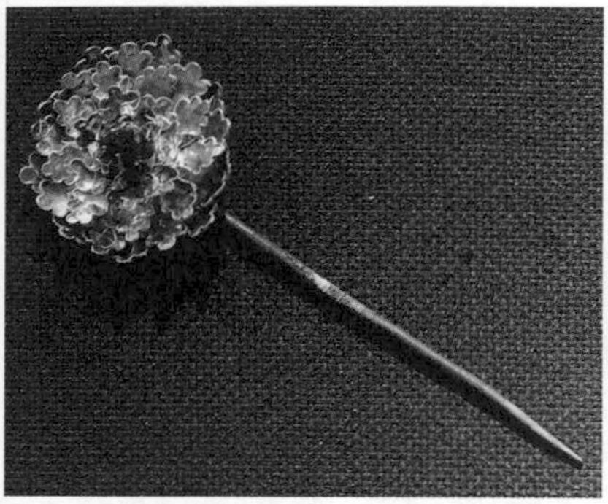

5.8〔明〕金鑲珍珠牡丹簪

層疊疊，虛實分明，左右對稱。花朵中心以細金絲做蕊，蕊上嵌紅寶石。牡丹花外有花葉五片襯托花朵。又如，湖北蘄春縣博物館藏湖北蘄春彭思鎮張灘村豬頭咀明墓出土明代金鑲珍珠牡丹簪〔5.8〕，以金片鏨刻牡丹花做簪首，花瓣用金絲勾勒輪廓，層層包疊，繁複至三或四層，花蕊嵌紅寶石。同墓還出土一枚頂簪，形式與工藝相同，富貴氣質，溢於言表。

與牡丹富貴相稱的是鳳凰，鳳和牡丹組合在一起的時候稱為「鳳穿牡丹」。這是比較常見的組合方式，如一九六六年江蘇溧陽縣城西公社上閣樓大隊明墓出土圓形鏤空鳳凰牡丹花帽金飾〔5.9〕，直徑三・四公分，重二・五八克，同出十二枚，形制相同。花邊緣，正面略凸，中部堆雕盛開牡丹，對鳳環繞周圍。又如，曲江藝術博物館藏累絲鑲寶鳳穿牡丹金簪〔5.10〕，一支通長十五・二公分，物長四・九公分，寬四・三公分，重十三・六克。另一支通長十三・四公分，物長四・七公分，最寬四・七公分，重十三・五克。

5.10 曲江藝術博物館藏〔明〕累絲鑲寶鳳穿牡丹金簪

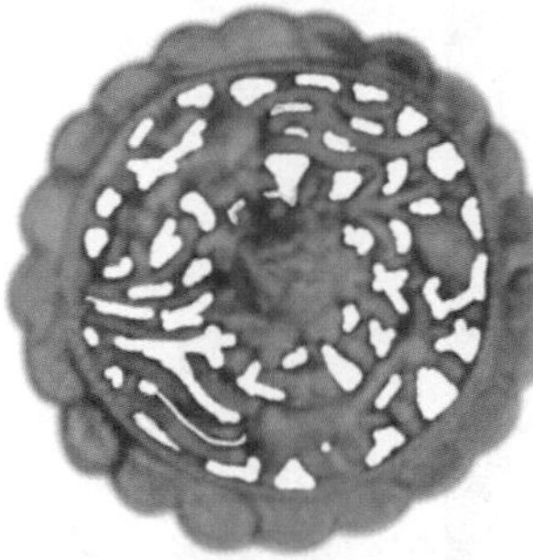

5.9〔明〕圓形鏤空鳳凰牡丹花帽金飾

蓮花

蓮花，也稱荷花、水芙蓉等，屬睡蓮科多年生水生草本花卉。地下莖長而肥厚，有長節，葉盾圓形。花期在每年的六月至九月，單生於花梗頂端，花瓣多數，嵌生在花托穴內，有紅、粉紅、白、紫等色，或有彩文、鑲邊。在中國傳統文化中，蓮花具有清高、潔淨、高雅的文化內涵，與道教、佛教等宗教信仰相連，還因「蓮」與「連」諧音產生了眾多與「蓮」有關的吉祥符號和圖案，如一品清廉、連生貴子、連中三元、喜得連科、一路連科等。唐人簪荷花的形象如《簪花仕女圖》中的貴婦。

中國古代蓮花簪實物如江陰夏港出土宋代金藕蓮花簪〔5.11〕，通長三十六・一公分，重六十六・九克。其蓮花花瓣層層疊疊達到九層之多，每一層蓮瓣上都有精美的鏤空紋飾。最上面是蓮蓬，花心又吐出一支小花，繁複奢華，華貴異常。簪腳上有細緻紋樣，以炸珠裝飾。這件金器奇巧之處在於它的蓮花飾葉可以轉動，說明當時江南的金器工藝非常發達。與此類似的是南京太平門外出土明代蓮花形金簪一對〔5.12〕，長十三公分，簪首長二公分，寬〇・六公分。同出兩

5.11 江陰博物館收藏〔宋〕金藕蓮花簪

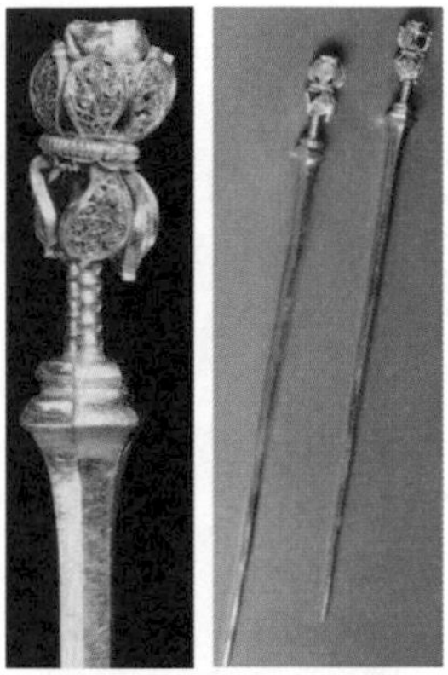

5.12〔明〕蓮花形金簪

件，形制相同，簪針為六面方稜形，簪首為兩層六瓣蓮花，以金輪相隔，上層蓮花頂端有圓形托，托內鑲嵌物已失。簪首與簪針頂部之間為圓柱形，其上飾數首凸弦紋，其下為兩層六角形狀相疊，蓮瓣用累絲工藝製成。清代還有銀點翠嵌藍寶石簪〔5.13〕，長九・五公分，寬二公分，簪身銀質。簪柄有三層銀鍍金點翠蓮花托，一層為覆蓮式，第二層為仰蓮上嵌珍珠一顆，第三層為多層仰蓮上嵌藍寶石一塊。此簪所嵌藍寶石大而圓潤，成色上佳。

除了髮簪，南京博物館藏還收藏了一件明代蓮花金飾件〔5.14〕，高十一・七公分，寬九・二公分。它是用黃金錘鍱製成，中心為橢圓

5.13〔清〕銀點翠嵌藍寶石簪

5.14 南京博物館藏〔明〕蓮花金飾件

形花心，四周鏨刻放射狀直線。周圍由十四片葉片環繞，形似火焰狀。上下各做成如意雲形狀，上端焊接一圓形花托，原嵌有寶石，現已遺失。葉片上左右各有一圓形小孔，可供縫綴之用。

茉莉

茉莉屬木樨科常綠小灌木，原產印度、伊朗、阿拉伯諸國，漢代由西亞傳入中國。茉莉花通常三朵花，花白色，有芳香，花期長，由初夏至晚秋開花不絕。茉莉喜溫暖濕潤和陽光充足環境，其葉色翠綠，花色潔白，香氣濃郁，是最常見的芳香型盆栽花木。據《中藥大辭典》中記載，茉莉花有「理氣開郁、辟穢和中」的功效，並對痢疾、腹痛、結膜炎及瘡毒等具有很好的消炎解毒的作用。常飲茉莉花，有清肝明目、生津止渴、祛痰治痢、通便利水、祛風解表、療瘺、堅齒、益氣力、降血壓、強心、防齲、防輻射損傷、抗癌、抗衰老的功效，使人延年益壽、身心健康。[3]

茉莉花溢香消暑，為端午節所簪之花，香味迷人，不僅婦女們喜愛裝飾品，更吸引了文人雅士的目光。漢代閩人（今廣州）已有用彩色絲線將茉莉花穿成串戴在頭上聞香的風俗。北宋趙昌所繪紈扇面《茉莉花圖》〔5.15〕描畫了一束潔白秀美的茉莉花，表現了宋人對自然景物的細緻觀察和美好嚮往。據《西湖老人繁勝錄》記載，南宋端午節「茉莉盛開，城內外，撲戴朵花者，不下數百人。每妓須戴三兩朵，只戴得一

[3] 南京中醫藥大學：《中藥大辭典》，一七四九頁，上海，上海科學技術出版社，二〇〇六。

5.15〔北宋〕趙昌《茉莉花圖》扇面

日，朝夕如是」❹。又，《武林舊事》卷三「都人避暑」載：「六月六日，顯應觀崔府君誕辰，自東都時廟食已盛。是日都人士女，駢集炷香，已而登舟泛湖，為避暑之遊。時物則新荔枝、軍庭李（二果產閩），奉化項裡之楊梅……關撲香囊、畫扇、涎花、珠佩，而茉莉為最盛。初出之時，其價甚穹。婦人簪戴，多至七插，所直數十券，不過供一餉之娛耳。」❺可見，南宋京城臨安，從端午開始，一直到六月初，茉莉花都是女子們的寵兒。除了南宋都城，當時黎族婦女也有用茉莉花裝飾鬢髮的習俗、蘇軾被貶謫海南島時，曾作〈題姜秀郎几間〉詩云：「暗麝著人簪茉莉，紅潮登頰醉檳榔。」此外，宋人姜夔〈茉莉〉詩云：「應是仙娥宴歸去，醉來掉下玉簪頭。」

到了清代，簪茉莉的風尚更盛，清人李漁《閒情偶寄》稱：「花中之茉莉，捨插鬢之外，一無所用。」❻他更是稱「茉莉一花，單為助妝而設，其天生以媚婦人者乎？是花皆曉開，此獨暮開。暮開者，使人不得把玩，秘之以待曉妝也。是花蒂上皆無孔，此獨有孔。有孔者，非此不能受簪，天生以為立腳之地也。若是，則婦人之妝，乃天造地設之事耳。植他樹皆為男子，種此花獨為婦人。」❼其大意是指茉莉是專門用來幫助化妝的花，因為晚上開花，可以收起來等到早上梳妝時用了。又因為茉莉花有孔，簪子可以穿過去。這樣看來，女子要梳妝打扮，是天造地設的事情。種植其他的花都是為了男子，只有種茉莉花是為了女子。

簪茉莉花的習俗一直沿襲至明清也不見衰減。明代畫家和詩人唐伯虎有一首七絕〈茉莉〉詩，寫得別具一格：「春困無端壓黛眉，梳成鬆鬢出簾遲。手拈茉莉猩紅染，欲插逢人問可宜？」詩中生動地描寫了佳人在邁出閨房前，手執一朵猩紅色的茉莉花，將插髮髻前的樣子。也描述美人頭簪茉莉花、人花俱美景致的詩詞，如清代王士祿〈茉莉花〉：「冰雪為容玉作胎，柔情合傍瑣窗隈。香從清夢迴時覺，花向美人頭上開。」又如，清代詩人陳學洙〈茉莉〉：「銀床夢醒香何處，只在釵橫髻髮邊。」

玫瑰

玫瑰，落葉灌木名。似薔薇，枝密有刺，花為紫紅色或白色，香氣很濃。中國古人簪玫瑰的詩文在唐代已有，如唐人李建勲〈春詞〉：「折得玫瑰花一朵，憑君簪向鳳凰釵。」直至清代，仍流行簪玫瑰。清人李漁《閒情偶寄》中稱：「玫瑰，花之最香者也。而色太艷，止宜壓在鬢下，暗受其香，勿使花形全露，全露則類村妝，以村婦非紅不愛也。」[8]因為玫瑰花香氣濃厚，簪插時要壓於髮髻之下，含蓄不露。

---

4 〔宋〕西湖老人：《西湖老人繁勝錄》，一〇頁，北京，中國商業出版社，一九八二。
5 〔宋〕周密：《武林舊事》卷三，八四頁，北京，中華書局，二〇〇七。
6 〔清〕李漁：《閒情偶寄》，三三頁，北京，中國社會出版社，二〇〇五。
7 〔清〕李漁：《閒情偶寄》，二四一頁，北京，中國社會出版社，二〇〇五。
8 〔清〕李漁：《閒情偶寄》，三三頁，北京，中國社會出版社，二〇〇五。

薔薇

薔薇，落葉灌木，莖細長，枝上密生小刺，羽狀複葉，花白色或淡紅色，有芳香。花可供觀賞，果實可以入藥。南朝梁人劉緩〈看美人摘薔薇〉詩云：「釵邊爛熳插，無處不相宜。」

秋之花

秋之花有蜀葵、桂花、蘭花、玉蘭花、菊花（詳見「節令時物」）、茱萸（詳見「簪花為飾」、「節令時物」），等等。

5.16〔明〕成化嵌寶石葵花形金簪

蜀葵

蜀葵，植株修長而挺立，開於夏末秋初，花朵大而嬌媚，顏色五彩斑斕，其中黃蜀葵又稱為秋葵，《詩經》中就曾提及「七月菱葵叔」。秋葵是一種朝開暮落的花，一般人說的「明日黃花」，就是以秋葵為寫照。北京右安門外明墓出土明成化嵌寶石葵花形金簪〔5.16〕，通長十三・五公分，重七十四・八克。扁柄，簪頭為三層，花瓣均勻厚重，中心鑲嵌黃碧璽，周圍環繞著十六顆紅藍寶石。

蘭花

宋代風氣以典雅為尚，人們還喜歡簪蘭花，如宋代姚述堯〈點絳唇・蘭花〉：「瀟灑寒林，玉叢遙映松篁底。鳳簪斜倚。笑傲東風裡。一種幽芳，自有先春意。香風細。國人爭媚，不數桃和李。」蘭花形首飾實物如香港夢蝶軒藏明代鎏金蝶戀花銀步搖簪〔5.17〕，簪長二十五・六公分，在簪的兩邊裝飾兩列蘭花，頂上有三個花苞，右側是一隻蝴蝶。

5.17〔明〕鎏金蝶戀花銀步搖簪

5.18 玉簪花

玉簪花

玉簪花多年生草本植物〔5.18〕。葉叢生，卵形或心臟形。花莖從葉叢中抽出，總狀花序。秋季開花，色白如玉，未開時如簪頭，有芳香。花向葉叢中抽出，高出葉面，著花九至十五朵，組成總狀花序。花白色或紫色，有香氣，具細長的花被筒，先端六裂，呈漏斗狀。紫玉簪花七月上旬開花，盛花期約十天；白玉簪花八月開花，盛花期二十天。蒴果圓柱形，成熟時三裂，種子黑色，頂端有翅。明代李東陽〈玉簪花〉：「妝成試照池邊影，只

5.19〔明〕鎏金玉簪花耳環

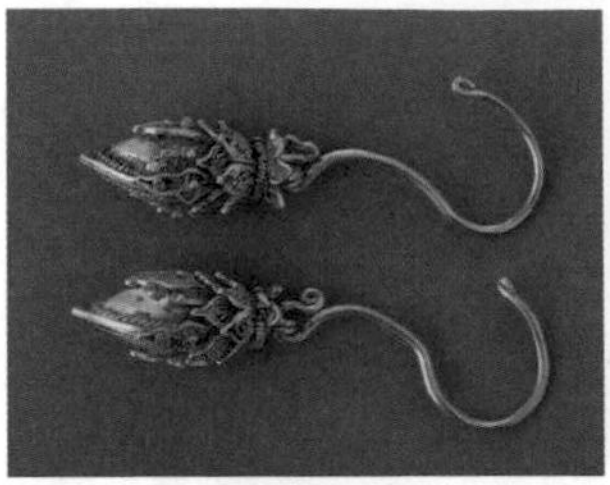

5.20〔清〕垂珠金耳墜

恐搔頭落水中」；清人梁清芬「嫦娥雲髻玉簪斜，落地飄然化作花。」李漁在《閒情偶寄》〈種植部〉中專有「玉簪」詞條描述：「花之極賤而可貴者，玉簪是也。插入婦人髻中，孰真孰假，幾不能辨，乃閨閣中必需之物。然留之弗摘，點綴籬間，亦似美人之遺。呼作『江皋玉珮』，誰曰不可？」[9]玉簪花像生首飾實物，如香港夢蝶軒藏明代鎏金玉簪花耳環〔5.19〕和廣西天等縣龍茗鄉百啄小學趙昆墓出土清代垂珠金耳墜〔5.20〕，長四・二公分，耳墜造形精美，由掛環和垂珠兩部分組成。垂珠呈橄欖形。

冬之花

冬之花有梅花、木芙蓉、山茶、水仙，等等。

梅花

梅花，梅樹之花，寒冬先葉開放，花瓣五片，有粉紅、白、紅等顏色。觀賞梅花的興起，大致始自漢初。漢代劉歆《西京雜記》卷一載：「（漢）初修上林苑，群臣遠方，各獻名果異樹，亦有製為美名，以標奇麗。」其中梅花之名有「朱梅、紫葉梅、紫花梅、同心梅、麗枝梅、燕梅、猴梅。」[10]經南北朝發展，隋、唐、五代漸盛，至宋代達到高峰。文人作家賞梅、畫梅、寫梅，更是蔚然成風〔5.21〕。通過梅花的潔白等特徵，歌頌具有高尚節操的人，並得到廣泛認同。以梅插髻的風氣，南朝已有。證以南朝梁人鮑泉〈詠梅花〉詩：「可憐階下梅，飄蕩逐風回。度簾拂羅幌，縈窗落梳臺。乍隨纖手去，還因插鬢來。」宋代簪梅花的風氣更勝。在宋代文人的生活裡，簪梅，更是朋友們在閒散小聚助興的方式，既有「自折梅花插鬢端」⓫的雅韻，也有「為言滿帽插梅花」⓬的熱烈。甚至，睡前匆忙，忘記摘掉髮髻間的梅花，一覺起來「梅花鬢上殘」⓭。

既然宋人有簪梅的風氣，那麼梅花首飾自然也不會少，後世依然沿襲了這種文化。明代實物如北京定陵出土明萬曆鎏金嵌寶石花卉紋銀簪〔5.22〕和湖南鳳凰沱江鎮老官祖古墓群出土鑲瑪瑙梅花形金簪〔5.23〕，長十二・五公分，寬三・一公分，重十二・五克。銀簪扁錐形，以蓮花、梅花和牡丹花等花卉為托，上嵌寶石，花瓣豐滿。簪腳光

5.21〔明〕陳憲章《畫梅花》

5.22〔明〕鎏金嵌寶石花卉紋銀簪

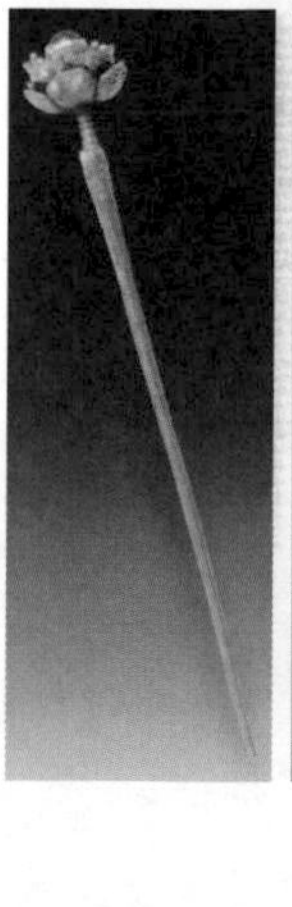

5.23〔明〕鑲瑪瑙梅花形金簪

❾〔清〕李漁：《閒情偶寄》，二六〇頁，北京，中國社會出版社，二〇〇五。

❿〔漢〕劉歆著，〔東晉〕葛洪輯，成林、程章燦譯註：《西京雜記全譯》卷一，三四頁，貴陽，貴州人民出版社，一九九三。

⓫朱淑真：〈立春古律・又絕句二首之一〉：「自折梅花插鬢端，韭黃蘭茁簇春盤。潑醅酒軟渾無力，作惡東風特地寒。」

⓬陸游：〈觀梅至花涇高端叔解元見尋〉：「春晴閒過野僧家，邂逅詩人共晚茶。歸見諸公問老子，為言滿帽插梅花。」

⓭李清照：〈菩薩蠻〉：「風柔日薄春猶早，夾衫乍著心情好。睡起覺微寒，梅花鬢上殘。」

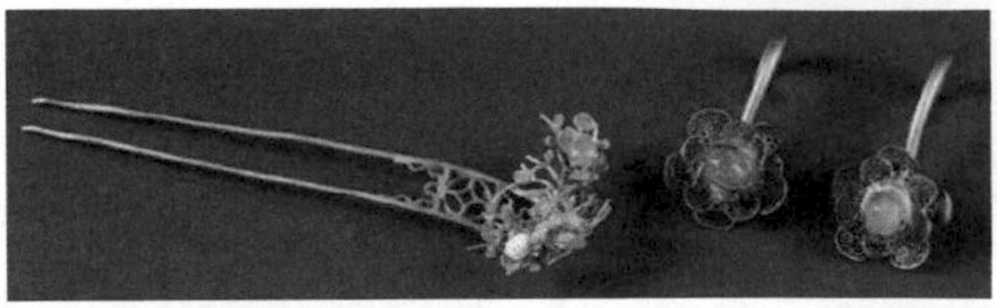

5.24〔明〕嵌寶石累絲花形金釵、金耳環

素無紋，簪首是累絲工藝做梅花花瓣，上下兩層，每層五片梅花花瓣，上層當中，鑲瑪瑙做花蕊，整體風格較為素雅。此外，香港夢蝶軒藏明代嵌寶石累絲花形金釵、金耳環〔5.24〕，長十三公分，最長直徑四公分。金質，兩股中夾有銅錢紋樣，釵頭為喜鵲登梅圖案，用累絲工藝做出花葉和鵲鳥，另鑲嵌紅寶石。耳環：高四・八公分，寬二・六公分。

芙蓉

芙蓉，也稱木芙蓉、拒霜花、三變花、醉芙蓉、三醉芙蓉、扶桑。錦葵科植物，花白色或粉紅色，到夜間變深紅色〔5.25〕。芙蓉原產於我國，四川、雲南、湖南、廣西、廣東等地均有分佈，而以成都一帶栽培最多，歷史悠久，後蜀末代皇帝孟昶時，在城牆上遍種芙蓉，故成都又有「芙蓉城」之稱。自唐代始，湖南湘江一帶亦種植木芙蓉，繁花似錦，光輝燦爛，唐末詩人譚用之〈秋宿湘江遇雨〉詩云：「秋風萬里芙蓉國。」芙蓉花形首飾如明代湖北蘄春彭思鎮張灘村豬頭咀明墓出土金鑲寶石花鳥簪〔5.26〕，長十一・五公分、寬五・五公分，重三十五・五克。簪首樹葉花卉造形，上面鳳鳥、蝴蝶、蜜蜂飛舞。均金絲彈簧連接，顫動如生。

5.25〔宋〕《芙蓉》

一年景

在中國古代首飾紋樣題材中，宋元多選擇清新活潑的自然景物。靖康年間，開封地區紡織紋樣及婦人首飾衣服都喜歡把四季的代表性物品放在一起作為裝飾，代表一年四季，稱為「一年景」。

南宋詩人陸游在《老學庵筆記》記載，北宋靖康初年（一一二六年），京師婦女喜愛用四季景致為首飾衣裳紋樣，從絲綢絹錦到首飾、鞋襪，「皆備四時」，從頭到腳展示一年四季景物的穿戴，稱為「一年景」。「節物則春旛、燈球、競渡、艾虎、雲月之類」；「花則桃、杏、荷花、菊花、梅花」。[14]第一類題材在頭飾上更為多見，第二類題材的使用更為廣泛，且後世更加流行，成為花卉圖案的主要形式之一，時稱「四季花」。

5.26〔明〕金鑲寶石花鳥簪　蘄春縣博物館藏

南薰殿舊藏《宋仁宗后坐像》畫，侍立左右的兩個宮女，身穿深色印金圓領袍，頭戴兩端高聳「花插棟雙枝」[15]幞頭，堆簇繽紛斑斕花卉近百朵，展示了「四季花」的花樣年華〔5.27〕。其形象與《東京夢華

[14]〔宋〕陸游：《老學庵筆記》卷二，九頁，上海，上海書店，一九九〇年影印本。

[15]〔宋〕盧炳：〈少年遊．用周美成韻〉：「繡羅褑子間金絲。打扮好容儀。曉雪明肌，秋波入鬢，鞋小步行遲。冠兒時樣都相稱，花插棟雙枝。倩俏精神，風流情態，唯有粉郎知。」

5.27 南薰殿舊藏《宋仁宗后坐像》中侍者

錄》卷四〈公主出降〉條「又有宮嬪數十，皆珍珠釵插、吊朵、玲瓏簇羅頭面，紅羅銷金袍帔」[16]的記載相似。

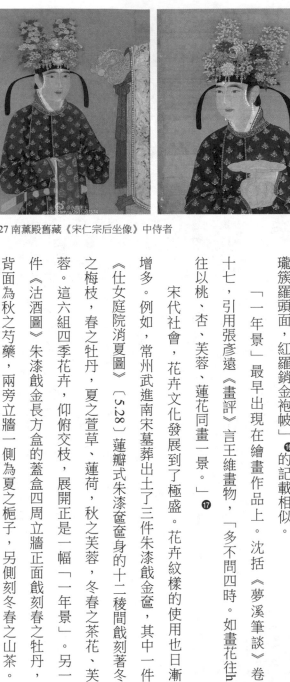

「一年景」最早出現在繪畫作品上。沈括《夢溪筆談》卷十七，引用張彥遠《畫評》言王維畫物，「多不問四時。如畫花往往以桃、杏、芙蓉、蓮花同畫一景。」[17]

宋代社會，花卉文化發展到了極盛。花卉紋樣的使用也日漸增多。例如，常州武進南宋墓葬出土了三件朱漆戧金奩，其中一件《仕女庭院消夏圖》〔5.28〕蓮瓣式朱漆奩奩身的十二稜間戧刻著冬之梅枝，春之牡丹，夏之萱草、蓮荷，秋之芙蓉，冬春之茶花、芙蓉。這六組四季花卉，仰俯交枝，展開正是一幅「一年景」。另一件《沽酒圖》朱漆戧金長方盒的蓋盒四周立牆正面戧刻春之牡丹，背面為秋之芍藥，兩旁立牆一側為夏之梔子，另側刻冬春之山茶。又一件《柳塘小景圖》戧金朱色斑紋黑漆長方盒，蓋面景色以黑漆為底，用戧金線勾出坡石、塘岸、垂柳、游魚、荇草、波紋等。其四周立牆，正面為梅枝與蓮荷相交，背面為牡丹與秋菊相映，側面分別是山茶、梔子，也是「一年景」。

在福州南宋黃升墓中漆奩內有二十塊圓形、四邊形、六角形的粉塊上分別印刻著梅花、蘭花、荷花、菊花、水仙、牡丹、山茶等圖案〔5.29〕。此外，在黃升墓還出土了兩件精美的繡花綬帶，刺繡紋樣幾乎

5.28〔南宋〕《仕女庭院消夏圖》

5.29〔南宋〕粉塊

囊盡了一年景裡的所有花卉。綬帶上的圖案中有芍藥、石榴、秋葵、山茶、杜鵑、菊花、薔薇、桃花、芙蓉、荷花、海棠、牡丹等十餘種花卉組成的紋飾。另外，黃升墓還有一條拼合被面，由山茶、梅朵、芙蓉、牡丹、蓮荷、菊花等拼為一景的花卉圖案。一九八八年，江西德安出土南宋周氏墓墓主梳高髻，盤結於頭頂，上插金釵、鎏金銀釵，兩鬢和後腦各戴木梳，金絲彩冠罩在髮髻外。想必原先冠上應該插滿了四季鮮花，不過除了金銀珠寶，鮮花早已化泥了。這便是鮮

⑯〔宋〕孟元老：《東京夢華錄全譯》，六七頁，貴陽，貴州人民出版社，二〇〇九。
⑰〔宋〕沈括：《夢溪筆談》卷十七，五二八頁，貴陽，貴州人民出版社，一九九八。

花的可愛處，不留戀，不永恆。

在南宋以後「一年景」還留下一定的餘波，然而「一年景」花卉終究已不是元代以後各種裝飾物的主旋律了。但在像生首飾中仍然可見，如揚州博物館館藏的明代鏤空花葉紋金簪，整體造形呈「T」字形狀，在薄金片上鏨刻變形雙線的如意雲紋作邊框，中間鏤空鏨刻出牡丹、葵花等七朵花卉圖案，使之呈現出鏤空和多層次的高浮雕效果，體現了製作者高超的錘鍱工藝技巧。

歲寒三友

歲寒三友，指松、竹、梅三種植物。松、竹經冬不凋，梅則迎寒開花，故稱歲寒三友。松、竹、梅是取松醜而文，竹瘦而壽，梅寒麗秀，是三益友之意。因這三種植物在寒冬時節仍可保持頑強的生命力而得名，是中國傳統文化中高尚人格的象徵，傳到日本後又加上長壽的意義。松和竹在嚴寒中不落葉，梅在寒冬裡開花，有「清廉潔白」節操的意思，是古代文人的理想人格。

簪花根植於中國文化之中，人品和花格的相互滲透是這一文化現象的集中體現。在中國傳統文化中，松、竹、梅被譽為「歲寒三友」。據記載，北宋神宗元豐二年（一〇七九年），蘇軾遭權臣迫害，被捕入獄。經王安石等人營救，始得從輕定罪，安置黃州（湖北黃岡）管制。蘇軾初到此地時，心情很苦悶，生活困難，便開墾種植，並在自己的園子裡，遍植松、柏、竹、梅等花木。

一年春天，黃州知州徐君猷來雪堂看望他，打趣道：「你這房間起居睡臥，環顧側看處處是雪。當真天

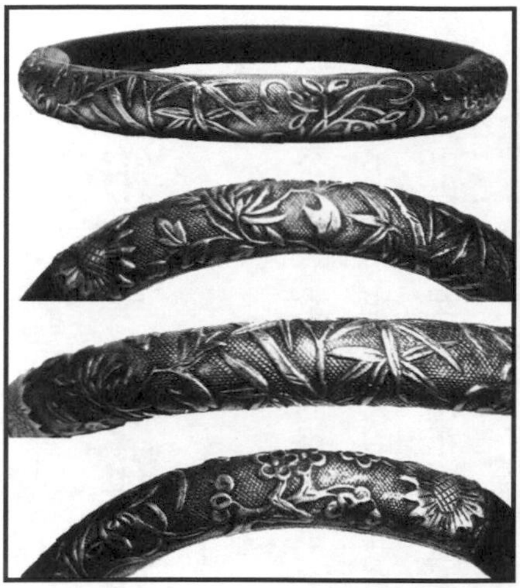
5.32〔清末民初〕上海老鳳祥鎏金梅蘭竹菊風籐手鐲

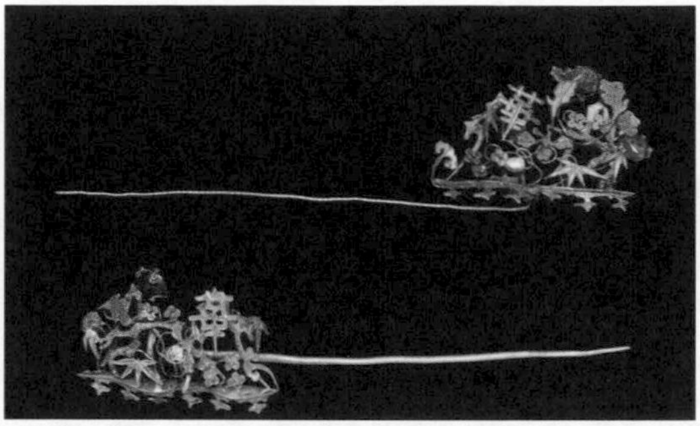
5.31〔清〕梅竹風華嵌寶金髮簪

5.30〔明〕梅花竹節紋碧玉簪

寒飄雪時，人跡難至，不覺得太冷清嗎？」蘇軾手指院內花木，爽朗大笑：「風泉兩部樂，松竹三益友。」以後，合成松、竹、梅的「歲寒三友」圖案，一般都用在器皿、衣料和建築上，借此體現傲霜鬥雪、鐵骨冰心的高尚品格。

松、竹、梅合稱「歲寒三友」圖案，是畫家們最喜愛的主題。宋朝時，歲寒三友常作為文人畫、水墨畫的題材。元朝、明朝的陶瓷器也常有松竹梅的圖案。一般都用在器皿、衣料和建築上。一九七四年南京江寧殷巷沐叡墓出土了兩件梅花竹節紋碧玉簪〔5.30〕。一件長十二・八公分，簪首直徑一・三公分。另一件長十三・八公分，簪首直徑一・六公分。簪首作錢紋，通體雕琢竹節紋，上部飾數朵梅花，末端作竹子截面形狀。清代實物如梅竹風華嵌寶金髮簪〔5.31〕，藍紅寶石各一顆，華字透出榮貴暗喻，極盡奢華。此外，清末民初時期上海老鳳祥鎏金梅蘭竹菊風籐手鐲也有梅竹圖案〔5.32〕。

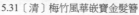

第六章　蒔花賣花

早在公元前一千多年的甲骨文上，就有華夏先民栽培花卉的記載。周代都城，人們已在園圃中進行花卉種植。到了唐代，中國古人的花卉栽培已有相當水平，而且對花卉已有了特殊的情感。詩人白居易在〈牡丹芳〉一詩中描寫長安城牡丹花開的盛況時稱：「花開花落二十日，一城之人皆若狂。」

至宋代，鮮花更成為人們物質與文化生活中不可缺少的一部分。南宋的花卉栽培種植業，創造了歷史的輝煌，嫁接技術廣泛推廣，一大批接花高手應運而生。在宋代，不僅花卉品種日益增多，還出版了《洛陽牡丹》、《范村梅譜》、《蘭譜》和《全芳備祖》等闡述花卉培植的專著。宋代社會花事頗多，插花、賞花之風日盛，對花的需求量也大，在鮮花的消費上也毫不吝惜，宋人方岳〈賣花翁〉：「不論袍紫與鞓紅，一朵千金費化工。」袍紫與鞓紅」都是牡丹花，雖然品種珍貴，但一朵花竟然能價值千金，也確實是令人咂舌！又如，宋末遺民連文鳳〈贈賣花湖妓〉詩中也寫道：「客來不惜買花錢，客醉青樓月在天。」風花雪月，亭台樓閣，美景佳餚，美人相伴，自然少不了鮮花。能夠一擲千金的豪爽買花，這是宋人的風情氣質。為了適應城市裡的鮮花消費激增的巨大需求，還出現了專門以種花為業的花戶，以及專門進行花卉交易的花市，甚至，還有了延長鮮花花期的運輸手段。

花戶養花，花市出現，自然就少不了以賣花為業的賣花者。富裕者，在街巷間開設店鋪。稍遜者，在街邊擺放籃花賣花。還有一類賣花者，專門提籃遊走於巷陌間，以吟唱的方式售賣鮮花。這可人的賣花聲悠悠揚揚，一唱就是上千年，在幾十年前的南方城市還有存留，並永久印刻在人們對繁華盛世的不滅記憶裡。

花戶

據史料載，宋朝古都汴梁有不少王公大臣和富商家的宅院裡都闢有月季、玫瑰園。後來，隨著金人入侵，宋都南遷，簪花之風也被貴族們一起帶到南方。

有些人就自己種花。南宋的花卉栽培種植業，創造了歷史的輝煌，有劃時代的進步。宋人的賞花情結極為濃郁，戴花成為普遍的習俗，嫁接技術廣泛推廣，一大批接花高手應運而生，創造出各種奇花異卉的新品、名品。

宋人，尤其是知識分子，文化修養極高。他們將花卉文化視為追求高雅生活，陶冶情操不可分割的一部分。宋代名士楊澤民在〈蕙蘭芳〉中稱其贛州的園林為「繞翠欄滿檻，盡是新栽花竹」。兩宋的士大夫，很多人出身於貧寒的農家，一旦通過進士及第，踏上仕途，憑其才華，不少人高官厚祿，在退休或因守喪、貶降時往往回到故鄉，種菜蒔花，在與生俱來的重農情結中又平添了幾分回歸大自然的喜悅及怡然自得。北宋的西京洛陽與南宋行在臨安府就是最適宜人居的「花園城市」——名聞遐邇的花都。

而對於那些身在京城裡住宅密集的平民而言，很難開闢出一處種花蒔草的地方，於是出現了屋頂種花的雅事，如南宋詩人姜特立〈因見市人以瓦缶蒔花屋上有感〉：「城中寸土如寸金，屋上蒔花亦良苦。」

在宋代，種花業也逐漸成為獨立的商業性的新興農業，甚至出現了以花卉養植為業的「花戶」或「園戶」。一些大中城市花卉種植業已呈現規模效應。南宋趙蕃有詩反映了臨安近郊的這一趨勢：「昔人種田不種花，有花只數西湖家。只今西湖屬官去，賣花迺亦遍戶戶。種田年年水旱傷，種花歲歲天時穰。」（《淳熙稿．卷六．見負梅趨都城者甚夥作賣花行》）而且，有的花戶已經有了自己固定的客戶，不愁賣不出去。不僅杭州，蘇州東城與西城「所植彌望」，揚州種花的專業戶也是「園舍相望」。正如王觀《揚州芍藥譜》序言云：「今則有朱氏之園，最為冠絕，南北二圃所種幾於五六萬株，意其自古種花之盛，未之有也。朱氏當其花之盛開，飾亭宇以待來遊者，逾月不絕。」❶

宋末元朝初人董嗣杲在《西湖百詠》卷上〈東西馬塍〉序中說：「馬塍在溜水橋北，羊角埂是也。河界東西土脈宜栽花卉，園人工於種接，仰此為業。」❷馬塍在南宋已經成為臨安城花卉種植基地，「都城之花皆取焉」，葉適有詩述其規模之大：「馬塍東西花百里，錦雲繡霧參差起。」❸按照趙汝讜〈和葉水心馬塍歌〉詩云，由於馬塍一帶「種花土腴無水旱」，即便「園稅十倍田租平」，花戶仍能獲得較好的收益。就連陳州（今河南淮陽）的園戶也是「植花如種黍粟，動以頃計」（張邦基：〈陳州牡丹記〉）❹。

揚州就有人以蒔花、賣花為業，揚州八怪之一的鄭板橋曾說：「十里栽花當耕田」，就是指揚州附近的郊區莊家不種稻麥，也不事桑麻，專門蒔植四時花木。

花市

赬肩負薪行，所直不滿百。大舸載之來，江頭自山積。不如花作梱，先後價增損。身逸得錢多，人寧知務本。

（〔宋〕趙蕃〈賣花行〉）

確如詩中所言，宋代賣花勝於賣薪，無負薪販賣之沉重，還可以輕鬆賣出好價錢。今天，我們無法考證賣花行業究竟始於何時，但有一點是明確的，那就是在唐代，賣花業已經比較普遍了。例如，唐朝來鵠〈賣花謠〉詩云：「紫艷紅苞價不同，匝街羅列起香風。無言無語呈顏色，知落誰家池館中。」唐代后妃、宮女們每月還享有專門的買花錢。

南宋都城臨安，氣候溫暖，城市裡面購買鮮花的非常多。南宋詩人楊萬里〈經和寧門外賣花市見菊〉詩云：「君不見內前四時有花賣，和寧門外花如海。」在《西湖老人繁勝錄》中〈端午節〉記載當時「初一日，城內外家家供養，都插菖蒲、石榴、蜀葵花、梔子花之類，一早賣一萬貫花錢不啻。何以見得？錢塘

❶〔宋〕左圭輯：《左氏百川學海》，三頁，武進陶氏涉園影刊，一九二七。
❷〔宋〕董嗣杲：《西湖百詠》，二八六頁，揚州，廣陵書社，二〇〇三。
❸〔宋〕葉適：《水心集》卷七〈趙振文在城北廂兩月，無日不遊馬塍，作歌美之，請知振文者同賦〉。北京，中華書局，二〇一〇。
❹〔宋〕張邦基：《墨莊漫錄》，唐宋史料筆記，卷九，二五一頁，北京，中華書局，二〇〇二。

有百萬人家，一家買一百錢花，便可見也。」❺可見當時鮮花市場的巨大需求與豐厚收益。吳自牧著《夢粱錄》卷二「暮春」條，詳細記載了京城臨安花市的繁盛景況：

是月春光將暮，百花盡開，如牡丹、芍藥、棣棠、木香、酴醾、薔薇、金紗、玉繡球、小牡丹、海棠、錦李、徘徊、月季、粉團、杜鵑、寶相、千葉桃、緋桃、香梅、紫笑、長春、紫荊、金雀兒、笑靨、香蘭、水仙、映山紅等花，種種奇絕。賣花者以馬頭竹籃盛之，歌叫於市，買者紛然。❻

宋代種花業之所以昌盛，是因為不僅買花的人多，而且購買的量也大，婉約派大詞人柳永在〈剔銀燈・何事春工用意〉中形容道：「漸漸園林明媚，便好安排歡計。論籃買花，盈車載酒。」可以想像，在那明媚的春光下，一輛輛裝滿鮮花的馬車從花園裡出來，喧闐而又熱鬧。又如司馬光〈次韻和復古春日五絕句〉中形容：「車如流水馬如龍，花市相逢咽不通。」花市上車水馬龍，遊人擁擠，竟到了難以通行的地步，其熱鬧程度可想而知。

商業發達和文化昌盛，使得蘇州、揚州、成都、洛陽等宋代名城的花市也各有「色彩」。據李清照之父、蘇門「後四學士」之一的李格非《洛陽名園記》中〈天王院花園子〉記載，宋代洛陽花市，一般在每年牡丹盛開的時候開張，那些「凡城市賴花以生者，畢家於此」都要想盡辦法，「至花時，張幙幄，列市肆，管弦其中」，歌舞相伴，希望吸引更多的遊春人與買花者。宋人家鉉翁〈上元夜〉也寫道：「沙河紅燭暮爭然，花市清簫夜徹天。」❼紅燭爭燃，簫聲連夜，洛陽花市的繁盛與熱鬧程度自可想像。成都則二月舉辦花市，尤以海棠花為最好；揚州的開明橋「春月有花市」，市上賣的芍藥的價格有時會比洛陽牡丹還要貴，以至宋代韓琦〈和袁陟節推龍興寺芍藥〉詩云：「廣陵芍藥真奇美，名與洛花相上天。洛花年來品格卑，所在隨人趁高價。」

由於宮廷和民間裝飾、插戴鮮花的風氣流行，使鮮花的需求量增加，南宋京都四郊遍佈著以鮮花種植為業的大小花圃。宋人王觀在《揚州芍藥譜》中記道：「揚之人與西洛不異，無貴賤皆喜戴花。故開明橋之間，方春之月，拂旦有花市焉。」❽明人田汝成《西湖遊覽志》卷十三載：「（杭州）壽安坊，俗稱官巷，又稱冠巷，宋時謂之花市，亦曰花團。蓋汴京有壽安山，山下多花園，春時賞燕，爭華競靡，錦簇繡圍。移都後，以花市比之，故稱壽安坊。」❾又，「花市巷，宋時作鬻花朵者居之。今壽安坊兩岸，多賣花之家，亦其遺俗也。」❿

為了方便鮮花買賣，南宋政府甚至還專門設置了用於鮮花交易的花市。北宋邵伯溫在《邵氏聞見錄》中回憶北宋時的洛陽風俗：

歲正月梅已花，二月桃李雜花盛，三月牡丹開，於花盛處作園圃，四方伎藝舉集，都人士女載酒爭出，擇園亭勝地，上下池台間引滿歌呼，不復問其主人。抵暮遊花市，以筠籠賣花，雖貧者亦戴花飲酒相

❺〔宋〕西湖老人：《西湖老人繁勝錄》，一〇頁，北京，中國商業出版社，一九八二。
❻〔宋〕孟元老等：《東京夢華錄（外四種）》，一五一頁，上海，古典文學出版社，一九五七。
❼〔宋〕李格非：《洛陽名園記》，七頁，上海，商務印書館，一九三六。
❽〔宋〕左圭輯：《左氏百川學海》，三頁，武進陶氏涉園影刊，一九二七。
❾〔明〕田汝成：《西湖遊覽志》卷一十三，一六一頁，杭州，浙江人民出版社，一九八〇。
❿〔明〕田汝成：《西湖遊覽志》卷一十三，一六八頁，杭州，浙江人民出版社，一九八〇。
⓫〔宋〕邵伯溫：《邵氏聞見錄》卷一十七，一八六頁，北京，中華書局，一九九七。

樂，故王平甫詩曰：「風暄翠幕春沽酒，露濕筠籠夜賣花。」[11]

文中對當時人們賞花、購花的情景作出細緻的描寫。在鮮花開放之際，吸引了各方人士來到花圃，面對群芳，舉杯暢飲，縱情放歌。暮色降臨，花農們用竹籠小籃盛著鮮花來到花市「唱賣」。可見，北宋花市，當以夜間最為熱鬧。尤其是在每年正月十五的元宵之夜，在火光交錯間，鮮花爭妍。這盛大美景成為宋代文人雅士筆下的一幅美景。詩人文彥博曾夜遊花市，在〈遊花市示之珍慕容〉中寫道：「去年春夜遊花市，今日重來事宛然。到肆千燈多閃爍，長廊萬蕊鬥鮮妍。交馳翠幰新羅綺，迎獻芳尊細管弦。人道洛陽為樂園，醉歸恍若夢鈞天。」在燈光閃爍間，詩人夜遊花市，故地重遊，恍惚間，去年美景再現眼前。除了遊春買花者，也有為邂逅情人，或與情人幽會而來花市的情況。歐陽修〈生查子〉寫道：「去年元夜時，花市燈如畫。月上柳梢頭，人約黃昏後。今年元夜時，月與燈依舊。不見去年人，淚濕春衫袖。」

運花

雖然也有像生花，但畢竟不如鮮花受人青睞，像宮中舉行「回鑾」「節典」「賞花局」「釣魚宴」等場合，宋代皇帝都要賜予大臣的鮮花，而且身份越高，賜的鮮花也越珍貴。

然而，花開花落，鮮花會受到季節影響，這就帶來了區域性，又由於花期短暫，便產生了運送鮮花進京過程中的保鮮問題。據記載，宋真宗時洛陽的牡丹花聞名遐邇，又尤以姚黃、魏紫等珍品冠絕一時。但洛陽距京城兩百多公里，以當時運輸條件，要把那些牡丹完好地送到京城，博帝王一笑，一騎紅塵自然要想盡辦法，費盡周折。

除了加速運送之外，負責運花的人們還想了許多特殊的方法。據歐陽修《洛陽牡丹記》記載，宋人為了保持花朵溫潤、防止花瓣掉落，先將牡丹花放置於填滿了鮮嫩菜葉的竹籠中，再用蠟封好花蒂使其保持水分。使用「菜葉藉覆法」和「蠟封花蒂法」，可保證花朵數日不落。⓬

花販

賣花擔上，買得一枝春欲放。淚染輕勻，猶帶彤霞曉露痕。怕郎猜道，奴面不如花面好。雲鬢斜簪，徒要教郎比並看。

（〔宋〕李清照〈減字木蘭花〉）

除了花市，宋代都城裡還有專門賣花的門鋪和挑擔賣花的流動商販，也有女子挎一個花籃在手，走街串巷地賣。這些賣花的商販堪稱宋代都城的獨特景色。在宋代詩詞中，自然少不了關於賣花的描述，如詩人方岳〈湖上〉描寫了南宋西湖上賣花的場景：「馬塍曉雨如塵細，處處筠籃賣牡丹。」又如，歐陽修《六一詩話》中寫道：「京師輦轂之下，風物繁富，而士大夫牽於事役，良辰美景，罕獲宴遊之樂。其詩至有『賣

⓬ 歐陽修：《洛陽牡丹記》卷三〈風俗記〉。見《左氏百川學海》第三十一冊，北京，人民文學出版社，一九八一。

⓭ 郭紹虞主編：《中國古典文學批評理論專著選集》，五頁，北京，人民文學出版社，一九六二。

花擔上看桃李，拍酒樓頭聽管弦。』之句。」[13]再如，北宋詩人、蘇門四學士之一的張耒〈二月十五日〉詩云：「春風揚塵春日白，衡門向城人寂寂。淮陽三月桃李時，街頭時有賣花兒。」這個賣花兒給三月揚塵的淮陽帶來了春的消息。

花是流動攤點上的常見品，也是詩人們最熱衷的話題。宋詩詩題中有許多關於賣花的記述。宋代詩人張鎡《南湖集》卷六〈賣花〉：「種花千樹滿家林，詩思朝昏惱不禁。擔上青紅相逐定，車中搖兀也教吟。雖無蜂過曾偷採，猶恐塵飛數見侵。應是花枝亦相望，恨無人似我知音。」詩人陸游《劍南詩稿》卷二十三中的〈城南上原陳翁以賣花為業得錢悉供酒資又不能〉描寫一位賣花翁：「君不見會稽城南賣花翁，以花為糧如蜜蜂。朝賣一株紫，暮賣一枝紅。屋破見青天，盎中米常空。賣花得錢送酒家，取酒盡時還賣花。春春花開豈有極，日日我醉終無涯。」

北宋坊郭戶按經營種類的不同分成許多行業，各行都有其行會、行規和行業服裝等。宋人耐得翁《都城紀勝》「諸行」載有「城南之花團」「官巷之花行」等賣花行會，「官巷之花行，所聚花朵、冠梳、釵環、領抹，極其工巧，古所無也」[14]。

6.1《皇都積勝圖卷》局部

至明代，賣花仍然是一門產業。在表現明朝中、後期北京城繁盛景況的《皇都積勝圖卷》中就有賣花郎的形象〔6.1〕。該畫對明代市區商業街道面貌做了精緻的描畫，街道上車馬行人熙來攘往，茶樓酒肆店鋪林立，招幌牌匾隨處可見，馬戲、小唱處處聚集有人群看客，金店銀鋪人潮如

6.2 清代外銷畫描畫的廣州街頭賣花景象

湧。尤其是長卷所繪正陽門前就有一位賣花郎。該人身穿交領長袍，頭戴黑色巾帽，右手持一木棒，棒上插數支鮮花，形態生動自然。在清代外銷畫中也有描畫廣州街頭小販擔籃賣花景象的作品〔6.2〕。

賣花聲

睡覺啼鶯曉。醉西湖、兩峰日日，買花簪帽。去盡酒徒無人問，唯有玉山自倒。任拍手、兒童爭笑。一舸乘風翩然去，避魚龍、不見波聲悄。歌韻遠，喚蘇小。

神仙路近蓬萊島。紫雲深、參差禁樹，有煙花繞。人世紅塵西障日，百計不如歸好。付樂事、與他年少。費盡柳金梨雪句，問沉香亭北何時召。心未愜，鬢先老。

（〔南宋〕劉過〈賀新郎・遊西湖〉）

宋代城市商業繁榮，街巷市井間買賣行業眾多，為了吸引顧客各使解數，尤其盛行吆喝吟唱吸引顧客。賣花自然要叫賣，尤其是那些挑擔的流動小販。無論是北宋汴京，還是南宋臨安，穿行於大街小巷的販花

⑭〔宋〕耐得翁：《都城紀勝》，四頁，北京，中國商業出版社，一九八二。

6.3〔宋〕張擇端《清明上河圖》局部

小販，叫賣之聲皆處處可聞。在《東京夢華錄》卷七〈駕回儀衛〉條，宋人孟元老以細緻的筆觸描畫了汴京清晨的賣花景象：「是月季春，萬花爛熳，牡丹、芍藥、棣棠、木香，種種上市。賣花者以馬頭竹籃鋪排，歌叫之聲，清奇可聽。晴簾靜院，曉幕高樓，宿酒未醒，好夢初覺，聞之莫不新愁易感，幽恨懸生，最一時之佳況。」[15]與此對應的是《清明上河圖》中的賣花攤位，而且花都是擺在「馬頭竹籃」裡〔6.3〕。

宋人將賣者的吟唱聲稱為「吟叫」，宋人高承《事物紀原》卷九〈博弈嬉戲部・吟叫〉：「京師凡賣一物，必有聲韻，其吟哦俱不同，故市人采其聲調，間以詞章，以為戲樂也。今盛行於世，又謂之吟叫也。」[16]又，宋代孟元老《東京夢華錄》卷三〈天曉諸人入市〉記載，每天五更時分，在寺院「行者打鐵牌子或木魚循門報曉」聲中「諸趨朝入市之人，聞此而起。諸門橋市井已開，如瓠羹店門首坐一小兒，叫饒骨頭，間有灌肺及炒肺……更有御街州橋至南內前趁朝賣藥及飲食者，吟叫百端。」[17]有時叫賣者又以「關撲」的形式吸引買者，南宋吳自牧《夢粱錄》卷一〈正月〉中「街坊以食物、動使、冠梳、領抹、緞匹、花朵、玩具等物沿門歌叫關撲。」[18]又，卷十九〈園囿〉寫杭州蔣苑使園：「每歲春月，放人遊玩，堂宇內頓放買賣關撲，並體內庭規式，如龍船、鬧竿、花籃、花工，用七寶珠翠，奇巧裝結，花朵冠梳，並皆時樣。官窯碗碟，列古玩具，鋪列堂右，仿如關撲，歌叫之聲，清婉可聽……。」[19]當然，這些花團、花行也會有各自不同的叫賣聲，讓人一聽即知所賣為何物。好聽的賣花聲能吸引買主更能抬高花價。有些顧客甚至主動要求賣花人吟叫並樂意多掏買花錢。宋代詩人方回〈清湖春早二首〉之一云：「閒聽賣花聲自好，可須多費買藥錢。」按「藥」即花。又如，《武林舊事》卷二〈元夕〉條寫元夕街市上的種種節日物品「皆用鏤鍮裝花盤架車兒，簇插飛蛾紅燈綵盝，歌叫喧闐。幕次往往使之吟叫，倍酬其直。」[20]由此推知賣花人的吟叫自然可使其所賣之花增值。

從文獻記載來看，宋人賣花聲富有旋律美感，且「各有聲韻」。正如宋代顧逢〈花市〉：「賣聲喧市巷，紅紫售東風。」這時隱時現的賣花聲無疑成為宋代城市裡「悠悠街巷」間時時不斷、處處可聞的一道惹人憐愛的「風景」。冬去春來，萬物復甦，人們對花開也有了格外的期盼，因此，那悠長的賣花聲也就成為了春天的象徵，宋代王嵎〈夜行船〉：「午夢醒來，小窗人靜，春在賣花聲裡。」也有人將春光與賣花者的吟唱融為一體，張樞〈瑞鶴仙〉：「捲簾人睡起。放燕子歸來，商量春事。風光又能幾？減芳菲、都在賣花聲裡。」詞人們甚至將它演繹成為一個固定的詞牌名。

---

[15]〔宋〕孟元老：《東京夢華錄全譯》，一四二頁，貴陽，貴州人民出版社，二〇〇九。
[16]〔宋〕高承：《事物紀原》卷九，四九六頁，北京，中華書局，一九八九。
[17]〔宋〕孟元老：《東京夢華錄（外四種）》卷三，五八頁，上海，古典文學出版社，一九五七。
[18]〔宋〕孟元老等：《東京夢華錄（外四種）》，一三九頁，上海，古典文學出版社，一九五七。
[19]〔宋〕孟元老等：《東京夢華錄（外四種）》，二九五頁，上海，古典文學出版社，一九五七。
[20]〔宋〕周密：《武林舊事》卷三，五五頁，北京，中華書局，二〇〇七。

南宋人的嗜花情結，在南宋遺民陳著（一二一四—一二九七年）的詩中體現得淋漓盡致，其詩〈夜夢在舊京忽聞賣花聲有感至於慟哭覺而淚滿枕上因趁筆記之〉：「賣花聲，賣花聲，識得萬紫千紅名。與花結習夙有分，宛轉說出花平生。低發緩引晨氣軟，此斷彼續春風縈。九街兒女芳睡醒，爭先買新開門迎。泥沙視錢不問價，唯欲蕩意搖雙睛。薄鬢高髻團團插，玉盆巧浸金盆盛。人心世態本浮靡，庶幾治象猶承平。」（本堂集・卷三十一）響徹臨安大街小巷的賣花吟叫，成了南宋政權全盛繁華時的一種象徵，宋徽宗《宣和宮詞》也有「隔簾遙聽賣花聲」。這種故國之思十分真摯動人，給人以強烈的震撼。

在二十世紀七〇年代的蘇州，還能聽到賣花女子在深巷裡叫賣梔子花、白蘭花、茉莉花的叫賣聲。其聲悠遠，其韻綿長。這賣花的歌聲隨小巷輾轉，一波三折後，飄飄蕩蕩而最終消失在人們的記憶裡。

第七章　像生花開

季節與易逝的特性，使人們在使用自然鮮花之外，必然會採用各種手段尋求仿製鮮花。這對於以手工工藝見長的中國古人而言，製作形態逼真，工藝精湛的像生花自然不是什麼難事。在古代文獻中，真花被稱為「生花」，人工仿製的假花則稱為「像生花」或「彩花」。其質有羅、帛、紙、絨、通草、寶石、珍珠，等等。中國古人仿製鮮花的歷史從漢代就已開始，魏晉成業，隋唐興盛。直至宋代，由於經濟富足，文化昌盛，貴族生活的奢靡超越前代，這不僅使養花業繁榮，更促成了像生花行業的興盛。明清時期亦流行簪戴假花。清富察敦崇《燕京歲時記・花兒市》：「花兒市在崇文門外迤東，自正月起，凡初四、十四、二十四日有市，市皆日用之物。所謂花市者，乃婦女插戴之紙花，非時花也。花有通草、綾絹、綽枝、摔頭之類，頗能混真。」[1]其品種和工藝日趨多樣。與真花相比，假花更為耐用，且不受季節限制。其優點自然很多。

清人李漁在《閒情偶寄》中稱：「近日吳門所製像生花，窮精極巧，與樹頭摘下者無異。純用通草，每朵不過數文，可備月餘之用。絨絹所製者，價常倍之，反不若此物之精雅，又能肖真。而時人所好，偏在彼而不在此，豈物不論美惡，止論貴賤乎！噫！相士用人者，亦得如此。奚止於物！吳門所製之花，花像生而葉不像生，戶戶皆然。殊不可解。若云其假葉而以真者綴之，則因葉真而花益真矣。亦是一法。」[2]

[1]〔清〕富察敦崇：《燕京歲時記》，五四頁，北京，北京古籍出版社，一九六一。

[2]〔清〕李漁：《閒情偶寄》，三三頁，北京，中國社會科學出版社，二〇〇五。

羅帛花

五代馬縞《中華古今注・冠子》記載，秦始皇「冠子者，秦始皇之制也。令三妃九嬪，當暑戴芙蓉冠子，以碧羅為之，插五色通草蘇朵子」。[3]由於秦人尚無戴冠的習慣，所以此文有後人猜測之嫌。但是，漢末劉熙《釋名》卷四「釋首飾」記載，「華勝，華像草木華也。勝言人形容正等，一人著之則勝。蔽髮前為飾也」。[4]在漢代，「華」通假「花」，「華勝」即「花勝」，像生花是也。前引文獻明言花勝之花是像生花。又《說文》卷七〈巾部〉載，「幓，殘帛也。」段玉裁注：「《廣韻》曰：『幓，縷桃花。』《類編》曰：『今時剪繒為華者。』」[5]以上文獻，將像生花的源頭指向漢代。

又據宋人高承《事物紀原・歲時風俗・花綵》：「《實錄》曰：『晉惠帝令宮人插五色通草花。』漢王符《潛夫論》已譏花彩之費。晉《新野君傳》『家以剪花為業，染絹為芙蓉，撚蠟為菱藕，剪梅若生之事。按此則花朵起於漢，剪綵起於晉矣。』《歲時記》則云：『今新花，謝靈運所制，疑彩花也。』唐中宗景龍中，立春日出剪彩花。又四年正月八日立春令侍臣迎春，內出彩花，人賜一枝。董勳《問禮》曰：『人日造花勝相遺，不言立春。則立春之賜花自唐中宗始也。』」[6]司馬歆在太康（二八〇—二八九年）中封新野縣公，這說明西晉時期製作像生花已經是一門產業了。所謂「剪花」是指以絹羅等紡織材料製作的像生。因為像生花的流行，耗費了大量社會財富，王符在《潛夫論・浮侈》有「或裁好繒」、「或裂拆繒彩」、「克削綺縠」[7]之語，故宋代高承在《事物紀原》卷八中稱：「漢王符《潛夫論》已譏花采之費。」[8]在魏晉時期，彩花之費已經引起了政府的注意，皇帝下詔禁止，《南齊書》卷一〈高帝紀上〉記載：「大明、泰始以來，相承奢侈，百姓成俗。太祖輔政，罷御府，省二尚方諸飾玩。至是，又上表禁民間華偽雜物：不得以金銀為箔，馬乘具不得金銀度……不得剪綵帛為雜花，不得以綾作雜服飾。」[9]

據《資治通鑑》卷一八〇記載，隋煬帝楊廣興建洛陽西苑時，「宮樹秋冬凋落，則剪采為華葉，綴於枝條，色渝則易以新者，常如陽春。沼內亦剪采為荷芰菱芡，乘輿遊幸，則去冰而布之」。[10]此「剪采為華葉」，即為製作絹花。[11]隋煬帝奢侈無度，竟然在蕭條寒冬，用羅帛製作各種像生花、葉，將宮苑裝飾為百花盛開的春景。其綵帛消耗的數量自然非常驚人。

唐代經濟富足，文化昌盛，貴族生活的奢靡超越前代，像生花的製作不論規模和精細程度遠超前代。唐代宋之問〈奉和立春日侍宴內出剪綵花應制〉詩云：「今年春色早，應為剪刀催。」據說，那位因風韻胖碩得寵的楊貴妃因鬢角有一顆黑痣，常將大朵鮮花戴在鬢邊用以掩飾。楊貴妃因鮮花容易枯萎，就令人研製鮮花顏色做絹花。此工藝不斷發展，越製越精。在一九七三年新疆吐魯番阿斯塔那墓葬中還出土了唐代絹花

---

[3]〔五代〕馬縞：《中華古今注》卷中，一〇一頁，北京，中華書局，二〇一二。

[4]〔漢〕劉熙：《釋名》（叢書集成本），七五頁，北京，中華書局，一九八五。

[5]〔漢〕許慎撰，〔清〕段玉裁註：《說文解字注》，六二八頁，南京，鳳凰出版社，二〇〇七。

[6]〔宋〕高承：《事物紀原》卷九，四二九頁，北京，中華書局，一九八九。

[7]〔漢〕王符：《潛夫論箋校正》，新編諸子集成，卷三，一二七頁，北京，中華書局，一九八五。

[8]〔宋〕高承：《事物紀原》卷八，四二九頁，北京，中華書局，一九八九。

[9]〔南朝・梁〕蕭子顯：《南齊書》卷一，一四頁，北京，中華書局，一九七二。

[10]國家文物局主編：《中國文物精華大辭典・金銀玉石卷》，二二〇頁，上海，上海辭書出版社、商務印書館（香港），一九九六。

[11]〔宋〕司馬光：《資治通鑑》卷一八　，五六二〇頁，北京，中華書局，一九五六。

7.1唐代絹花實物

實物〔7.1〕。花高三十二公分，花枝主幹選用較直的樹枝，葉、花、莖多用細竹絲插樹枝構成，花瓣、花葉用絹、紙，花柱頭用紙團，花蕊用白絲線、黑色棕絲等。其工藝程序大約經過染色、剪切、上漿、繪畫、沾黏、扎縛等。花中有白色百合、粉色蝴蝶蘭，襯托著綠色枝葉，色彩鮮麗，形象逼真。

宋人簪花流行「一年景」主題，但四季鮮花很難湊到一起，加之鮮花價格昂貴，須花「數十券」才能買上幾朵，非一般人家可以做到。這促成了宋代像生花行業的繁榮。與真花的珍貴稀少相比，彩花相對便宜。在宋代，有遼朝使節參加的皇帝生日宴，宋代官員都用絹帛花以示禮儉。每年三月，君臣共赴金明池遊賞，與遊群臣才得遍賜「生花」（即鮮花）。真宗時，有一次在曲宴宜春殿，賜花，出牡丹百餘盤，將十餘朵千葉牡丹花賜給親王、宰臣。其他大臣則是人造像生花。宋時宴集所賜像生花一般分為三品：絹花製像生花、羅帛製像生花和以小巧著稱的滴粉縷金花。羅帛製像生花一般用於春秋兩次宴會；滴粉縷金花用於大禮後慶賀、上元遊春、從臣隨駕出巡，以及小宴招待。

在北宋《東京夢華錄全譯》卷三〈相國寺萬姓交易〉條記載「兩廊皆諸寺師姑賣繡作、領抹、花朵、珠翠、頭面、生色銷金花樣幞頭帽子、特髻冠子、條線之類」。[12]此時汴梁的市面上，還有許多專賣花冠的鋪子。南宋臨安的百業中還有專修花冠的手藝人。因為像生花過於逼真，其價格便宜，頗受庶民百姓的歡迎。又有李斗在《揚州畫舫錄》卷四中談到重寧寺佛殿扮飾時說：「四邊飾金玉，沉香為罩，芝蘭塗壁。菌屑藻井，上垂百花苞蒂，皆轅門橋像生肆中所製通草花、絹蠟花、紙花之類，像散花道場」。[13]此外，宋太祖時，洛陽有姓李的染匠，擅長打造裝花，人稱李裝花。宋代話本《花燈轎蓮女成佛記》中的蓮女就「家傳做花為生，流寓在湖南潭州，開個花鋪」。

據宋人孟元老《夢粱錄》卷十三記載，南宋臨安（杭州）行市中有花團、花市和花朵市，在御街上彙集著蘇家巷二十四家花作，其間花作行銷的首飾花朵「極其工巧，前所罕有者悉皆有之」。[14]在這諸多花作中，又以齊家、歸家花朵鋪最負盛名。同書卷十三「諸色雜貨」條還記載，南宋臨安市井上不但日間有專門銷售花朵的店鋪，而且在夜市中也有「羅帛脫蠟像生四時小枝花朵，沿街市吟叫撲賣」。[15]

因為彩花做得逼真而且便宜，這樣就給生花業帶來了衝擊，形成了鮮花種植戶與生花製造者之間的利益衝突。南宋詩人許棐〈馬塍種花翁〉一詩就折射出兩者的矛盾：「東塍白髮翁，勤樸種花戶。盆賣有根花，價重無人顧。西塍年少郎，荒嬉度朝暮。盆賣無根花，價廉爭奪去。年少傳語翁，同業勿相妒。賣假不賣真，何獨是花樹。」

中國古人剪綵為花的風俗一直沿襲至明清不衰，明代葉權《賢博編》記載，明代中葉蘇州「賣花人挑花一擔，燦然可愛，無一枝真者。」[16]清代政府設置七作中就有花作，專門負責宮廷用像生花的製作。在《紅

[12]〔宋〕孟元老：《東京夢華錄全譯》，四五頁，貴陽，貴州人民出版社，二〇〇九。
[13]〔清〕李斗：《揚州畫舫錄》，九五頁，北京，中華書局，一九六〇。
[14]〔宋〕孟元老等：《東京夢華錄（外四種）》，二三九頁，上海，古典文學出版社，一九五七。
[15]〔宋〕孟元老等：《東京夢華錄（外四種）》，二四五頁，上海，古典文學出版社，一九五七。

樓夢》第七回「送宮花賈璉戲熙鳳，宴寧府寶玉會秦鍾」，就提到薛姨媽帶來「宮裡頭的新鮮樣法，拿紗堆的花兒十二支」⑰，托周瑞家的將「宮裡作的新鮮樣法堆紗花兒」⑱送給大觀園中每一位姑娘的情節。誰先挑選宮花和挑選什麼樣的宮花，都引得賈府中的大小姐們相互爭風吃醋。可見，這時人們對「剪綵為花」的喜愛。此外，清朝揚州的鬧市地區轅門橋，有售賣工藝花的專業市肆——像生肆。可知當時的工藝花是很有市場的。

花臘

花臘，即用酴醾製成的乾花。除了用羅帛、絹製作像生花，宋代婦女還在春末酴醾盛開時，將酴醾花朵採摘收集起來，放置在書冊之中，晾乾脫水成形後即可長久保存簪戴了。宋代陶穀《清異錄・花臘》：「脂粉流愛重酴醾，盛開時，置書冊中，冬間取以插鬢，蓋花臘耳。」⑲可見，花臘就是專指用酴醾花脫水製作的乾花。酴醾亦稱懸鉤子薔薇、山薔薇、荼蘼、百宜枝、獨步春、瓊綬帶等，花枝梢茂密，花繁香濃，入秋後果色變紅。

紙花

紙花是指用紙製成的像生花。約與蘇東坡同時，房州有一個隱居的異人，常在耳邊簪三朵紙花入城，因為不知他的真實姓名，市人叫他「三朵花」。蘇軾〈三朵花〉詩云：「學道無成鬢已華，不勞千劫漫蒸砂。

歸來且看一宿覺，未暇遠尋三朵花。」有的時候，將羅、帛、綾等與紙摻雜在一起，時稱「紅綾子紙花」，如《水滸傳》第四十回，即將被行刑的宋江和戴宗的頭上就「各插上一朵紅綾子紙花[20]」。清李百川《綠野仙蹤》第二一回：方氏「臉上抹了極厚的濃粉，嘴上抹了極豔的胭脂，頭上戴了極好的紙花」[21]。

金花

金器從秦漢以後就不再只是貴族的專利，宋代逐漸開始在民間使用。在《水滸傳》裡寫到金槍將徐寧、小李廣花榮對陣時，二人的裝扮便是「鬢邊都插翠葉金花」[22]。這種金片製成的像生花自隋代已有，如《隋史》卷十二記載太子侍從田獵服時，「平巾，黑幘，玉冠枝，金花飾，犀簪導，紫羅褶，南布褲，玉梁帶，長靿靴。」[23]

二〇〇一年湖北省鍾祥市長灘鎮大洪村龍山坡梁莊王墓[24]出土一朵純金花簪〔7.2〕，長十三・四公分，

---

[16]〔明〕葉權：《賢博編、粵劍編》，元明史料筆記，六頁，北京，中華書局，一九八七。

[17]〔清〕曹雪芹、高鶚：《紅樓夢》第七回，一〇五頁，北京，人民文學出版社，二〇〇五。

[18]〔清〕曹雪芹、高鶚：《紅樓夢》第七回，一〇八頁，北京，人民文學出版社，二〇〇五。

[19]〔宋〕陶穀：《清異錄》卷上，三八頁，惜陰軒書業，光緒間長沙重刻本。

[20]〔明〕施耐庵：《水滸傳》第四十回，五三一頁，北京，人民文學出版社，二〇〇五。

[21]〔清〕李百川：《綠野仙蹤》第二十一回，二三二頁，北京，中華書局，二〇〇一。

[22]〔明〕施耐庵：《水滸傳》，第七六回，九九一頁，北京，人民文學出版社，二〇〇五。

[23]〔唐〕魏徵等：《隋書》卷十五，二六九頁，北京，中華書局，一九七三。

7.3〔明〕金花

7.2〔明〕純金花簪

簪頭花瓣寬十公分，厚三公分，重六十克。簪頭做成一朵牡丹花，由四層花葉組成，每層八瓣花葉，葉面有葉脈紋，層間夾有花鬚；簪尾較短，是直插式簪。此簪每片花瓣及簪尾係先各自錘鍱，沖壓出花瓣正面的葉脈紋，再撮合瓣梗，用金絲以祥絲法將其與簪尾的曲尺形頭端固定，便合成了一器。花葉逼真，造形優美，做工精細，乃金首飾中上乘之作，為皇帝賞賜梁莊王之物。戴時豎插，位於正中，俗稱「頂簪」，出土時位於親王棺床之上。

江蘇南京市沐昌祚夫婦墓出土金花兩件，金片和金絲捶打、編結而成，為牡丹花形象，花背托以金葉。沐昌祚左側墓室金花為盛開牡丹〔7.3〕，襯以金葉，長十・七公分；沐昌祚婦人右側墓室出土金花為長莖葉片的牡丹〔7.4〕，長十五・六公分。報告稱金花為帽花，所謂帽花是巾帽上的簪花，而女子一般不戴巾帽，恐是直接簪於頭髮上。㉕

一九七八年南京中華門外戚家山俞通源明墓出土金花簪〔7.5〕，用金片、金絲製成花朵和花葉，長十二・八公分，簪針呈扁平狀，簪頂用薄金片錘鍱出兩重牡丹花瓣，並用金絲相接，六片葉子用金絲纏繞連接，花瓣和葉子再鏨刻出細線紋；另一件為牡丹金花簪，七片葉子的葉柄特長，飛出花外，葉面莖脈突出，長

7.5〔明〕金花簪

7.4〔明〕金花

7.7 十九世紀西方白銀花頭飾

7.6〔明〕嵌寶石蝴蝶牡丹形髮簪

十五・六公分。㉖有的金花上還嵌有寶石，如江陰青陽鄒令人墓出土明代嵌寶石蝴蝶牡丹形髮簪〔7.6〕。

十九世紀中葉，西方流行用珠寶、金銀製作像生花頭飾。例如，西方私人收藏一八六〇年製作的白銀花頭飾〔7.7〕、紐約大都會藝術博物館收藏的十八世紀金花飾〔7.8〕。這些花飾與配套的晚禮服身上的圖案作互補或搭配使用。

㉔ 梁莊王墓是明仁宗朱高熾（一三七八—一四二五年）第九子朱瞻垍（一四一一—一四四一年）及其繼妃魏氏的合葬墓。墓葬位於湖北省鍾祥市長灘鎮大洪村二組龍山坡上，西北距鍾祥市城區二十五公里。因盜墓分子三次盜掘未遂，經國家批准，文物考古工作者於二〇〇一年對梁莊王墓進行了搶救性發掘，墓中共出土金器、玉器、瓷器等珍貴文物五千三百餘件。在已發掘的明朝十餘座王墓中，梁莊王墓的墓葬規模不是最大，但隨葬物品的豐富與精美程度僅次於明十三陵中的定陵，是新世紀以來明代考古工作的一項重大成就。

㉕ 南京市博物館：〈江蘇南京市明黔國公沐昌祚、沐睿墓〉，載《考古》，一九九九（十）。

㉖ 南京市博物館、雨花台區文化局：〈江蘇南京市戚家山明墓發掘簡報〉，載《考古》，一九九九（十）。

7.8 十八世紀西方金花飾

通草花

通草，也稱通脫木、寇脫、離南、活莌、倚商等，一般長〇・三至〇・六公尺，直徑一・二至三公分〔7.9〕。花朵潔白，有橫縱溝紋。體輕，質柔軟，有彈性，易折斷，斷面平坦，分佈於陝西、湖北、四川、貴州、雲南等地。

據《太平廣記》卷四〇六記載：「通脫木，如蜱麻，生山側，花上粉主治惡瘡。如空，中有瓤，輕白可愛，女工取以飾物。」[27]通草的內莖趁濕時取出，截成段，曬乾切成紙片狀，染色製作的像生花。通草的白髓輕而薄，具有紋理，性近於紙張，較紙柔而有骨，宜於剪裁染色，色調秀雅，所製花朵質感逼真，可與真花媲美。由於通草富有彈性，天然易得，所以很適合製做花卉，有人將通草染上不同的顏色，然後精心編製出各種花卉，以供簪首。據《中華古今注》記載，早在秦始皇時期命婦的頭上，就已插有「五色通草蘇朵子」[28]其他文獻也有類似記載，只是人物不同，如宋人高承《事物紀原》：「《實錄》曰：晉惠帝令宮人插五色通草花。」[29]又如，明代羅頎《物原・衣原》：「呂后製五彩通草花。」[30]

在宋代，已有人以通草花的製作為業，宋人洪邁《夷堅志・癸》卷八〈李大哥〉記載：「饒州天慶觀居民李小一，以製造通草花朵為業。」[31]可知，通草花的使用是比較普遍的。有時，宋人也用通草做冠。趙長卿〈夜行船・詠美人〉云：「龜甲爐煙輕裊。簾櫳靜、乳鶯啼曉。拂掠新妝，時宜頭面，繡草冠兒小。衫子揉藍初著了。身材稱、就中恰好。手捻雙紈，菱花重照，帶朵宜男草。」所謂「繡草冠兒小」就應是由通草編織的冠子。宋代之後，該工藝仍然沿襲使用。明代楊慎〈竹枝詞〉云：「紅妝女伴碧江濆，通草花簪茜草裙。」詩中「通草花簪」就是用通草花做成的髮簪。

清代亦有用通草花做像生首飾的實物，如台北故宮博物院藏清宮通草蝴蝶頭花簪〔7.10〕，長二十二公分，寬九公分，銀鍍金針，通草蝴蝶翅膀，點翠嵌寶石蝶身，累絲觸鬚。到了十九世紀，廣州又興起將通草樹心切成薄片，編成畫紙，在上面畫水彩畫，時稱「通草畫」〔7.11〕。題

7.9 通草

7.10〔清〕通草蝴蝶頭花簪《清代后妃首飾》

㉗〔宋〕李昉等：《太平廣記》卷四〇六，三二八〇頁，北京，中華書局，一九六一。

㉘〔五代〕馬縞：《中華古今注》卷中，一〇一頁，北京，中華書局，二〇一二。

㉙〔宋〕高承：《事物紀原》卷九，四二九頁，北京，中華書局，一九八九。

㉚〔明〕羅頎：《物原》，二七頁，上海，商務印書館，一九三七。

㉛〔宋〕洪邁：《夷堅志》，卷八，一二八二頁，北京，中華書局，一九八一。

7.11 十九世紀廣州流行的「通草畫」

材以反映清末的社會生活場景和各種形色人物為主，諸如官員像、兵勇像、雜耍圖、紡織圖、演奏圖等。通草畫主要用於出口，也是民間婚嫁喜慶的常用禮品。由於採用西方繪畫原理，又反映中國本土風情，所以深受當時西方人的喜愛。不過由於通草紙很容易破裂，所以很少有大尺寸的作品，加上難以保存，目前傳世不多。

珍珠花

珍珠花，是指女性髮型或服裝上用珠子串製的花飾。珍珠獨有的光澤，使得珍珠製作的像生花，在黑髮的映襯下顯出特有的光彩。古代珍珠主要產於南海，廣州南越王墓曾經出土大量珍珠，晉墓中也多次見到珍珠。南北朝時范靜妻沈氏〈詠步搖花〉：「珠華縈翡翠，寶葉間金瓊。剪荷不似製，為花如自生。低枝拂繡領，微步動瑤瑛。」

珍珠花有時簡稱「珠花」，如《宋史》卷四六三記載：「嘗侍宴群玉殿，仁宗獨賜珠花、飛白字，寵顧特異。」[32] 蒙元王朝是一個崇尚寶石裝飾的民族。珍珠寶石應用之種類也極多，元代薩都剌

〈上京即事〉詩之四：「昨夜內家清暑宴，御羅涼帽插珠花。」曾經在元代遊歷過中國的意大利傳教士鄂多立克（Odorico da Pordenone，約一二八六—一三三一年，又譯為和德理。義大利方濟會托缽僧），在《鄂多立克東遊錄》（*The Travels of Friar Odoric*）一書中稱：「當大汗登上寶座時，皇后坐在他的左手；矮一級坐著他的另兩個妃子，而在階級的最底層，立著他宮室中的所有其他婦女。已婚者頭上戴著狀似人腿的東西。高為一腕尺半，在那腿頂有些鶴羽，整個腿綴有大珠；因此若全世界有精美大珠，那準能在那些婦女的頭飾上找到。」[33]另「大汗妃子的姑姑冠上綴有大珠。」[34]又《克拉維約東使記》（*Narrative of the Embassy of Ruy Gonzalez de Clavijo to the Court of Timour at Samarcand A.D.* 1403-6，又譯：《出使帖木兒宮廷記實》或《帖木兒時代之自卡提斯至撒馬爾罕遊記》）中說帖木兒大夫人：「面罩白色薄紗，頭髻高聳，頗類頭頂盔蓋，髮際有珠花寶石等首飾，髻旁插有金飾為一象形，其上亦鑲有大粒珍珠。另有紅寶石三塊鑲於象上。寶石之巨大，約有二指長，髮際尚插有鳥羽一枚。」[35]其形狀與《元世祖皇后察必像》〔7.12〕和《元順宗皇后答己像》〔7.13〕中的形式類似。

明朝規定，皇后的禮冠為九龍四鳳冠。它與畫有或織有翟文的深青色的禕衣以及中單、蔽膝、玉革帶、大帶、玉珮等衣物相配，在受冊、朝會時服用。據《明史・輿服志》記載，洪武三年（一三七〇年）定制

---

[32]〔元〕脫脫等：《宋史》卷四六三，一三五七一頁，北京，中華書局，一九七七。

[33]（意）鄂多立克：《鄂多立克東遊錄》，何高濟譯，七四頁，北京，中華書局。

[34]（意）鄂多立克：《鄂多立克東遊錄》，何高濟譯，七四頁，北京，中華書局。

[35]（西）羅伊・哥澤來茲・德・克拉維約：《克拉維約東使記》，一四四頁，北京，商務印書館，一九八五。

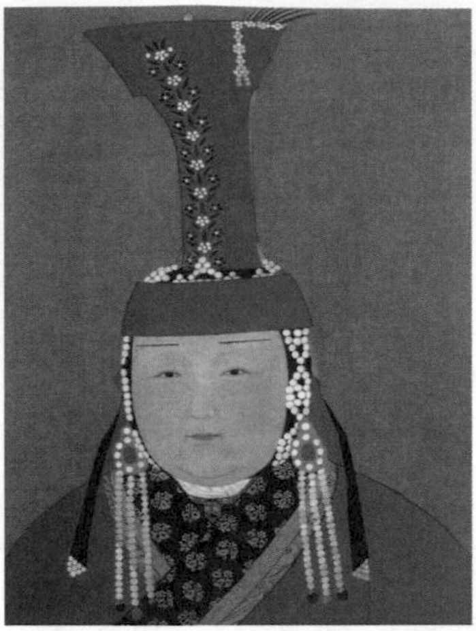
7.12 南薰殿舊藏《元世祖皇后察必像》

7.13 南薰殿舊藏《元順宗皇后答己像》

九龍四鳳冠為「其冠圓匡，冒以翡翠，上飾九龍四鳳，大花十二樹，小花數如之，兩博鬢十二鈿。」永樂三年（一四〇五年）規定為：其冠「飾翠龍九、金鳳四。中一龍銜大珠一，上有翠蓋，下垂珠結，餘皆口銜珠滴。珠翠雲四十片。大珠花、小珠花數如舊。三博鬢，飾以金龍、翠雲，皆垂珠滴。翠口圈一副，上飾珠寶鈿花十二，翠鈿如其數。托裡金口圈一副。珠翠面花五事。珠排環一對。皁羅額子一，描金龍文，用珠二十一。」[36]定陵出土的明代鳳冠共有四頂，分別是「十二龍九鳳冠」、「九龍九鳳冠」「六龍三鳳冠」和「三龍二鳳冠」。孝端、孝靖兩位皇后各兩頂。四頂鳳冠製作方法大致相同，只是裝飾的龍鳳數量不同。

十二龍九鳳冠（7.14），冠上飾十二龍鳳，全冠共有寶石一百二十一塊，珍珠三千五百八十八顆。鳳眼共嵌小紅寶石十八塊。正面頂部飾一龍，中層七龍，下部五鳳；背面上部一龍，下部三龍；兩側上下各一鳳。龍或昂首升騰，或四足直立，或行走，或奔馳，姿態各異。龍下部是展翅飛翔的翠鳳。龍鳳均口銜珠寶串飾，龍鳳下部飾珠花，每朵中心嵌寶石一塊或六、七、九塊不等，每塊寶石周圍繞珠串一圈或兩圈。另外，在龍鳳之間飾翠雲九十片，翠葉七十四片。冠口金口圈之上飾珠寶帶飾一周，邊緣鑲以金條，中間嵌寶石十二塊。每塊寶石周圍飾珍珠六

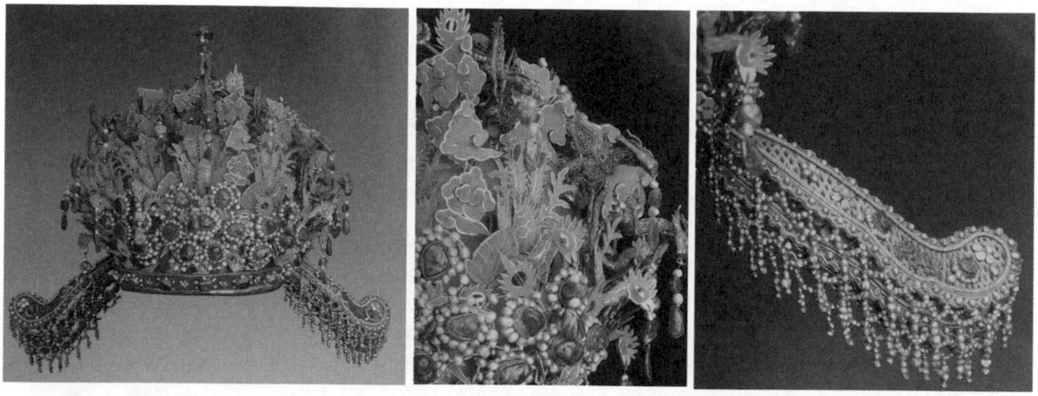

7.14 明代十二龍九鳳冠

顆，寶石之間又以珠花相間隔。博鬢六扇，每扇飾金龍一條，珠寶花兩個，珠花三個，邊垂珠串飾。

九龍九鳳冠，高二十七公分、口徑二十三・七公分、重兩千三百二十克，有珍珠三千五百餘顆，各色寶石一百五十餘塊。此冠用漆竹紮成帽胎，面料以絲帛製成，前部飾有九條金龍，口銜珠滴下，有八隻點翠金鳳，後部也有一金鳳，共九龍九鳳。後側下部左右各飾點翠地嵌金龍珠滴三博鬢。這頂豪華的鳳冠，共嵌紅寶石百餘粒、珍珠五千餘粒。

六龍三鳳冠，通高三十五・五公分，冠底直徑約二十公分。整個鳳冠，共嵌紅寶石七十一塊、藍寶石五十七塊、珍珠五千四百四十九顆。龍全係金製，鳳係點翠工藝（以翠鳥羽毛貼飾的一種工藝）製成。其中，冠頂飾有三龍：正中一龍口銜珠寶滴，面向前；兩側龍向外，作飛騰狀，其下有花絲工藝製作的如意雲頭，龍頭則口銜長長珠寶串飾。三龍之前，中層為三隻翠鳳。鳳形均作展翅飛翔之狀，口中所銜珠寶滴稍短。其餘三龍則裝飾在冠後中層位置，也均作飛騰姿

㊱〔清〕張廷玉等：《明史》卷三十六，一六二一頁，北京，中華書局，一九七四。

態。冠的下層裝飾大小珠花，珠花的中間鑲嵌紅藍色寶石，周圍襯以翠雲、翠葉。冠的背後有左右方向的博鬢，左右各為三扇。每扇除各飾一金龍外，也分別飾有翠雲、翠葉和珠花，並在周圍綴左右相連的珠串。由於龍鳳珠花及博鬢均左右對稱而設，而龍鳳又姿態生動，珠寶金翠色澤艷麗，光彩照人，使得鳳冠給人端莊而不板滯，絢麗而又和諧的藝術感受，皇后母儀天下的高貴身份因此得到了最佳的體現。

珠花具體形狀在明清的小說中多有描寫。馮夢龍《醒世恆言》卷十四「鬧樊樓多情周勝仙」，周勝仙隨身的「一朵珠子結成的梔子花，那一夜朱真歸家，失下這朵珠花。」[37]因為婆婆不知其價，私下撿到後，僅賣了兩貫銅錢。至清代，珠花仍在使用，蒲松齡《聊齋誌異》卷十〈神女〉：「乃於髻上摘珠花一朵，授生曰：『此物可鬻百金，請緘藏之。』」[38]可知，珠花價值不菲。

水晶花

水晶性質堅硬，不易琢磨，不易造形，因此歷來看成珍物。《宋史》卷四八〇〈吳越錢氏〉，記載太宗即位時，錢俶貢「龍腦檀香床、銀假果、水晶花凡數千計，價直巨萬」[39]。除了水晶，中國古代還有許多翠玉寶石之類的像生花，據清代李斗《揚州畫舫錄》記載，揚州有條「翠花街」，「肆市韶秀，貨分隊別，皆珠翠首飾鋪也。」[40]這條街在今市區甘泉路南柳巷口內。清代這裡金銀首飾店鋪多，珠寶首飾多，品種多，且不同於其他地區，頗有地方特色。

清代宮廷水晶頭花，多將寶石做成的花瓣、花蕊的底部鑽上孔，穿細銅絲，繞成彈性很大的彈簧，輕

7.15〔清〕鑲寶石碧璽花簪

輕一動，顫擺不停。使飛禽的眼睛、觸角，植物的鬚葉、枝杈形象逼真，維妙維肖。其實物如台北故宮博物院館藏的清乾隆鑲寶石碧璽花簪〔7.15〕，長二十五公分，寬十二公分。花簪為銅鍍金點翠，上嵌碧璽、珍珠、翡翠。以碧璽做立體芙蓉花，花蕊為細小米珠，花葉為翡翠薄片細雕而成，花蕾為碧璽雕成，花托為點翠。一隻蝴蝶停落於芙蓉花上，其翅膀為翡翠薄片雕成，並嵌珍珠、碧璽。花簪使用了雕刻、金累絲、串珠、鑲嵌、點翠等多種工藝，均細緻精美，立體感強，彰顯了皇家用品的尊貴。其中翡翠薄片的雕刻是廣東寶玉石雕刻行典型的代表作，又稱為「廣片」，其特點是薄而勻、精而細，常用來雕刻花葉、蝴蝶翅膀。讓人驚歎的是，那些駐留於古典時代終端的「蝶戀花」首飾，依然保存著溫婉美艷的精緻和心情。

在清代宮廷畫家繪《貞妃常服像》中的貞妃頭上就戴著類似鑲寶石碧璽花簪的首飾〔7.16〕。后妃喜戴頭花，因花朵大、覆蓋面大，戴在「兩把頭」上顯得富麗堂皇。頭花有美飾髮髻的用意，亦有顯示身份、地位的意思。在清代慈禧的照片〔7.17〕中，可以見到高聳髮髻上的大朵頭花。

㊲〔明〕馮夢龍：《馮夢龍全集，醒世恆言》卷十四，二六九頁，南京，鳳凰出版社，二〇〇七。

㊳〔清〕蒲松齡：《聊齋誌異》（會校會注會評本）（下），一三一四頁，北京，中華書局，一九七八。

㊴〔元〕脫脫等：《宋史》卷四八〇，一三九〇一頁，北京，中華書局，一九七七。

㊵〔清〕李斗：《揚州畫舫錄》〈小秦淮錄〉，一三〇〇頁，北京，中華書局，二〇〇七。

7.16〔清〕《貞妃常服像》

7.17 慈禧照片

琉璃花

南宋度宗時，宮中流行簪戴琉璃花，世人爭相倣傚。琉璃，亦作「瑠璃」，是指各種顏色的人造水晶。因其讀音與「流離」相同，故宋代文人認為這是「流離之兆」，證以《宋史》卷六十五〈五行志三〉記載，紹熙元年（一一九〇年）「里巷婦女以琉璃為首飾」，後文又引《唐志》「琉璃釵釧有流離之兆，亦服妖也，後連年有流徙之厄。」咸淳五年（一二六九年）：「都人以碾玉為首飾。有詩云：京師禁珠翠，天下盡琉璃。」[41]確實，度宗逝後五年，南宋即告滅亡。

考古遺址中未見琉璃花實物，但有一九六九年河北省定縣五號塔基出土的北宋玻璃葡萄珠串〔7.18〕和玻璃葫蘆瓶〔7.19〕可做參考借鑑。玻璃葡萄珠串的單珠葡萄最大徑為一・八二公分，長二・一五公分；最小徑為一・三公分，長一・四公分。葡萄珠粒大小不一，為圓形、橢圓形，腹壁極薄，內部中空，顏色以棕色為主，以及少量白色和綠色，均為半透明。玻璃珠以米黃色絹捲成紙筒，做葡萄的枝幹，以此串連玻璃葡萄珠。玻璃葫蘆瓶出土於河北定縣宋代五號、六號塔基，共四十三件，葫蘆形，中束腰，頂有圓口，凹底，玻璃氧化鉛含量高，高四・五公分左右，腹徑三・七公分左右，透明、半透明、不

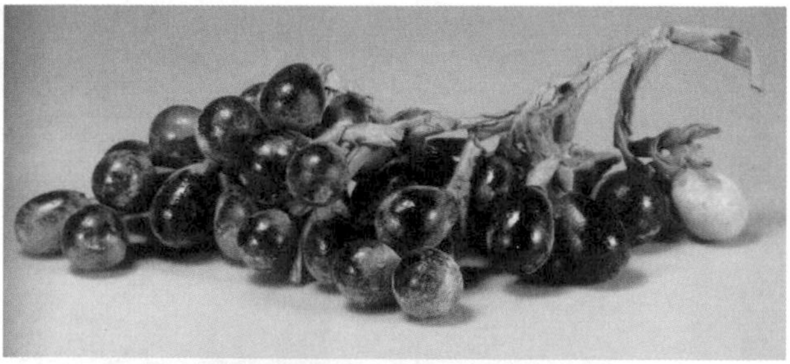

7.18 河北省定縣博物館藏〔北宋〕玻璃葡萄珠串

7.19〔北宋〕玻璃葫蘆瓶

透明玻璃質，顏色有藍色、綠色、棕色、褐色及無色透明，表面光滑亮澤，無模吹製，器壁很薄，通透者玻璃質內氣泡清晰可見。

絨花

清代婦女也戴絨花，尤其是年輕女子出嫁的時候一定戴紅色絨花，圖火紅吉利的寓意。絨花不僅外觀上雍容華麗，還諧音「榮華」，正合中國祥瑞文化，因而得到了宮女們的喜愛，故此絨花又得名「宮花」。

絨花之制興起自明朝。明清兩朝，南京有為皇家織造御用雲錦的江寧織造。雲錦剩下的下腳料，正好是製造絨花的絕佳材料。這促成了南京絨花業的繁榮。清宮后妃們的頭花，還有大批的絨花、絹花、綾花流存於世，這些花色彩協調，暈色層次豐富。清代遺留下來的頭花實物如點翠鬧蛾絨花頭花〔7.20〕，歷時百年之久，仍鮮艷悅人。

---

41 〔元〕脫脫等：《宋史》卷六十五，一四三〇頁，北京，中華書局，一九七七。

7.20 清代點翠鬧蛾絨花頭花

絨花製作分為材料準備和絨花製作兩個部分。首先是材料準備：熟絨，絨花花瓣和花蕊的主要材料是蠶絲，蠶絲在購進後，須經鹼水煮熟，煮後的蠶絲稱熟絨；染色，將熟絨染成不同的顏色，染色後的熟絨應套於竹竿上晾曬；製作銅絲，用木炭文火將黃銅絲燒至退火軟化。銅絲是絨花的花骨，是整個絨花的支架，根據所製作絨花的不同，黃銅絲的規格大小不一。燒銅絲時用文火，將銅絲加工到不太硬的程度。其次是製作絨花：第一步勾條，將熟絨分成若干股後固定於一器物上，排勻，用豬鬃毛刷子將其梳通，再用上下木板對銅絲進行搓擀，擀緊後便形成做絨花的最基本部件「絨條」。第二步是打尖，用剪刀對絨條進行加工，使圓柱體狀的絨條變成鈍角、銳角、圓角、球體、橢圓體等各種形狀。第三步是傳花，用鑷子對打過尖的絨條進行造形組合，配合鉛絲、皮紙、料珠等輔助材料製作出所需的產品。傳花就是一個組裝的過程。把打尖後的絨條按照心中的想法做成形狀。

點翠

羽毛點翠首飾，發展到乾隆時代已達到頂峰。它以色彩艷麗、富麗堂皇而著稱。點翠工藝是利用鳥羽的

7.22 翠羽

7.21 翠鳥

7.23 清代金質累絲點翠嵌紅寶石、珍珠蝙蝠喜字紋面簪一對

自然紋理形成幻彩光效，並與金屬工藝完美結合的一種首飾品製作工藝。翠鳥，又叫翡翠〔7.21〕。牠全身翠藍色，腹面棕色，平時以直挺姿勢，棲息在水旁，很長時間一動不動，等待魚蝦游過，每當看到魚蝦，立刻以迅速兇猛的姿勢，直撲水中，用嘴捕取。翠鳥的翠羽〔7.22〕由於折光緣故，翠色欲滴、閃閃發光，翠鳥因此而得名。用點翠工藝製做出的首飾，光澤感好，色彩艷麗，而且永不褪色。

據說，翠羽必須從活的翠鳥身上拔取，才可保證顏色之鮮艷華麗，翠羽根據部位和工藝的不同，可以呈現出蕉月、湖色、深藏青等不同色彩，點翠的羽毛以翠藍色和雪青色為上品。點翠的製作工藝極為繁雜，製作時先將金、銀片按花形制做成一個底托，再用金絲沿著圖案花形的邊緣焊個槽，在中間部分塗上適量的膠水，將翠鳥的羽毛巧妙地粘貼在金銀製成的金屬底托上，形成吉祥精美的圖案。這些圖案上一般還會鑲嵌珍珠、翡翠、紅珊瑚、瑪瑙等寶玉石，越發顯得典雅而高貴。其實物如北京故宮博物院珍藏的清代金質累絲點翠嵌紅寶石、珍珠蝙蝠喜字紋面簪一對〔7.23〕。

第八章　節令時物

與今天「節日」的概念不同，中國古代的「節」主要是指「節氣」，即所謂的「四時八節」——「四時」是指春、夏、秋、冬四季，「八節」則是指立春、春分、立夏、夏至、立秋、秋分、立冬、冬至八個反映四季變化的節氣。其中，立春、立夏、立秋、立冬齊稱「四立」，表示四季的開始。這八個節氣是二十四節氣中的關鍵節點，即《周髀算經》卷下：「凡為八節二十四氣」趙爽注：「二至者，寒暑之極；二分者，陰陽之和；四位者，生長收藏之始；是為八節。」❶

先秦時期，中國古代的大部分節日就已初步形成。到了漢代，中國主要的傳統節日已基本定型。至唐代，中國傳統節日已從祭拜、禁忌的氣氛中解放出來，娛樂性大為增加。稍後的宋代，城市人口眾多❷，商業發達，民間娛樂豐富，節日慶典繁盛❸，所謂「時節相次，各有觀賞」。節日娛樂增多，人們對節令飾品

❶佚名：《周髀算經》卷下，一〇三頁，北京，文物出版社，一九八〇。

❷據《宋史・王安石傳》記載，東京居民有一百多萬人。加上一大批沒有戶口的「游手浮浪」以及官府機構和幾十萬軍隊，人口更多，是當時世界上無與倫比的大城市。

❸宋朝每十天當中才有一個休息日，叫作「旬休」。「旬假」唐代既有，可溯自〈假寧令〉。宋假寧制度延續唐制，可參《天聖令・假寧令》。但宋朝節假日頗多，春節放假七天，冬至放假七天，寒食放假七天，元宵節放假七天，天慶節放假七天。眾所周知，元宵節就是正月十五。天慶節是宋真宗定下的節日。據說宋真宗在位時的某年某月某日，天上掉下一封信，信上寫了一些話，大意是誇宋真宗這皇帝當得好，可以萬壽無疆，宋真宗一高興，就把那天定成「天慶節」，號召全體國民在那天集體放假，普天同慶。在宋朝，短日假期更多，夏至放假三天，臘八放假三天，七月十五鬼節放假三天，九月九重陽節放假三天，二月二中和節又放假三天，到了皇帝母親過生日那天，叫作「天聖節」，再放假三天。宋朝的春節假期特別長，雖然一般也是七天假，但經常跟其他假期連在一塊兒。

的需求大增。宋人陸游《老學庵筆記》卷二：「靖康初，京師織帛及婦人首飾衣服，皆備四時，如節物則春幡、燈球、競渡、艾虎、雲月之類。」❹金盈之《醉翁談錄》卷三〈京城風俗記〉載：「（正月）婦人又為燈毬、燈籠，大如棗栗，如珠翠之飾，合城婦女競戴之。」❺由此可見，宋時節日飾品消費量巨大的程度。

在不同的季節和節氣中，中國古人要舉行不同的活動和儀式。隨著時間的推移，這種活動和儀式漸漸地分別固定在某些日子上，形成了比較固定的傳統節日。魏晉南北朝時，這種一年一度的慶祝節日被稱為「歲時」。對於節日生活的重視，使節日飾物越來越具有特殊的意義。為了營造節日氣氛，人們著裝配飾都會選擇不同主題的飾物，如元旦梅花、年吉葫蘆、人日人勝、立春春燕、端午天師、元宵燈籠、中秋月兔、冬至綿羊引子，等等。這些飾物在古代被稱為節令時物。尤其是宋代以後，根據時令、季節和風俗穿衣裝飾的風尚更為流行和講究。明代宦官劉若愚所著《酌中志》卷二十〈飲食好尚紀略〉，詳細記載了宮眷及內臣在各個時令節日中的著裝：

> 正月初一日正旦節。自年前臘月廿四日祭灶之後，宮眷內臣即穿葫蘆景補子及蟒衣……自歲暮正旦，咸頭戴鬧蛾，乃烏金紙裁成，畫顏色裝就者，亦有用草蟲蝴蝶者。或簪於首，以應節景。仍有真正小葫蘆如豌豆大者，名曰「草裡金」，二枚可值二三兩不等，皆貴尚焉……十五日曰上元，亦曰元宵，內臣宮眷皆穿燈景補子、蟒衣……清明之前，收藏貂鼠、帽套、風領、狐狸等皮衣……三月初四日，宮眷內臣換穿羅衣。清明，則鞦韆節也，帶楊枝於鬢。坤寧宮後及各宮，皆安鞦韆一架……四月初四日，宮眷內臣換穿紗衣。欽賜京官扇柄……五月初一日起，至十三日止，宮眷內臣穿五毒艾虎補子、蟒衣……七月初七日七夕節，宮眷穿鵲橋補子。宮中設乞巧山子，兵仗局伺候乞巧針……八月宮中賞秋海棠、玉簪花……九月，

御前進安菊花。自初一日起，吃花糕。宮眷內臣自初四日換穿羅重陽景菊花補子、蟒衣……是月也，糟瓜茄，糊房窗，製諸菜蔬，抖曬皮衣，製衣御寒……十月初一日頒歷。初四日，宮眷內臣換穿紵絲……十一月，是月也，百官傳帶暖耳。冬至節，宮眷內臣皆穿陽生補子、蟒衣。室中多畫綿羊引子畫貼……廿四日祭灶，蒸點心辦年，競買時興紬緞製衣，以示侈美豪富。[6]

據明代沈德符《萬曆野獲編》卷二〈列朝〉記載：「七夕，暑退涼至，自是一年佳候。至於曝衣穿針、鵲橋牛女，所不論也……今內廷雖尚設乞巧山子，兵仗局進乞巧針，至宮嬪輩則皆衣鵲橋補服，而外廷侍從不及拜賜矣。」[7]又據《酌中志》卷十九「內臣佩服紀略·貼裡」條目記：「貼裡，其制如外廷之褷褶。司禮監掌印、秉筆、隨堂、乾清宮管事牌子、各執事近侍，都許穿紅貼裡綴本等補，以便侍從御前。……自正旦燈景以至冬至陽生、萬壽聖節，各有應景蟒紵。自清明鞦韆與九月重陽菊花，具有應景蟒紗。」[8]可知，明宮嬪、御前宦官是可以綴節令補子。在《酌中志·飲食好尚紀略》中提及各類應景補子時，明確記載除「宮眷」外，還有「內臣」可以穿用[9]。在定陵出土文物中，孝靖、孝端皇后棺內有吉祥圖案、文字補子及應景的艾虎五毒補子。

[4]〔宋〕陸游：《老學庵筆記》卷二，二七頁，北京，中華書局，一九七九。
[5]〔宋〕金盈之：《醉翁談錄》卷三，三四頁，拜經摟抄寫本。
[6]〔明〕劉若愚：《酌中志》卷二十，一七七頁，北京，北京古籍出版社，一九九四。
[7]〔明〕沈德符：《萬曆野獲編》卷二，六八頁，北京，中華書局，一九五九。
[8]〔明〕劉若愚：《酌中志》卷二十，一六五頁，北京，北京古籍出版社，一九九四。
[9]〔明〕劉若愚：《酌中志》卷二十，一七七頁，北京，北京古籍出版社，一九九四。

節令時物既體現了農耕生活方式在中國古人物質生活上的影響，也反映了中國傳統文化為順應宇宙萬物變更規律，而創造的一套與自然景物呼應的「插戴法則」。

元日・梅花・蜜蜂

元日是指農曆的正月初一，也稱元正、元朔。[10]這一天標誌著夏曆舊的一年的結束，新的一年的開始。又因為這一天是四季的開頭，一月的開始，所以古人又稱元日為「三元」或「三正」。據南朝梁代宗懔（約五〇一—五六五年）《荊楚歲時記》記載，漢代已有元日「長幼悉正衣冠」[11]的風俗。到了南宋，人們不僅在元日穿新衣，還要相互拜年以示慶祝。吳自牧在《夢粱錄》卷一〈正月〉中記載：「士大夫皆交相賀，細民男女亦皆鮮衣，往來拜節。」[12]元日穿新衣的風俗明清之際亦沿襲不衰。在中國傳統元旦節俗裡，新衣新帽和喜慶氣氛相得益彰。

簪梅

海日團團生紫煙，門聯處處揭紅箋。鳩車竹馬兒童市，椒酒辛盤姊妹筵。鬢插梅花人蹴鞠，架垂絨線院鞦韆。仰天願祝吾皇壽，一個蒼生借一年。

（〔明〕唐寅〈歲朝〉）

8.1〔元〕王振鵬《鍾馗送嫁圖》局部

8.2 宋人繪《大儺圖》簪梅花者

「歲朝」，就是農曆正月初一。「鬢插梅花」就是描寫中國古人在元日這天插梅花於鬢的風俗。又，清代詩人唐子畏〈元日〉也有「鬢插梅花人蹴鞠」之句。在元人王振鵬繪《鍾馗送嫁圖》中便有詩中此景〔8.1〕，畫中側騎牛背的年輕女子薄衣輕裙，帔帛飄飄，纖纖玉手，頭綰雲髻，鬢插梅花，枝態舒展，一幅嬌艷婀娜的樣子。畫幅最後的鍾馗，騎驢牽韁，頭戴烏紗帽，身穿圓領袍，帽側插梅花。在宋人繪《大儺圖》中，也有一人「帽插梅花」〔8.2〕，兩人梅竹同插的形象。可見插梅是一件不

⑩ 一九一一年辛亥革命以後，中國開始採用公元計年，人們把每年的一月一日稱為「元旦」，而把夏曆的正月初一改稱為「春節」了。

⑪〔南朝．梁〕宗懍：《荊楚歲時記》卷一，七頁，太原，山西人民出版社，一九八七。

⑫〔宋〕吳自牧：《夢粱錄》卷一，一頁，北京，中國商業出版社，一九八二。

8.3〔清〕蔣蓮《三星圖》軸紙本

8.4 曲江博物館藏〔明〕累絲鑲寶梅枝金鬢簪

論男女的風俗。此風習一直沿襲至清代。清代蔣蓮所繪《三星圖》中有福、祿、壽三星〔8.3〕，下部白髮紅顏，左手持靈芝，右手執杖，身軀矮小而精幹的是壽星。左上持杖者頭戴風帽，一枝梅花從下往上插入帽簷。右立者雖未插梅，但手中也持有一枝梅花，似隱居高士。

據觀察，古畫圖人物所簪梅花多是生花（真花），枝多葉少，花朵生動，但也不排除這些梅花是用累絲鑲寶工藝做的像生首飾。明人《天水冰山錄》有「金玉頂梅花簪」、「金梅花寶頂簪」、「金崑點翠梅花簪」、「金點翠梅花簪」、「金珠寶梅花簪」、「金鑲（廂）玉梅花簪」[13]。其實物如明代累絲鑲寶梅枝金鬢簪〔8.4〕，長十二・三公分，寬八・五公分，重二十三克。它是以長約十公分的上粗下細金簪腳，簪頂一頭是用金累絲工藝做成的蟠曲狀梅花枝幹，枝椏和樹洞俱全，形態逼真、生動自然。在梅花枝幹的枝梢是金累絲花蕾三朵和梅花四朵。其形態各不相同，有盛開的，花心吐金絲為蕊，再鑲珍珠點綴；也有剛剛

8.5〔清〕翡翠碧璽梅花髮簪

8.6〔清〕犀角梅花簪

8.7 私人收藏〔清〕銅鎏金喜上眉梢髮簪

8.8〔明〕鑲寶梅花金簪

展開花瓣的，花心鑲紅寶石做蕊。花朵與枝幹各在兩端，幹上花下，卻也平衡穩妥。其形態生動自然，表現堪稱逼真寫實，寶石的濃艷與珍珠的清冷呈現出一幅明代文人畫的雅致氣質。

除了以金銀為質，清代還流行用寶石、翡翠做髮簪，如清代翡翠碧璽梅花髮簪〔8.5〕，長二十二·七公分、寬六公分。簪首有銀鍍金托柄，柄身上部飾三道亞腰圓箍，柄身中空，上部插一枝白綠相間的翡翠透雕竹竿，竿上有竹葉三組，兩面雕刻葉脈紋理。翠葉上嵌兩朵粉色碧璽雕成的梅花，花蕊鑲玉環，環上飾白色珍珠。梅花晶瑩剔透，竹葉翠綠清馨，再襯上簪腳的金色，呈現格調高雅的富貴氣質。此外，清代亦有犀角梅花簪〔8.6〕和銅鎏金喜上眉梢髮簪〔8.7〕。

除了累絲鑲寶梅枝金鬢簪這類枝幹花朵俱全的生花式樣，也有單朵梅花的造形形式，如北京定陵出土明代鑲寶梅花金簪一對〔8.8〕和曲江藝術博物館館藏明代累絲鑲珠寶梅花金簪一對〔8.9〕。前者簪腳為金圓桿，上粗下細，簪頭為金累絲梅花花瓣，上下兩層，每層五瓣，頂部花心嵌紅寶石做蕊；後者簪腳為金圓桿，長十二·七公分，直徑三·一公分，重九·七克。簪頭為五朵花瓣圍成梅花花朵，以金絲掐邊做花瓣輪廓，裡面平填

⓭〔清〕鮑廷博輯：《天水冰山錄》，知不足齋叢書，第十四集。

8.9〔明〕累絲鑲珠寶梅花金簪

8.10〔清〕銀鎏金掐絲鑲玉嵌寶貼翠髮簪

細卷絲，形如凸起的半圓，花瓣間嵌一外翻小葉脈，五朵花瓣中間簇鑲一顆紅寶石，寶石一周用金炸珠做花蕊，每朵花瓣上再以金絲綴白色珍珠一顆。形狀飽滿，意蘊端莊，形色俱美。也有僅在簪頭飾一朵梅花的形式，如清代銀鎏金掐絲鑲玉嵌寶貼翠髮簪〔8.10〕，長十二・五公分，頂部有梅花，下面有樓閣。

除了髮簪，也有梅花形的耳飾，《明史》卷六十六〈輿服志〉，永樂三年更定：皇妃、皇嬪及內命婦冠服有〈梅花環、四珠環，各二〉[14]。《明大會典》卷六十六〈親王婚禮〉記載，皇妃禮服和親王妃禮服所配耳環皆有「金腳珠環一雙（金腳五線重）」、「梅花環一雙（金腳五線重）」[15]。《天水冰山錄》中也有「金折絲梅花耳環」、「金珠梅花耳墜」[16]。其實物如曲江藝術博物館館藏的明代梅花金耳環，直徑二・五公分，重二・一克〔8.11〕。梅花環，以梅花造形的耳環。又如，清代金嵌珠翠寶石花卉耳環〔8.12〕，長二・八公分，耳環以紅色寶石、綠料（玻璃器）和珍珠組成葵花一朵作為主要裝飾，下半環仍鑲藍色寶石、翠玉和粉紅碧璽組成花葉陪襯。

8.11〔明〕梅花金耳環

除了各式髮簪、耳環，也有花鈿和梅花形飾

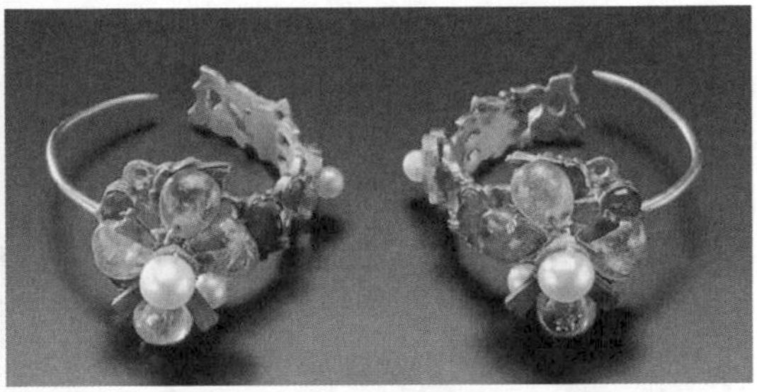

8.12 台北故宮博物館藏〔清〕金嵌珠翠寶石花卉耳環

8.13〔明〕梅花形金飾

件，花鈿實物如明代武進王洛家族墓徐氏出土狄髻圈口外插一條由十一朵花蕊飾珍珠的梅花所組成的帶狀金飾〔8.13〕。飾件實物如南京中華門外出土一件明代梅花形金飾。該金飾由七朵梅花、三片梅葉、兩根梅枝、一顆花蕾構成。花瓣有穿孔，兩兩一組，裝飾點綴。一朵梅花在中心，六朵在外，圍成一圈，又組成了一個大的梅花形。梅花之外橫梅枝，梅枝連葉，花蕾在梅枝上。其構圖鬆緊適宜，輕鬆怡然。

蜜蜂

頻聽銀簽，重燃絳蠟，年華衮衮驚心。餞舊迎新，能消幾刻光陰。老來可慣通宵飲，待不眠、還怕寒侵。掩清尊。多謝梅花，伴我微吟。

鄰娃已試春妝了，更蜂腰簇翠，燕股橫金。勾引東風，也知芳思難禁。朱顏那有年年好，逞艷遊、贏取如今。恣登臨。殘雪樓台，遲日園林。

（〔宋〕韓疁〈高陽台・除夜〉）

⑭〔清〕張廷玉等：《明史》卷三十六，一六二四頁，北京，中華書局，一九七四。

⑮〔明〕李東陽等：《大明會典》卷六十六，第二十六冊，明正德六年司立監刻本，東京大學國立圖書館藏。

⑯〔清〕鮑廷博輯：《天水冰山錄》，知不足齋叢書，第十四集。

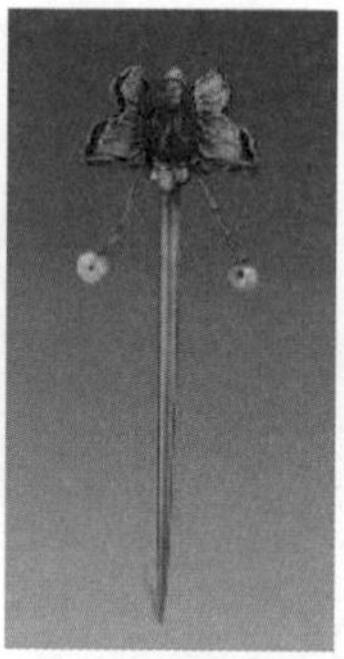

8.14〔明〕金累絲嵌寶石蜜蜂金簪

8.15 私人收藏〔清〕嵌寶蜜蜂銀髮簪

8.16〔明〕瑪瑙佛手蜜蜂採花金簪

詩中「蜂腰」「燕股」是指以蜜蜂和燕子為形做成的飾品。除了穿新衣、簪梅花，元日還有戴像生蜜蜂和燕子節令飾物的風尚。

在中國傳統文化中，蜜蜂象徵勤勞、繁榮和愛情。蜜蜂的「蜂」字與「豐」諧音，寓意風調雨順。宋人黃庚〈小酌〉詩「插花歸去蜂隨帽，傍柳行來鷗避人」這裡的蜂可能是真蜂，因為帽子上插了鮮花，所以圍著人飛舞，但也可能是像生蜂飾，因為簪插在頭上，故似隨人遊走狀。像生蜂飾的實物如北京定陵明墓出土的金累絲嵌寶石蜜蜂簪〔8.14〕。金針為簪腳，簪首以金絲勾勒蜜蜂翅膀形狀和翅膀紋理。黃金鏨刻出蜜蜂的首部，背部嵌紅寶石一塊。金彈簧絲做蜜蜂觸鬚，頂端嵌珍珠。另一件私人收藏的清代嵌珠寶蜜蜂銀髮簪〔8.15〕，長十四公分，重四・七克，與其極為相似，只是材質和蜂頭朝向的區別。又如，一九七四年南京江寧殷巷沐叡墓出土的一對瑪瑙佛手蜜蜂採花金簪〔8.16〕。簪首鑲一塊橘紅色瑪瑙，色澤鮮亮，瑪瑙雕刻成佛手形，頂端有一隻瑪瑙製成的小蜜蜂，栩栩如生。[17]

蜜蜂也裝飾在耳環上，如清宮舊藏翠嵌珠寶蜂紋耳環〔8.17〕，長二・七公分，寬〇・六公分。耳環翠玉質地，半圓形，一半為綠色，一半為白色。綠色一端部有銅鍍金質蜜蜂及長彎針，蜜蜂腹嵌粉紅色碧璽，

8.19 Alexander McQueen 2013春夏女裝

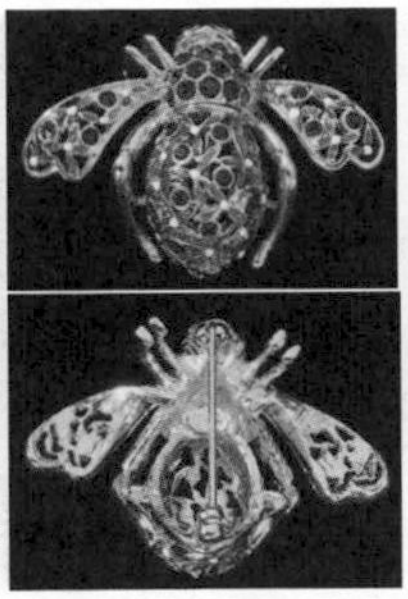
8.18 JoanRiver重彩蜜蜂胸針

8.17 清宮舊藏翠嵌珠寶蜂紋耳環

翅膀由兩組米珠組成，餘皆點翠，兩根長鬚之鬚端各有珍珠一粒。

在當代首飾設計中，蜜蜂題材並不少見，如歐美設計師Joan Rivers的重彩蜜蜂胸針〔8.18〕，造形憨態可掬，配色有聖誕的熱烈歡樂氣息。Alexander McQueen 2013春夏女裝秀的設計主題亦來自蜜蜂主題，在該系列設計中的玳瑁紋樹脂頸環和腕環上，裝飾著許多蜜蜂形飾物〔8.19〕。

在明清時期的圖案組合中，匠人們習慣將蜜蜂與鮮花組合，形成「蜂採花」的主題紋樣。在明代記述嚴嵩抄沒之家財的《天水冰山錄》中就有「金廂蜂採花釵一根」，如此充滿神韻和畫面感的名字，確實引人遐想。明代武進王洛家族墓徐氏出土狄髻上簪插的首飾（明清兩代稱為「頭面」），就有「蜂採花」的設計〔8.20〕。其前部金佛像之下有一條呈弧形帶狀梅花金飾，共有十一朵梅花，花蕊內有珍珠。冠頂部插一大簪，簪頂為大朵金質葵花，大葵花四周由小蜜蜂和小葵花間隔組合的紋樣烘托，最下部為捲曲的葉子。此外，徐氏墓還有一枚蜂趕牡丹銀簪出土〔8.21〕，簪頭為一朵盛開的牡丹花和一隻小蜜蜂。在紋樣上，銀簪和頂簪相呼應，結合兩對花頭簪，整套頭面都以蜂採花為題材。其造形式樣正與明末吳之藝妻凝香子所繪《吳氏

⑰ 南京市博物館編：《金與玉——公元十四—十七世紀中國貴族首飾》，三八頁，上海，文匯出版社，二〇〇四。

8.22 浙江義烏博物館藏〔明〕凝香子《吳氏先祖容像》

8.20〔明〕狄髻

8.23〔明〕嵌寶蜜蜂花形金簪

8.21〔明〕蜂趕牡丹銀簪

先祖容像》〔8.22〕中的婦人所戴頭面相互印證。

明代還有一種將蜜蜂和花朵形狀融為一體的蜂採花式樣，如一九六七年湖南永順老司城墓出土明代嵌寶石蜜蜂花形金簪〔8.23〕，長十四・七公分，重二十八・二克。簪柄扁平，簪頭分為上小下大兩層，由大小十二隻蝴蝶組成，上下各六隻，並夾行草葉紋飾。花心原鑲有寶石，現已遺失。此簪設計的巧妙之處在於，簪上的六隻蜜蜂形狀正好構成了花朵的六瓣雙層金花。蜜蜂和花朵相互交融，形態共用。

如果花形具體可識，就直接說出花名，如「蜂趕梅」或「蜂趕菊」。北宋朱翌〈生查子・詠折疊扇〉一首：「宮紗蜂趕梅，寶扇鸞開翅。」宋代蜂趕梅首飾如湖北蘄春漕河鎮羅州城遺址窖藏出土的宋代蜜蜂花卉金耳環〔8.24〕，耳環上是五瓣金片鏨刻的梅花，金絲從花瓣中間吐出為梅花花蕊。梅花下一金環吊墜著用金片打製的蜜蜂，兩對翅膀從蜂腰處伸出。宋代之後，「蜂趕梅」紋樣依舊很是流行。實物如北京定陵出土蜂趕梅嵌寶金釵〔8.25〕，金釵

8.27〔明〕蜂趕梅織金妝花紋樣

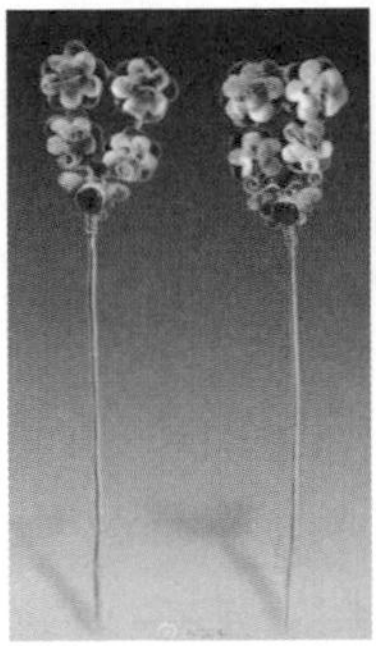
8.26〔明〕蜂趕梅金簪

8.25〔明〕蜂趕梅嵌寶金釵

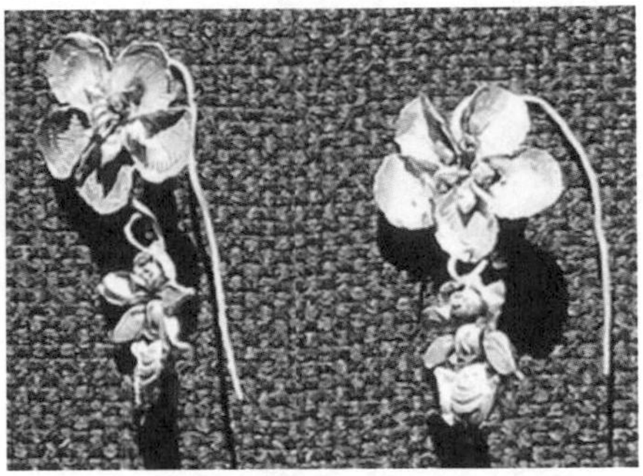
8.24〔宋〕蜜蜂花卉金耳環

8.28〔明〕蜂蝶梅花紋樣

釵頭為一朵白玉鏨刻的梅花，花蕊以金絲勾邊，嵌白色水晶一枚。梅花上下各嵌三顆寶石，二紅一藍，藍寶石在中，紅寶石分列兩側。均以金片做托底，蜜蜂在梅花與藍寶石之間。蜂頭朝花，做採花狀。下面為金質釵腳。又如，江蘇溧陽縣城西公社上閣樓大隊明墓出土的蜂趕梅金簪〔8.26〕。素簪腳，蜜蜂在簪首與簪腳的交接處，金片鏨刻蜜蜂形狀，身嵌紅寶石，金絲做觸鬚，漩渦紋。蜜蜂之上分兩支，各有梅花形圓托金片兩片，圓托上再飾梅花金花瓣，中有近似吐出，即為花蕊，又做固定之用。

在朝鮮的元代漢語教科書《老乞大》中鋪陳的緞子紋樣中就有「草綠蜂趕梅」⑱一詞。北京定陵出土蜂趕梅織金妝花方領女袂衣〔8.27〕，紋樣為四方連續紋樣，梅花為黃色，蜜蜂用扁金線織出。明代還有將蜜蜂、蝴蝶與梅花組合在一起的「蜂蝶梅花紋」。其實物如北京定陵出土蜂蝶梅花紋月白立領女袂衣〔8.28〕。蜂蝶梅花紋以大朵五瓣梅花盛放，梅花下襯折枝花稈，右與上面花瓣亦有花枝伸出，花枝上有小朵梅花和花苞。大朵梅花

⑱丁邦新：《老乞大諺解・朴通事諺解》，三二三頁，台北，聯經出版事業公司，一九七八。

左右各是飛蝶，上面緊貼花瓣之間的是小蜂，蜂蝶飛舞，映襯出盛放梅花的富貴氣息。四方連續，單位紋樣長十七・二公分，寬十六公分。

人日・人勝

人日是農曆的正月初七，也稱「人勝節」「人慶節」「人口日」「人七日」等。中國古代故事傳說女媧初創世界，在造出了雞、狗、豬、牛、馬等動物後，於第七天造出了人，所以這一天就是人類的生日。

人日節俗最早可追溯至漢代，魏晉開始受到重視。到了唐代，人日已經成為一個政府性節日。每至人日這天，皇帝賜群臣彩縷人勝，登高大宴群臣。唐景龍四年（七一〇年）正月初七，唐中宗在清暉閣賜宴群臣，正遇雪天，李嶠、宗楚客等都作有同題詩〈奉和人日清暉閣宴群臣遇雪應制〉。皇家重宴大明宮，賜百臣彩縷人勝，又有十二人作了〈人日侍宴大明宮恩賜彩縷人勝應制〉詩。杜甫〈人日二首〉之二「樽前柏葉休隨酒，勝裡金花巧耐寒。」詩中「勝」是一種頭飾，分為人勝、華勝、幡勝。人勝是鏤刻金箔為人形的飾物；華勝是花葉形像生首飾，簪戴於髮髻前；幡勝是一種用金銀箔紙絹剪裁製作的裝飾品，有的形似幡旗，故名幡勝。立春日戴在頭上或繫在花下。

在每年農曆正月初七，中國古人有戴「人勝」的習俗。據南朝梁代宗懍（約五〇一—五六五年）《荊楚歲時記》記載，荊楚地區每到人日這天便會「剪綵為人，或鏤金箔為人，以貼屏風，亦戴之頭鬢。又造華勝以相遺」[19]。其大意是說，荊楚地區在人日節時，中國古人要剪綵紙或者鏤刻金箔製成人的造形，將

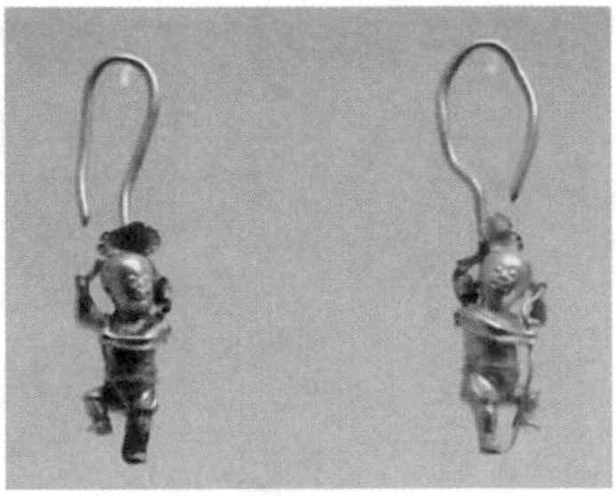
8.29〔南宋〕金執荷童子耳環

其貼於屏風上，或者簪插於兩鬢作為節日裝飾。婦女們還做華勝，相互饋贈。關於人勝的詩詞亦有很多，如唐代李商隱〈人日即事〉：「鏤金作勝傳荊俗，剪綵為人起晉風。」又如，唐代溫庭筠〈菩薩蠻・水精簾裡頗黎枕〉：「藕絲秋色淺，人勝參差剪。」再如，宋代李清照〈菩薩蠻〉：「燭底鳳釵明，釵頭人勝輕。」

在中國古代像生人形首飾的主題中，最為常見的是嬰戲題材。嬰戲圖最早見於唐代長沙窯的釉下彩繪瓷上，宋代亦有瓷童枕。此外，宋代還流行持荷童子，與當時民間生活習俗有關。據文獻記載，宋代民間有兒童執荷葉、持荷花的習俗，如《東京夢華錄》卷八〈七夕〉記載「七夕前三五日，車馬盈市，羅綺滿街，旋折未開荷花，都人善假作雙頭蓮，取玩一時，提攜而歸，路人往往嗟愛。又小兒須買新荷葉執之，蓋效顰磨喝樂。」[20]宋代持荷童子題材便是此種習俗的再現。其實物如二〇〇二年松江區上海電視大學松江分校窖藏出土南宋金執荷童子耳環一對〔8.29〕，通高六・一公分，重九克，桃形髮，額寬大，八字形眉，眉梢上翹，稜鼻，嘴微張，全身只穿短褲，頸佩項飾，手腕、腳腕戴鐲，腳踩手握蓮梗，梗梢從頭頂繞至肩部，一片荷葉直鋪於頭頂上方，展現出一個活潑、頑皮、天真的兒童形象。

明清時期，嬰戲圖達到鼎盛，從簡單的一兩個幼童形象發展到百多個幼童，幼童神態各異。明代嬰戲

19〔南朝・梁〕宗懍：《荊楚歲時記》卷一，一五頁，太原，山西人民出版社，一九八七。

20〔宋〕孟元老：《東京夢華錄全譯》卷九，一五二頁，貴陽，貴州人民出版社，二〇〇九。

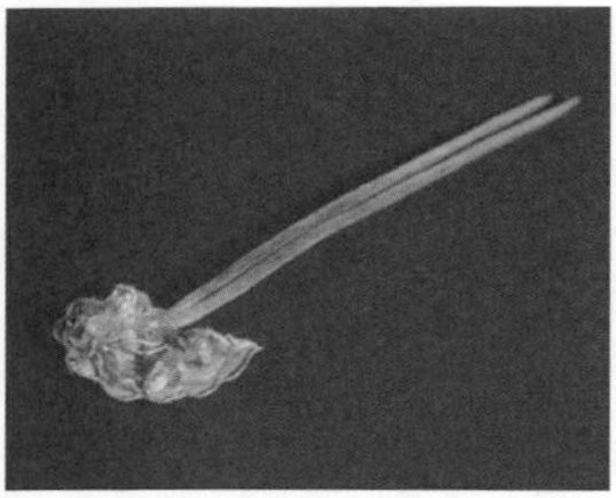

8.31〔明〕嬰戲蓮紋金釵

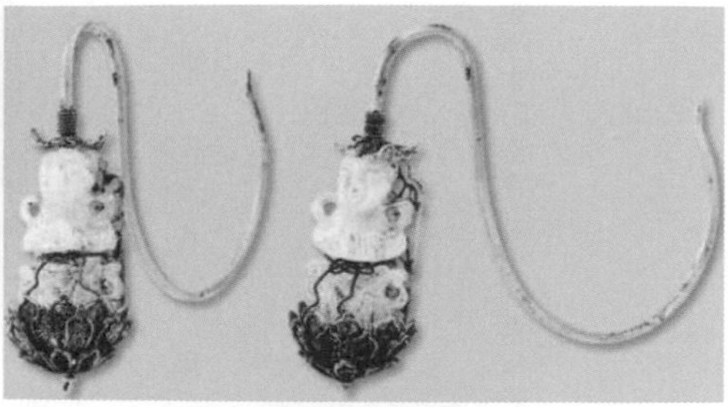

8.30〔明〕金鑲玉蓮花童子耳墜

8.32〔明〕嬰戲蓮紋金飾件

首飾，如一九九三年上海市盧灣區打浦橋顧東川夫婦墓出土明代（嘉靖）金鑲玉蓮花童子耳墜〔8.30〕，高四・五公分，用粗金絲做成S狀，在一端焊接金鑲玉蓮花童子，童子大頭，頭頂托金片錘鍱的花葉寶蓋，面相豐腴，肩披帛帶，雙肩帛帶隆起，腰束帶，雙手合十，立於蓮花座上。蓮座由金片錘鍱鏨刻而成，雙層蓮瓣似一朵盛開的蓮花。又如，一九六三年南京太平門外板倉徐達家族墓出土明代嬰戲蓮紋金釵〔8.31〕，長十三・六公分，釵首長三・四公分，寬三公分，釵首製成朵雲狀，其上用錘鍱，鏨刻，焊接等工藝手法，表現出童子手捧蓮葉嬉戲的主題。另外，一九六〇年南京中華門外郎家山宋晟墓出土明代永樂五年（一四〇七年）三件嬰戲蓮紋金飾件，高二・九公分，寬四・二公分〔8.32〕。均是用錘鍱工藝製作如意雲狀，其上錘鍱孩童眉清目秀，天真爛漫，稚趣可愛，長裙曳地，披錦纏繞。嬰戲荷，寓意連生貴子、五子登科、百子千孫的流行，反映了當時

8.34〔清〕「童子報平安」金簪

8.33 首都博物館藏〔清〕百子如意紋金手鐲

民眾傳宗接代的觀念。該題材洋溢著自然活潑的情趣，歡愉之態躍然而出。

清代嬰戲題材的像生首飾亦有很多，如北京海澱區花園村出土清代百子如意紋金手鐲〔8.33〕，直徑七・二公分，重兩百零一克。金質。周身浮雕嬰兒圖案。嬰兒形態各異，生動活潑。手鐲上下口以細小連珠紋連成繩紋裝飾。該手鐲有端口，可以調節手鐲的寬度。在端口兩邊各有一個單獨如意紋樣圖案裝飾。又如，北京故宮博物院藏有由一顆特大珍珠、珊瑚、藍寶石鑲嵌成的「童子報平安」金簪〔8.34〕，簪首以異形大約五公分的童子狀珍珠，頭髮用墨點出，雙手捧金爵盤，與雙腳鍍金點翠，鑲接在珍珠上。珍珠左邊飾一藍寶石雕琢的寶瓶，下有綠松石座，瓶口插幾支細細的紅珊瑚，枝杈上纏繞金累絲點翠圖案，有纏帶如意、「卍」字、「安」字、靈芝、戟、花卉等，皆含吉祥寓意。整支簪子連在一起，構思巧妙，稱為「童子報平安」。

除了嬰戲題材之外，還有仙人飛天、侍女奏樂、仙人採藥和佛像題材也是比較常見的人形像生主題，《天水冰山錄》中有「金廂玉人耳環」、「金水晶仙人耳環」㉑。仙人飛天首飾如一九八二年山西靈丘縣曲寺村出土的元代金仙女飛天頭飾〔8.35〕，橫八・八公分，飛天仙女頭戴寶冠，披帛、裙帶與祥雲向後飛揚，繁複精美。仙女一腿屈曲，一腿後舉，雙手前伸，做獻

㉑〔清〕鮑廷博輯：《天水冰山錄》，知不足齋叢書，第十四集。

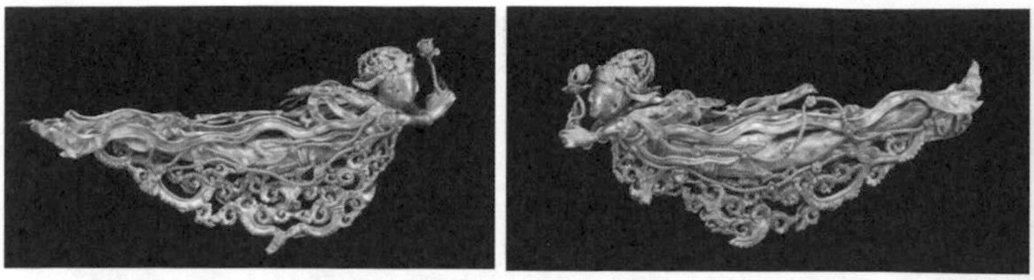

8.36 私人收藏〔明〕飛天頭飾

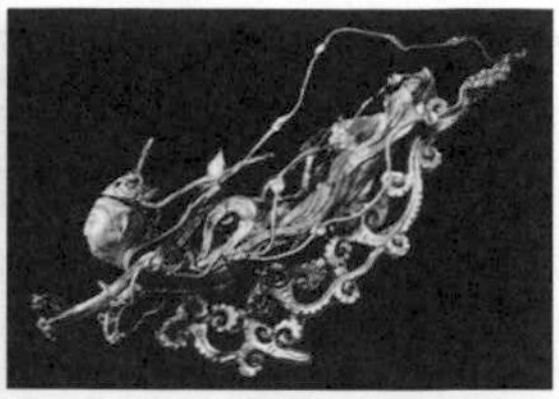

8.35 山西靈丘縣文物管理所藏〔元〕金仙女飛天頭飾

物狀。與其相似的是私人收藏元代金飛天頭飾，寶冠、飄帶一如前者，雙手前伸至下顎前，手中握鮮花一枝，也做獻禮狀〔8.36〕。由此可知，山西曲寺村元代仙女金飛天頭飾手中本應還有一枝鮮花，現已遺失。

8.37〔西夏〕鏤空人物紋金耳墜

又如，一九九三年上海市盧灣區打浦橋顧氏家族墓出土明代白玉透雕飛天簪飾，長五・七公分、寬三・五公分，飛天成對，頭戴寶冠，袒上身，裸雙臂，腕部戴鐲，雙手曲臂前伸托花缽，腰間束帶，下著長裙，長裙裹足，向一側飄轉呈尖錐形。飛天身披長帛，帛帶飄纏於身後，與身下雕琢的卷雲紋相連，在外圍形成一近似心形的邊框。該器出土時用一銀簪的一端分出五爪，扣於飛天之空隙中，另一端分別插入兩鬢髮髻上，是為髮簪。

侍女奏樂題材如內蒙古巴彥淖爾市臨河區高油房西夏古城遺址出土西夏鏤空人物紋金耳墜〔8.37〕，高四・二公分。每墜正面雕刻三尊造像，中間一尊雙手捧物，似為竹笙之類樂器，兩旁站立二尊身形較矮，雙手也捧起，也似有樂器之類物件。三尊人物腳踩蓮花，背連一長彎鉤。其頂部和腳下各有三朵花形飾物，花朵中間應有寶石鑲嵌，現已缺失。

仙人採藥題材如南京太平門外板倉徐達家族墓出土採藥仙子形金耳環一對，長

8.38〔明〕採藥仙子形金耳環一對

8.39〔明〕金鑲寶石仙人採藥簪

8.40〔明〕鑲寶立佛鎏金銀簪

十·三公分〔8.38〕。S形金絲長腳彎鉤下墜一朵蓮花形六角寶蓋頂，上鑲細小寶石若干，寶蓋下又墜一個腳踏蓮花寶座的仙子。右手握鋤，身後背簍，簍中露出一枝剛剛摘得的靈芝，挽高髻，戴項圈，衣裙周身有飄帶。又如，二〇〇九年蘄州鎮雨湖村王宣明墓出土的時代金鑲寶石仙人採藥簪〔8.39〕，簪首花飾佔去簪子的一半長度，自上至下依次為華蓋，身穿樹葉的「仙人」神農氏右手扶華蓋曲柄，立於六方形寶台上，下連球形鏤空花卉、雙層蓮花、鼓狀，中端還嵌有一顆寶石，花色繁複令人驚歎。據傳說神農氏嘗百草，一日中毒七十二次。

佛像題材如北京定陵明神宗孝端、孝靖二皇后墓出土鑲寶立佛鎏金銀簪〔8.40〕，簪身為扁錐形，簪身上半部有花絲製作的蓮座及佛背光托。托上承直立金佛一尊，佛面方圓，袒胸，跣足，右手下平伸，掌心向前，左手彎曲於胸前，手捧缽。頭帶肉髻，上身著敷搭雙肩架裟式大衣，下繫裙。胸部刻有「卍」字。佛周圍及蓮座鑲嵌寶石十一顆。同類題材還有上海市浦東新區陸家咀陸深家族墓出土明代金鑲玉觀音髮簪，觀音作立狀，置於金質蓮座上，頭頂伏一神鳥，身穿對襟衫，右臂屈於胸前，手執一物似雲帚，左臂下垂，肩有飄帛，周身用金絲環繞，前腰嵌一寶石，後背配置一插扦，是為插髮之用。

元夕・玉梅

農曆正月十五是元夕節，又稱「上元節」「元宵節」，是漢民族除春節以外最重要的節日之一。元夕節的節期長短是隨歷史發展而變化的——漢代一天，唐代三天，宋代五天，明代則是自初八點燈，一直到正月十七夜才落燈，整整十天。正月十五元夕節是宋代最熱鬧的節日，每年元夕夜政府都解除宵禁，特許人們徹夜遊玩。平時足不出戶的閨閣小姐們更是可以穿戴走出大門，賞燈看月，盡興遊玩。這一天也是歷代詞人及文人墨客經常吟詠的話題。

宋代元夕節，衣物尚白色。元夕夜，月光皎潔，婦女穿白衣，會顯得更加鮮明奪目、漂亮飄逸。元夕夜穿白衣的風俗後世沿襲，如明代《金瓶梅》第二十四回描寫元夕節晚上，陳敬濟帶著婦女們出門放焰火、觀燈、探親，宋蕙蓮「跟著眾人走百病兒，月色之下，恍若仙娥，都是白綾襖兒，遍地金比甲，頭上珠翠堆滿，粉面朱唇。」[22]《帝京景物略》卷二〈東城內外〉，引蘄州張宿〈走百病〉詩云：「白綾衫照月光殊，走過橋來百病無。」[23]《北京風俗雜詠》引高士奇〈燈市竹枝詞〉云：「鴉髻盤雲插翠翹，蔥綾淺斗月華嬌。夜深結伴門前過，消病春風去走橋。」下注曰：「正月十六夜，京師婦女行遊街市，名曰走橋，消百病也。多著蔥白色綾衫，為夜光衣。」[24]由此可見，元宵節期間，婦女穿白綾襖是明代元宵節的婦女服飾殊俗。此外，每年正月十四、十五、十六日夜，宋代宮廷皆穿「燈景」補子衣，衣上飾燈籠紋樣。

北宋朱弁《續骫骳說》的「元宵詞」條云「婦女首飾，至此一新，髻鬢篸插，如蛾、蟬、蜂、蝶、雪柳、玉梅、燈球，裊裊滿頭，其名件甚多，不知起於何時。」[25]又，宋代周密《武林舊事》卷二〈元夕〉

記載「元夕節物，婦人皆戴珠翠、鬧蛾、玉梅、雪柳、菩提葉、燈球、銷金合、蟬貂袖、項帕，而衣多尚白，蓋月下所宜也。游手浮浪輩則以白紙為大蟬，謂之夜蛾。又以棗肉炭屑為丸，繫以鐵絲燃之，名火楊梅。」[26]綜合以上文獻，宋代元夕節夜晚婦女頭上的飾物有玉梅、雪柳、燈球、菩提葉、鬧蛾、蝴蝶、蟬、蜜蜂等物。

燈球

據傳，中國古代元夕節燃燈的習俗起源於道教的「三元說」——正月十五日為上元節，天官主管；七月十五日為中元節，地官主管；十月十五日為下元節，人官主管。天官喜樂，故上元節要燃燈。

在南宋時，每年的元夕節都有規模宏大、繁盛空前的娛樂活動〔8.41、8.42〕。這元夕節節期的夜裡，朝野上下，賞月觀燈，進行各種文娛活動。據周密《武林舊事》卷二〈元夕〉記載，都中元夕，每年都要在重要的殿、門、堂、台起立鰲山，「燈之品極多」，其中蘇州燈「圈片大者，徑三四尺，皆五色琉璃所成，山水、人物、花竹、翎毛，種種奇妙，儼然著色便面也」，福州白玉燈「純用白玉，晃耀奪目，如清冰玉

[22]〔明〕蘭陵笑笑生：《金瓶梅》卷二十四，三三九頁，北京，中華書局，一九九八。
[23]〔明〕劉侗：《帝京景物略》卷二，七五頁，北京，北京古籍出版社，一九八〇。
[24]孫殿起輯，雷夢水編：《北京風俗雜詠》，二三頁，北京，北京古籍出版社，一九八三。
[25]〔宋〕朱弁：《曲洧舊聞》，唐宋史料筆記，附錄，二三五頁，北京，中華書局，二〇〇二。
[26]〔宋〕周密：《武林舊事》卷二，五五頁，北京，中華書局，二〇〇七。

8.41 南宋元夕節夜晚燃燈的街景

8.42 掛滿燈籠的元夕節南京街景

壺、爽徹心目」。新安琉璃「雖圈骨悉皆琉璃所為，號無骨燈」令人稱絕；禁中的琉璃燈山高五丈，「人物皆用機關活動，結大綵樓貯之。又於殿堂梁棟窗戶間為湧壁，作諸色故事」，活動自然，「龍鳳噀水，蜿蜒如生，遂為諸燈之冠」。[27]與燈品相襯的是綿延的舞樂列隊，人數之多「至數千百隊」，一眼望去不見邊際，「連亙十餘里」，令人歎為觀止，上自帝妃百官，下至庶民百姓，觀者如潮之湧，「宮漏既深，始宣放煙火百餘架，於是樂聲四起，燭影縱橫，而駕始還矣」。[28]

與街上四處懸掛的燈籠相對的節令飾物有各種燈球造形的首飾。陳元靚《歲時廣記》卷十一〈戴燈球〉條引《歲時雜記》：「都城仕女有神戴燈球，燈籠大如棗栗，加珠茸之類。」[29]又，宋代金盈之《新編醉翁談錄》卷三京城風俗，正月裡婦人「婦人又為燈球、燈籠，大如棗栗，加珠翠之飾，合城婦女競戴之。」[30]可知，宋代燈球以金銀、料珠、茸球為之，插在頭上以為裝飾。茸球者如南宋民俗畫家李嵩所繪的《市擔嬰戲圖》〔8.43〕和《貨郎圖》〔8.44〕中懷抱或手牽嬰兒的婦人頭裹的包髻前面插著的球狀飾物。宋人侯寘作有〈清平樂〉詞一首，題為「詠欖欖燈球兒」：

8.43《市擔嬰戲圖》中頭戴燈球的婦人

8.44《貨郎圖》中頭戴燈球的婦人

8.45 竹編橄欖燈

縷金剪綵。茸綰同心帶。整整雲鬟宜簇戴。雪柳鬧蛾難賽。休誇結實炎州。且看指面纖柔。試問苦人滋味，何如插鬢風流。

所謂「橄欖燈」似是指一種中間粗、兩頭尖的燈籠，其形狀好似橄欖，故名。而「橄欖燈球兒」亦是一種兩頭尖、形似橄欖狀的燈球飾品〔8.45〕。元夕夜，上街遊玩盡興的婦女們多會將幾個燈球首飾「簇戴」在綰起的髮髻上，熱鬧且充滿情趣。明人沿襲此風，《金瓶梅》第十五回「佳人笑賞玩燈樓，狎客幫嫖麗春院」裡就描寫道，正月十五之夜，潘金蓮的打扮就是身穿「大紅遍地金比甲。頭上珠翠堆盈，鳳釵半卸，鬢後挑著許多各色燈籠兒。」㉛顧名思義，「鬢後挑著」自然是燈籠髮簪了。「許多各色燈籠兒」又與〈詠橄欖燈球兒〉詞中的「簇戴」對了景兒。其實物如曲江博物館藏明代金累絲燈籠簪〔8.46〕，簪腳長十四公分，頂部二顆金珠，其下是一顆累絲金珠，再下是上下對稱、四角挑尖的寶頂，四角下口垂飾金環，銜掛與頂部相同的累絲圓球。球下再掛金環，最下方掛四枚金

㉗〔宋〕周密：《武林舊事》卷二，五〇頁，北京，中華書局，二〇〇七。
㉘〔宋〕周密：《武林舊事》卷二，五一頁，北京，中華書局，二〇〇七。
㉙〔宋〕陳元靚：《歲時廣記》卷十一，一一七頁，上海，商務印書館，一九三九。
㉚〔宋〕金盈之：《新編醉翁談錄》卷三，拜經樓抄寫本，一〇頁。
㉛〔明〕蘭陵笑笑生：《全本金瓶梅詞話》，卷十五，三八七頁。

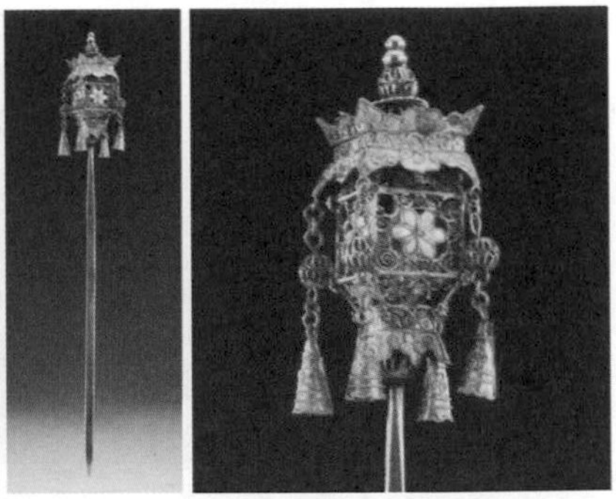

8.46〔明〕金累絲燈籠簪

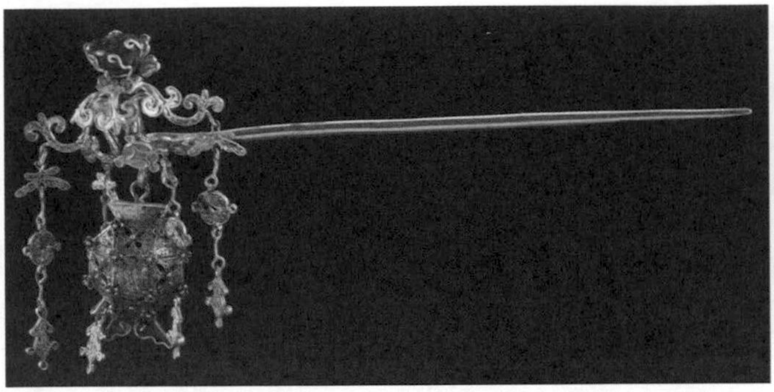

8.47〔明〕金累絲鑲寶燈籠簪

鈴。寶頂之下為累絲燈籠，燈籠框架內填漩渦紋金絲，四面中間各嵌六瓣梅花一朵。寶頂與燈籠總長四・七公分燈籠，簪重二十五・二克。又如，曲江博物館藏還有一枚明代金累絲鑲寶燈籠簪〔8.47〕，長九・八公分，物長三公分，寬四・八公分，重十・一克。簪頭部翹起金提繫，提係金托上鑲一紅寶石，四角做忍冬如意頭造形，其下掛銅錢狀金環與鈴狀飾物。簪頭金托下垂六棱十八面的累絲燈籠。燈籠是以粗金絲做成主框架，其內填細金絲花紋。燈籠面與面交接的結點飾五瓣金絲梅花。

令人可惜的是宋代燈籠首飾尚未見到實物，好在明代人繼承了宋代風尚，且越發精巧，有純金累絲、金鑲珠玉等工藝。其類別不僅有髮簪，還有耳墜。在《天水冰山錄》中有「金鑲珠寶累絲燈籠耳環」、「金鑲玉燈籠耳環」、「金折絲珠串燈籠耳環」、「金珠串燈籠耳環」、「金累絲燈籠耳環」[32]等幾十種。《金瓶梅》二十四回就寫道，元宵夜，宋蕙蓮在隨孟玉樓到街上走百病之前，特意回房打扮，「換了一套綠閃紅緞子對衿襖兒、白挑線裙子。又用一方紅銷金汗巾子搭著頭，額角上貼著飛金，三個香茶面花兒」，尤其是戴上了應景的「金燈籠墜子」[33]。明代金燈籠墜子實物如南京鼓樓明墓出土一對金累絲燈籠耳環〔8.48〕，耳墜提繫上懸掛一個金絲編結的六角形塔頂，各角起翹雲頭掛角上各掛一個以金花

8.48〔明〕金累絲燈籠耳環

8.49 首都博物館藏〔清〕累絲宮燈形金耳墜

8.50 私人收藏〔清〕累絲宮燈形金耳墜

絲花瓣為頂的鈴鐺形金牌飾，塔頂下接金絲編結做成的鏤空六稜十八面的宮燈，每面內嵌四瓣對角花，花心上嵌極小的紅藍寶石。清代燈籠墜子實物如北京石景山區出土清代累絲宮燈形金耳墜〔8.49〕，長七・三公分，重二十四・六克。耳墜上端為金絲編結六角雙層塔頂，各角起翹四瓣花掛角，下層掛角各綴一金花絲球，球下綴鈴鐺形累絲金牌飾，塔頂下接六面宮燈，一面中空無飾，其他面內嵌花絲。宮燈下面有金累絲蓮瓣花形托底。講究者燈籠耳環更是做成了宮燈形狀，如北京石景山區清墓出土累絲宮燈形金耳墜〔8.50〕。

與燈球相呼應的是「燈景」補子衣。在元夕節夜晚，人們出門賞燈，皆穿「燈景」補子衣，襯托出節日的喜慶氣氛，也與頭上的燈球首飾對稱呼應。普通庶民受限於制度規定，只能以燈籠和日常花鳥為景，而皇家則要有標誌性的龍紋，如明代萬曆孔雀羽灑線繡升龍燈籠紋元宵圓補〔8.51〕，長三十一公分，寬三十二公分。補子下面是一條盤金繡三爪蟒，蟒身做蟠曲狀，蟒嘴張開，雙眼看上。頭上有燈籠三只，中間燈籠為

㉜〔清〕鮑廷博輯：《天水冰山錄》，知不足齋叢書，第十四集。

㉝〔明〕蘭陵笑笑生：《全本金瓶梅詞話》卷二十四，三三九頁。

8.51 澳大利亞私人收藏〔明〕孔雀羽灑線繡升龍燈籠紋元宵圓補

8.52〔明〕雙龍燈籠景刺繡圓補

球路紋㉞，兩側為全紅色。祥雲、江崖海水俱全。又如，明代萬曆雙龍燈籠景刺繡圓補〔8.52〕，直徑三十六公分。補子中兩條升龍各立兩側，左黑右紅，張嘴吐舌，看著中間的燈籠。燈籠為三層，頂層為寶蓋，中間為球路紋燈籠，下部為方形宮燈。燈下有紅色蓮花做襯底。祥雲、牡丹、太湖石、海水紋分列其中，一幅祥和氣象。

清代存世的燈籠景衣服亦有不少，如故宮博物院清嘉慶石青緙絲八團燈籠紋綿褂〔8.53〕，身長一百四十二公分，兩袖通長一百七十六公分，下幅寬一百一十五公分。石青色緙絲面，月白色小折枝暗花綾裡。周身以雙色捻金線緙織八團燈籠紋，燈籠內飾海屋添籌、紅蓼壽石等內容，寓「添壽」、「長壽」之意。下幅織蝙蝠、靈芝、水仙、牡丹、壽石及八寶立水，寓「靈仙祝壽」「福壽富貴」等吉祥意。此褂是嘉慶年間緙絲工藝的代表作。黃條墨書：「嘉慶十三年十二月十七日收，造辦處呈，覽石青緙絲八團花有水棉褂一件。」㉟又如，清粉綠八團燈籠紋吉服袍〔8.54〕，盤領，大襟右衽，馬蹄袖口，裾左右開。粉綠色素緞面上用五彩絲線繡燈籠景八團，宮燈籠四周環繞牡丹、菊花、蝙蝠和卷草葉。袖及襟邊均以石青色緞為面，亦以宮燈籠及牡丹、菊花、蝙蝠和卷草葉為飾，下幅為海水江崖紋，江崖上有珊瑚，佈局左右對稱而不顯呆板，構圖疏朗而不失豐富多彩。紋樣採用平金、打籽、搶針、套針、滾針、網繡等多種技法繡製而成，技法純熟，水路清晰，繡線斑爛，飽含絲光。

8.54〔清〕粉綠八團燈籠紋吉服袍

8.53〔清〕石青緙絲八團燈籠紋綿褂

玉梅

帝城三五，燈光花市盈路。天街遊處，此時方信，鳳闕都民，奢華豪富。紗籠才過處，喝道轉身，一壁小來且住。見許多才子艷質，攜手並肩低語。

東來西往誰家女，買玉梅爭戴，緩步香風度。北觀南顧，見畫燭影裡，神仙無數。引人魂似醉，不如趁早，步月歸去。這一雙情眼，怎生禁得，許多胡覷。

（〔宋〕李邴〈女冠子・上元〉）

詩中「買玉梅爭戴」，其實是一種用白羅剪製的像生梅花，這種用白羅剪縫的玉梅，尤其受年輕女子喜愛。很可能，這個用白羅剪製的「玉梅」在做好後，還要用香薰薰過再賣。否則，怎麼出來「緩步香風度」呢？

宋代元夕節，節物尚白色，尤其是元夕夜女性出遊更是以白衣為尚，

㉞ 又稱「毬露紋」。以一大圓為一個單位中心，組成主題圖案，上下左右和四角配以若干小圓，圓圓相套相連，向四周循環發展，組成四方連續紋樣，在大圓小圓中間配以鳥獸或幾何紋，這種圖案風格、形式，稱為球路。它是唐聯珠、團花圖案的發展變格。

㉟ 張瓊：《清代宮廷服飾》，一八七頁，上海，上海科學技術出版社，二〇〇六。

因此，白絹梅花便成了每年正月十四、十五、十六日夜裡，青年婦女盛裝出行的一種應景頭飾。玉梅與白衣呼應，兩物一色，格調素雅，是宋人的風情。屆時，街頭巷陌，皆有售賣。證以宋代孟元老《東京夢華錄》卷六〈十六日〉條：「市人賣玉梅、夜蛾、蜂兒、雪柳、菩提葉。」[36]或許，在宋代詞人眼裡，玉梅已然成為元夕節的代名詞。宋代晁沖之〈傳言玉女・上元〉詞云：「嬌波向人，手捻玉梅低說。相逢常是，上元時節。」

宋時，也有人將玉梅稱為「雪梅」，如宋金盈之新編《醉翁談錄》：「婦人又為燈球、燈籠，大如棗栗，加珠翠之飾，合城婦女競戴之。又插雪梅，凡雪梅皆繪楮為之。」[37]文中所言「楮」是一種落葉喬木，葉似桑，樹皮是製造桑皮紙和宣紙的原料。古時亦作紙的代稱。如此而言，「雪梅」或是一種以白紙剪製的節時飾物。與「玉梅」相似，或是一物異名而已。

8.55 蝶戀花鑲玉嵌寶累絲金簪

元夕節戴玉梅的風俗，宋代之後仍有沿襲。在明代馮夢龍纂輯的白話短篇集《古今小說》卷二十四「楊思溫燕山逢故人」一回中即有「艷妝初試，把珠簾半揭，嬌羞向人，手捻玉梅低說。相逢長是，上元時節」。[38]只是，此時的玉梅已經是名副其實的玉雕梅花。其實物如蝶戀花鑲玉嵌寶累絲金簪〔8.55〕和定陵明神宗出土鑲珠寶玉花蝶金簪〔8.56〕。後者插戴於孝端顯皇后「棕帽」上，其中一件通長十五・六公分、簪首長七公分、寬二・七公分，重二十八克，簪體上部鏤刻古

8.56 鑲珠寶玉花蝶金簪

8.57 鑲珠寶花蝶金簪

錢形花紋，正面中部淺刻流雲紋，簪首綴白玉花卉、綠玉蝴蝶、紅玉花，並嵌有紅藍寶石及珍珠。如果不用玉，還可以用白色的珍珠，如北京定陵出土明代鑲珠寶花蝶金簪〔8.57〕。

雪柳

沙堤香軟。正宿雨初收，落梅飄滿。可奈東風，暗逐馬蹄輕卷。湖波又還漲綠，粉牆陰、日融煙暖。驀地刺桐枝上，有一聲春喚。任酒帘、飛動畫樓晚。便指數燒燈，時節非遠。陌上叫聲，好是賣花行院。玉梅對妝雪柳，鬧蛾兒、像生嬌顫。歸去爭先戴取，倚寶釵雙燕。

（〔南宋〕馬子嚴〈孤鸞·早春〉）

㊱〔宋〕孟元老：《東京夢華錄》卷六，四一頁，北京，中國商業出版社，一九八二。
㊲〔宋〕金盈之等：《新編醉翁談錄》卷三，二頁，適園從書本，瀋陽，遼寧教育出版社，一九九八。
㊳〔明〕馮夢龍：《古今小說》卷二十四，三六五頁，南京，鳳凰出版社，二〇〇七。

詩中「玉梅對妝雪柳」引出了宋時元夕節的又一節令飾物，宋人《宣和遺事》記載，當時的京都汴梁「京師民有似雲浪，盡頭上戴著玉梅、雪柳、鬧蛾兒，直到鰲山下看燈」。[39]宋代婦女在上元節時，競插玉梅、雪柳的盛況，借此可以想見。

8.58 雪柳的線描圖和實物照片

8.59 南薰殿舊藏《宋仁宗后坐像》中侍者

雪柳，別名掛梁青、珍珠花，葉綠花白，木樨科、屬落葉灌木或小喬木〔8.58〕。多長在溫暖又陰濕之地。適應性強，河北、陝西、山東、江蘇、安徽、浙江、河南及湖北東部均可見到。嫩葉可代茶；枝條可編筐，莖皮可製人造棉，亦栽培作綠籬。每年四至六月間，花季時成簇盛開，遠遠望去，猶如雪花掛柳。雪柳的形象如南薰殿舊藏《歷代帝后坐像》中宋代皇后右邊侍者頭上簪戴的白花〔8.59〕。

考慮到花期，元夕節婦人簪戴的雪柳也應該是一種人工再造的像生花。李清照〈永遇樂・元宵〉詞：「中州盛日，閨門多暇，記得偏重三五，鋪翠冠兒，捻金雪柳，簇帶爭濟楚。」又趙必象〈齊天樂（簿廳壁燈）〉：「雪柳捻金，玉梅鋪粉，妝點春光無價。」所謂「捻金雪柳」或「雪柳捻金」，目前尚無考古實物可證。從字面上解釋，捻金也稱圓金、撚金，是指將金鏤切、捻捲於絲線外層的金線。捻金多

8.60〔南宋〕《大儺圖》中人物所穿的服裝

8.61 一九〇六年法國卡地亞品牌鉑金鑲鑽胸針

用織造織金錦，元朝尤其盛行。故此，「撚金雪柳」有可能是以撚金金線或金箔鏨刻成的雪柳花，也可能是以撚金金線織成有雪柳紋樣的織金錦。其形象如宋人繪《大儺圖》中人物所穿的服裝〔8.60〕。有很多詞都有相關描寫，如辛棄疾〈青玉案・元夕〉「蛾兒雪柳黃金縷」、宋代丘崈〈滿江紅〉「雪柳垂金幡勝小」。無論哪種方式，都與金有關，所以也有人稱其為「金柳」，如周密〈探春慢・修門度歲，和友人韻〉：「競點綴、玉梅金柳。」

西方首飾中也有類似款式，如華盛頓上流社會名媛瑪麗・斯考特・唐森夫人（Mrs. Mary Scott Towsen）收藏的一九〇六年法國卡地亞品牌鉑金鑲鑽胸針〔8.61〕，兩邊各長二十七公分，鉑金鑲鑽，即使是纖細的花蕊上也裝飾著珠齒式鑲嵌的玫瑰式切割的鑽石，精美奢華異常。

鬧蛾

鬧蛾，是取蛾兒戲火之意，也稱鬧嚷嚷，如明代沈榜《宛署雜記》記載元旦出遊，人們都頭「戴鬧嚷嚷」，其形狀為「飛鵝、蝴蝶、螞蚱之形，

㊴〔宋〕佚名：《新刊大宋宣和遺事》，七二頁，北京，中國古典文學出版社，一九五四。

8.62〔唐〕銀鎏金鬧蛾頭飾

8.63 M.buccellati黃金蛾嵌紅寶石胸針

大如掌，小如錢」[40]。清代王夫之〈雜物贊・活的兒〉引宋代柳永詞云：「所謂『鬧蛾』兒也，或亦謂之鬧嚷嚷。」[41]蛾的形狀略似蝴蝶，但腹部短粗，觸角呈羽狀，靜止時雙翅平伸。因為有良好的嗅覺和聽覺，所以蛾子常在夜間活動，且有趨光性。牠正與元夕夜街上裝點的各色燈籠相呼應。在中國傳統文化中，蛾有交合、求偶、兩性之類的寓意，與蝶戀花、蜂趕蝶相同。僅讀「鬧蛾」之名，便能感到一種嬉戲的情調和娛樂至上的感覺。其實，鬧蛾本也不屬於廟堂禮儀，是一種非常接地氣的民俗元素。

與彩燕和春雞相同，鬧蛾也是宋人用於節令飾品。該習俗至遲在唐已有。唐人張祜〈觀楊瑗柘枝〉詩云：

> 促疊蠻鼉引柘枝，捲簾虛帽帶交垂。紫羅衫宛蹲身處，紅錦靴柔踏節時。
> 微動翠蛾拋舊態，緩遮檀口唱新詞。看看舞罷輕雲起，卻赴襄王夢裡期。

唐代鬧蛾實物最知名的當屬陝西西安玉祥門外隋朝李靜訓墓出土的一件黃金鬧蛾撲花（詳見第二章）。花團錦簇，鬧蛾做撲花將落之狀。工匠以金絲盤出蛾子的翅膀形狀，裡面填花絲。金絲鉤編出蛾子身體，上面嵌數顆珍珠。蛾子眼睛亦以珍珠做出，金絲點睛，做觸鬚和蛾腳。又如山西歷史博物館藏唐代銀鎏金鬧蛾頭飾〔8.62〕，鎏金銀片鏨刻出鏤空的鬧蛾紋樣，鬧蛾翅膀裡鏨刻鏤空卷草

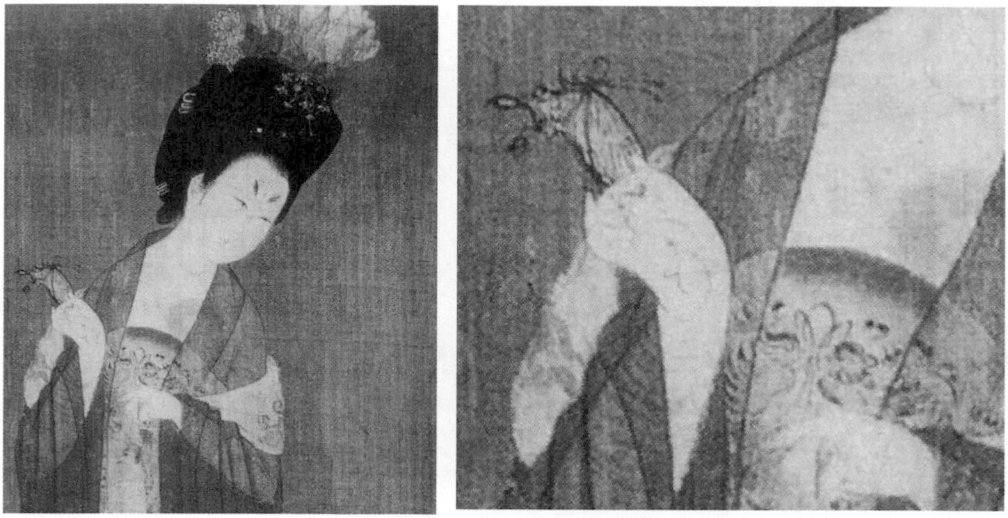

8.64 傳〔唐〕周昉《簪花仕女圖》局部

紋，蛾胡觸鬚外張捲曲成卷草。蛾子頭、身、睛細節均鏨刻出來，細緻準確。周身以鏨刻小連珠紋，成為裝飾線條。與中國的鬧蛾首飾不同，西方珠寶設計師M.buccellati所做的黃金蛾嵌紅寶石胸針寫實性更強〔8.63〕。蛾子足、觸鬚、翅膀上的肌理表現得極為清晰生動。在傳唐代畫家周昉繪《簪花仕女圖》中左邊貴婦，髻插芍藥花，身披淺紫紗衫，束裙的寬帶上飾有鴛鴦圖案，白地帔子繪有彩色雲鶴。她右手舉著頗似鬧蛾〔8.64〕。

唐代鬧蛾還有花釵實物，如一九五六年西安南郊惠家村唐大中二年（八四八年）墓出土鎏金鬧蛾蔓草紋銀釵〔8.65〕，全長三十五・四公分，釵頭部分寬約五・六公分、長十四・七公分，銀質，通體鎏金，釵頭鏤空成飛蝶、菊花圖案花紋。釵頭下連粗銀絲兩根，盤扭後又繞成「8」字形交花，然後用銀套束緊，兩銀絲通過銀套後，並列下伸，成為釵

㊵〔明〕沈榜：《宛署雜記》卷十七，一九〇頁，北京，北京古籍出版社，一九八〇。

㊶〔清〕王夫之：《王船山詩文集》，九七頁，北京，中華書局，一九六二。

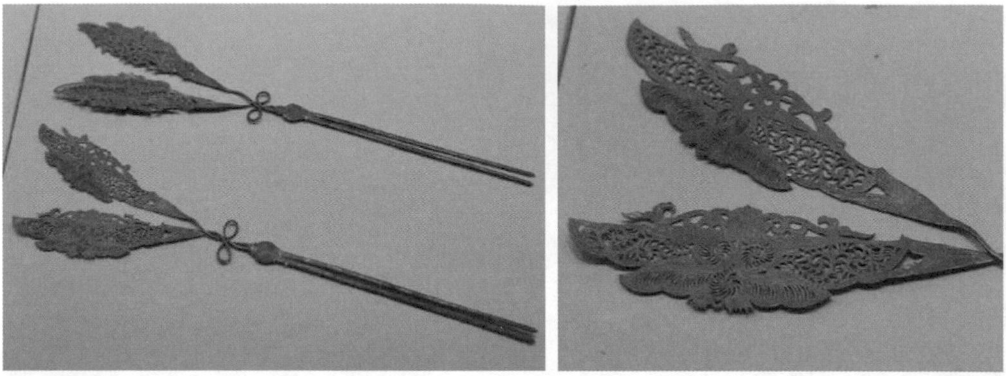

8.65〔唐〕鎏金鬧蛾蔓草紋銀釵

尾。鏤空形態的邊緣輪廓形與花紋的鏨刻線天衣無縫地相銜接，如同剪紙一般細微的線條刻畫出蝴蝶的雙翅，最細處形如髮絲，且每一根線條都十分精巧、流暢。

作為應景飾品，簪戴鬧蛾在宋代已成為元夕節裡不可缺少的風氣。辛棄疾在〈青玉案〉中先描寫了元宵的熱鬧景致：「東風夜放花千樹。更吹落、星如雨。寶馬雕車香滿路。鳳簫聲動，玉壺光轉，一夜魚龍舞。蛾兒雪柳黃金縷。笑語盈盈暗香去。眾裡尋他千百度。驀然回首，那人卻在，燈火闌珊處。」詞中「蛾兒雪柳黃金縷」都是元夕節的應景節物。又如楊無咎〈人月圓〉詞：「鬧蛾斜插，輕衫乍試，閒趁尖耍。百年三萬六千夜，願長如今夜。」這裡的「鬧蛾斜插」應是一種有鬧蛾裝飾的髮簪，與綵燈、簫鼓、煙火、歌舞一樣，都是宋代熱鬧節日的一部分。南宋初和宋亡後，國破家亡的元夕夜最易牽動人們對故國之思。許多詞人借詠元夕抒感舊之情，蔣捷〈女冠子・蕙花香也〉：「況年來、心懶意怯，羞與蛾兒爭耍。」國破家亡後的元夕夜，對詞人來講，則是別有一番滋味。哪還有心情去插戴「鬧蛾」滿心歡喜地過節呢？

男子戴鬧蛾的情形在故宮博物院藏南宋《大儺圖》中有生動的表現，在舞者人群中就有在頭戴巾帽的當心縫綴鬧蛾形象〔8.66〕。其熱鬧景

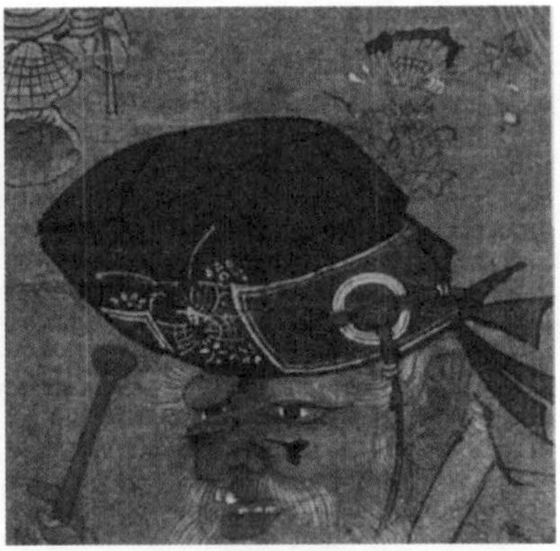

8.66〔南宋〕《大儺圖》局部

8.67〔宋〕蘇漢臣《五瑞圖》局部

象與宋代周密撰《武林舊事》卷二中記載元夕「內人及小黃門百餘，皆巾裹翠蛾，效街坊清樂傀儡，繚繞於燈月之下」[42]的情景頗為吻合。此外，傳宋蘇漢臣繪《五瑞圖》表現的是：在春天庭院裡，幾個孩童穿著綵衣，勾畫臉譜，戴著面具，模仿大人們跳「大儺舞」的情景。在其中那位模仿藥師的兒童頭上插著的春幡上吊著一個白色的鬧蛾〔8.67〕。

宋代詞人史浩在〈粉蝶兒・元宵〉中寫道：「鬧蛾兒、滿城都是。向深閨，爭翦碎、吳綾蜀綺。點妝成，分明是、粉鬚香翅。」又元代張翥〈一枝春・鬧蛾〉：「宮羅輕剪，翩翩鬢影，側映寶釵雙燕。」可知，古代婦女們先用絲綢剪出鬧蛾的形，再用筆畫勾畫出鬚、翅等細節。因為描畫的精彩熱鬧，所以人們也稱鬧蛾為花蛾，宋代胡仲弓〈己酉上元詩同日立春〉有「花蛾巧剪禁風撲，彩燕新裁帶月看」的詩句。可見，鬧蛾不僅是元夕夜的節令物，也是元旦、立春之日的應景物，《金瓶梅詞話》第七十八回：「（正月元旦）放炮仗，又嗑瓜子兒，袖香桶兒，戴鬧蛾兒。」[43]明代沈榜《宛署雜記》稱元旦出遊時，須戴鬧

[42]〔宋〕周密：《武林舊事》卷二，五〇頁，北京，中華書局，二〇〇七。

[43]〔明〕蘭陵笑笑生：《金瓶梅詞話》，一〇一八頁，上海，上海中央書店，一九三五。

8.69〔明〕蝴蝶形金鬧蛾

8.68〔北宋〕金箔鬧蛾線描

嚷嚷，「大小男女，各戴一枝於首中，貴人有插滿頭者。」[44]

除了絲綢，鬧蛾還以烏金紙剪裁成形，並朱粉點染，加繪色彩。明代劉若愚《酌中志》卷二十〈飲食好尚紀略〉記載：「自歲暮正旦，咸頭戴鬧蛾，乃烏金紙裁成，畫顏色裝就者；亦有用草蟲、蝴蝶者。咸簪於首，以應節景。」[45]又王夫之〈雜物贊・活的兒〉：「以烏金紙剪為蛺蝶，朱粉點染。」[46]其實物應如湖北麻城北宋石室墓棺床北部正中出土一件剪刻而成的金箔鬧蛾〔8.68〕。在明代墓葬中，有很多蝴蝶形的鬧蛾實物出土，如南京中華門外郎家山宋晟墓出土一對蝴蝶形金鬧蛾〔8.69〕。其製作方法與南京太平門外崗子村吳忠墓出土的一對金鬧蛾相似，只是在蝶翅上另有鏨刻的圓圈細點紋飾及一些用於繫綴的針孔。

據明代劉侗、于奕正《帝京景物略・春場》記載：「今唯元旦日，小民以鬃穿烏金紙，畫彩為鬧蛾，簪之。」[47]為了增強動感，有時鬧蛾是用鬃或竹篾將彩燕或鬧蛾斜插吊綴在頭冠半空上面。如此，只要在人走動行步時震動花朵，牽動鋼絲或竹篾，花朵周圍的小生物便會顫動飛舞，極富動感，即元代張翥〈一枝春・鬧蛾〉詞云「鬧春風簇定，冠兒爭轉。」其形式如宋代李嵩繪《市擔嬰戲》和《貨郎圖》中擔貨遊販頭巾上插的春燕。這種方法在宋人繪《雜劇人物圖》中也有所表現〔8.70〕。只是賣眼藥郎中頭上斜插細竹上吊著的不是春燕和鬧蛾，而是一個用作標籤招牌的眼睛圖案。用細絲吊綴飾物的式樣與晉代侍從官員冠側

8.70 宋人繪《雜劇人物圖》

8.71〔北魏〕寧恕暨妻鄭氏墓窟壁畫線描

8.72 明代戴籠冠的官吏

簪的白筆頗為相似，㊽如北魏寧恕暨妻鄭氏墓窟壁畫上身穿曲領大袖衣〔8.71〕，頭戴籠冠的男子形象。其籠冠後插簪導，並有一根細絲自冠後彎曲至額前的白筆。據記載，宋明時期官員上朝之時，也在進賢冠上簪「白筆」㊾〔8.72〕。

在清代，民間在立春和元夕日簪戴春燕和鬧蛾的習俗仍有流傳。清代查慎行〈鳳城新年辭〉：「巧裁幡勝試新羅，畫彩描金作鬧蛾。從此剪刀閒一月，閨中針線歲前多。」㊿清代陳維崧〈清江裂石・人日送大鴻由平陵宛陵之皖桐〉詞：「彩燕粘雞門酒天，輕軟到釵鈿。」和〈望江南・歲暮雜憶〉：「江南憶，憶得上元時。人門南唐金葉子，街飛北宋鬧蛾兒。此夜不勝思。」此風至民國時仍不衰落。

㊹〔明〕沈榜：《宛署雜記》卷十七，一九〇頁，北京，北京古籍出版社，一九八〇。
㊺〔明〕劉若愚：《酌中志》卷二十，一七八頁，北京，北京古籍出版社，一九九四。
㊻〔清〕王夫之：《王船山詩文集》，九七頁，北京，中華書局，一九六二。
㊼〔明〕劉侗、于奕正：《帝京景物略・春場卷》，六五頁，北京，北京出版社，一九六三。
㊽〔晉〕崔豹：《古今注・輿服》：「白筆，古珥筆，示君子有文武之備焉。」
㊾〔元〕脫脫等：《宋史・輿服志》卷十八，五一九頁，北京，中華書局，一九七七。
㊿〔清〕吳長元輯：《宸垣識略》卷十六，三五〇頁，北京，北京古籍出版社，一九八一。

蝴蝶

比蛾子漂亮的當然是蝴蝶。其翅膀和身體有鮮艷花斑，頭部有一對棒狀或錘狀觸角，翅寬大，停歇時翅豎立於背上。與蛾相似的是翅、體、足上均有一觸即落的塵狀鱗片。其差異之處在於蝴蝶多在白天活動。千姿百態的蝴蝶，展現給人們一個五彩繽紛的世界，使人感到人和自然的和諧與溫馨，因而人們賦之於「蟲國佳麗」、「會飛的花朵」、「大自然的舞姬」、「美的精靈」、「蟲國西施」、「百花仙子」等美名。[51]

蝴蝶與鬧蛾同為元夕、立春的節令物。在中國浩如煙海的詩詞寶庫中，吟詠蝴蝶的詩詞不勝枚舉。現存較早的詠蝶詩為漢樂府歌〈蜨蝶行〉。唐代李商隱以蝶入詩的有二十九首，內容涉及情愛、世情和人生際遇。在其名篇〈錦瑟〉中曾寫道：「莊生曉夢迷蝴蝶，望帝春心托杜鵑，滄海月明珠有淚，藍田日暖玉生煙。」李白在〈長干行〉中，則用「八月蝴蝶黃，雙飛西園草」，描述蝴蝶的成雙成對、翩翩飛舞，反襯夫妻的離愁別恨，意境悠遠。北宋謝逸曾做蝶詩三百首，如〈擬峴台〉「倦蝶舞酣花塢」、〈和饒正叔梅花〉「香迷野徑蝶難親」、〈梨花已謝戲作二詩傷之〉「舊日郭西千樹雪，今隨蝴蝶作團飛」、〈桂花〉「西風掃盡狂蜂蝶，獨伴天邊桂子香」等，時人呼之為謝蝴蝶。杜甫在〈曲江二首〉中寫道：「穿花蛺蝶深深見，點水蜻蜓款款飛。」南宋詩人楊萬里則在〈宿新市徐公店二首〉詩中云：「兒童急走追黃蝶，飛入菜花無處尋。」描述黃粉蝶在油菜花中飛舞的情景，蝶、花一色，蝶、花相映，以致難以辨認。[52]

有的蝴蝶是在布帛上直接繪畫而成，如黑龍江阿城金墓中王妃頭戴花株冠的額沿就有藍地黃彩蝶裝花羅額帶一條。帶前額部寬五・三公分。上印繪著四隻形態各異的金彩蝴蝶紋。其上還保留有繪金的痕跡，每隻

8.73〔金〕藍地黃彩蝶裝花羅額帶（引自《金代服飾—金齊國王墓出土服飾研究》）

8.74〔宋〕蘇漢臣《五瑞圖》局部

蝴蝶長八公分、寬四・八公分，四隻蝴蝶總長約三十五公分。原繫於花珠冠額沿部，帶紐繫結於冠後〔8.73〕。在宋蘇漢臣繪《五瑞圖》中，在一個兒童頭戴巾帽的兩側上繪有一個金蝴蝶形象〔8.74〕。

在明代墓葬中，有很多蝴蝶實物出土。例如，一九五七年南京太平門外崗子村吳忠墓出土的一對蝴蝶形金鬧蛾〔8.75〕，墓葬年代為洪武二十三年（一三九〇年），鬧蛾長七・三公分。[53]該實物是先用錘鍱工藝做成蝴蝶形狀，再用鏨刻工藝作出蝶翅上細密的紋飾。蝶鬚用金絲纏繞，雙目凸出。整個蝴蝶線條流暢，給人以展翅欲飛的姿態。同類還有一九八六年南京太平門外堯化門出土一件蝴蝶形金鬧蛾〔8.76〕。該物用錘鍱工藝製成蝴蝶展翅形狀，並用細花絲作出蝴蝶的輪廓線後焊在金片上。蝴蝶的長鬚用醋金

[51] 張建民、李傳仁、王文凱、謝廣林、楊亞珍：〈蝴蝶文化趣談〉，載《昆蟲知識》，二〇〇八（二），四五頁。

[52] 張建民、李傳仁、王文凱、謝廣林、楊亞珍：〈蝴蝶文化趣談〉，載《昆蟲知識》，二〇〇八（二），四五頁。

[53] 胡華強：《明朝首飾冠服》，六三頁，北京，科學出版社，二〇〇五。

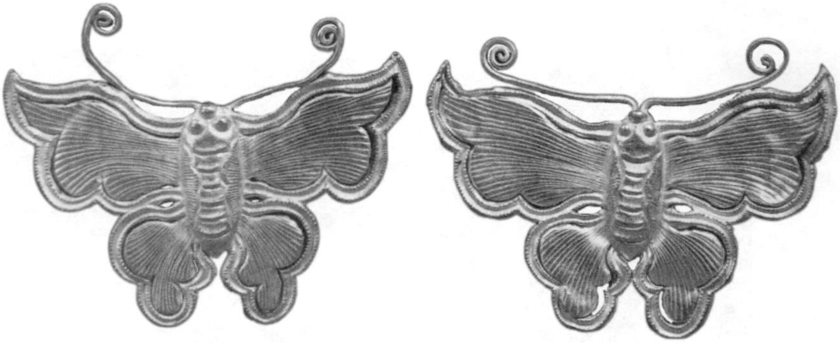

8.75〔明〕蝴蝶形金鬧蛾

8.76〔明〕蝴蝶形金鬧蛾

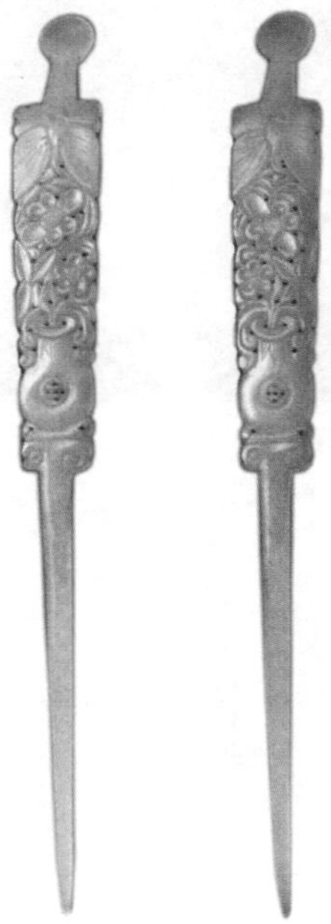

8.77〔明〕花蝶紋玉耳挖
簪一對

8.78〔明〕金鑲玉蝴蝶

8.80〔清〕金累絲嵌珠寶蝴蝶簪

8.79〔清〕金嵌珠寶蝴蝶簪

絲製成。蝶翅分為兩層，富有立體感。除了金飾，也有以玉為質的髮簪用蝴蝶圖案的例子，如明代花蝶紋玉耳挖簪一對〔8.77〕，長十八・六公分，頭寬一・九公分。白玉質，簪為扁平形，上端鏤雕寶瓶、花草和蝴蝶，一圓凹為掏耳，下端簪柄尖細，琢刻精細剔透。

還有金玉結合的例子，如上海黃浦區南市朱察卿墓明中期金鑲玉蝴蝶〔8.78〕，此蝶張翅露體，仿真作圓雕。翼邊呈波折，翅膀有多道陰刻線表示脈絡。大圓眼，吻前凸。背部有界線。尾部有皮囊線六條。玉蝶鑲在金托，長鬚前展，邊框上嵌紅寶石。與前者相似，清代也有類似的實物，如嘉慶金嵌珠寶蝴蝶簪，長八公分，寬七・五公分，簪為蝴蝶形。蝴蝶翅膀採用透空掐絲技法製成，上有嵌托，分別嵌紅、藍寶石。蝴蝶身體採用纍絲技法製成。身體兩側製出一對小翅膀，近觀似一隻小蝴蝶落在花朵上，遠看為一隻大蝴蝶。

清代工匠更是將點翠工藝應用於蝴蝶首飾，如清嘉慶金嵌珠寶蝴蝶簪〔8.79〕，十七・三公分，寬八・五公分，以金纍絲做出翅膀、身體，其上嵌紅藍色寶石，蝴蝶前有一嵌東珠、紅寶石花朵，翠羽裝飾蝴蝶和花朵。又如，台北故宮博物院藏金累絲嵌珠寶蝴蝶簪〔8.80〕和北京故宮博物院藏銀鎏金累絲嵌珠寶蝴蝶簪〔8.81〕。後者長十八公分，最寬四・五公分，銀

8.81〔清〕銀鎏金累絲嵌珠寶蝴蝶簪

8.82 天津藝術博物館藏〔清〕康濤《華清出浴圖》立軸

質鍍金，簪柄飾蝴蝶。蝴蝶的身體以銀鍍金累絲為托，頭部嵌紅寶石一枚，蝶翅為金托點翠，上嵌紅寶石及淡粉色碧璽各兩塊。蝶鬚嵌珍珠各一顆。這兩支簪的造形生動，工藝細膩，彩蝶似翩翩起舞，且「蝶」與「耋」同音，是延年益壽的象徵。清代康濤繪《華清出浴圖》〔8.82〕中剛剛出浴的楊貴妃雲鬢鬆綰，身披紅羅袍，兩位男裝宮女端著香露，跟隨其後。在楊貴妃的髮髻上插了一支蝴蝶簪，這與前面的蝴蝶簪實物對應，簪頭的蝴蝶好似隨簪戴者起舞一般。這也正應了宋代施清臣〈夜蛾兒〉詩句：「碧服銀鬚粉撲衣，又隨雪柳趁燈輝。怕寒還戀南華夢，凝佇釵頭未肯飛。」

就實際設計而言，中國古人習慣將蝴蝶與牡丹、桃花、菊花和梅花等花卉組合在一起，時稱「蝴蝶戲花」、「蝶趕花」和「蝶戀花」。「蝶戀花」原為唐教坊曲，本名〈鵲踏枝〉，宋晏殊詞改名為「蝶戀花」，取自梁簡文帝詩句「翻階峽蝶戀花情」，又名「黃金縷」、「卷珠簾」、「鳳棲梧」、「一籮金」、「魚水同歡」、「轉調蝶戀花」。宋詞中詞牌中的「蝶戀花」，分上下兩闋，共六十個字，一般用來填寫多愁善感和纏綿悱惻的內容，像柳永、蘇軾、晏殊等人的〈蝶戀花〉，都是歷代經久不衰的絕唱。

揚之水先生認為明代的蝶戀花設計構思大約來自五代、兩宋以來繪畫中的花卉草蟲寫生小品，曾流行於

8.83〔明〕銀鎏金鑲玉嵌寶蝶戀花啄針

8.84〔明〕鑲寶蝶趕菊鎏金銀簪

宋代纖繡，至明清為金銀首飾中最為常見的題材。[54]在《天水冰山錄》的首飾部分錄有「金廂蝴蝶穿梅翠首飾一副」、「金廂蝴蝶戲花珍寶首飾一副」、「金廂雙蝶牡丹珠寶首飾一副」、「金蝶戀花釵四根」等。當然，蝶戀花題材在明代首飾題材中是非常常見的，其實物如北京定陵出土一件銀鎏金鑲玉嵌寶蝶戀花啄針〔8.83〕。啄針上端為一朵白玉鑿刻的梅花，花蕊嵌紅寶石，以金絲做花蕊，梅花下面是蝴蝶，以金片做底托，做蝴蝶翅膀和身體，以綠色寶石鑿刻翅膀嵌於金片內，紅寶石嵌蝴蝶身體。金絲做觸鬚，頂端綴珍珠。

在明代頭面中，啄針只是十幾件首飾中的點綴飾件，所以造形和裝飾都比較簡單。相對複雜的是頂簪，如北京昌平定陵孝靖皇后墓出土鑲寶蝶趕菊鎏金銀簪〔8.84〕，這件鎏金銀簪子長二十五公分，簪首分為兩個部分，一部分是用白玉雕成的雙層寶相花（形似菊花），上下層之間鑲嵌紅、藍寶石一周，頂心花蕊嵌大紅寶石一塊；另一部分下層在碧玉托上嵌紅、藍寶石，雲形托上嵌珍珠，頂部為花絲工藝製作的蝴蝶，蝶背嵌有貓眼石一塊，蝶鬚上繫珍珠一對，花蝶之間及蝶後部還點綴有鎏金銀質的流雲。又如，曲江博物館藏的明累絲嵌寶蝶戀花金簪〔8.85〕，長十五・七公分，簪首長七・五公分，寬四・四公分，重十八・八

[54] 揚之水：〈明代金銀首飾中的蝶戀花〉，載《收藏家》，二〇〇八（六），四五頁。

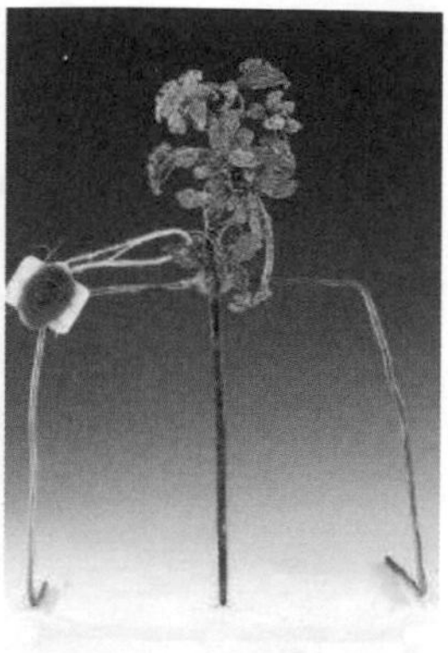

8.85〔明〕累絲嵌寶蝶戀花金簪

8.86〔清〕點翠嵌珊瑚寶蝴蝶耳挖簪

克。與前面兩件定陵出土的以寶石為主的工藝不同，後者更強調金累絲工藝。花卉和枝葉均以金累絲做出，當中花蕊嵌寶石，最下面的是金累絲蝴蝶，蝴蝶觸鬚以金絲做出漩渦狀，細節亦表現得足夠仔細工整。從北京定陵出土的明代銀鎏金鑲玉嵌寶蝶戀花啄針和玉嵌寶蝶趕菊鎏金銀簪分析，中國古人在製作蝴蝶簪的時候，為了突出動態感，特意將蝴蝶髯鬚做成可以活動的彈簧絲的形式。將其簪戴於頭上時，這些髯鬚會隨著人的行走而顫動。明代蔣之翹《天啟宮詞》句有「玉雲側掠輕移袖，怕著新娥鬧掃垂」，自注曰「宮人春日咸頭戴鬧蛾，掠風撩草，鬚翅生動」。[55]

在中國傳統文化的通俗比喻裡，蝴蝶象徵男子，花朵象徵女子，那麼「蝶戀花」是「才子佳人」與「才郎共淑女」願望的最直白表達。[56]到了清代，金銀首飾的製作工藝則在累絲、鑲嵌之外，又添出點翠一項。「蝶戀花」的題材依然為人所喜愛。清代同治元年（一八六二年）點翠嵌珊瑚寶蝴蝶耳挖簪〔8.86〕就是這樣的題材。銀鍍金、翠羽、珊瑚，再加上珍珠，銀絲編成簪首基底，其上加上蝴蝶金片，經由金屬絲連接成形，蝶翅可微微顫動，白色、深青、暗紅搭配，分外素雅。

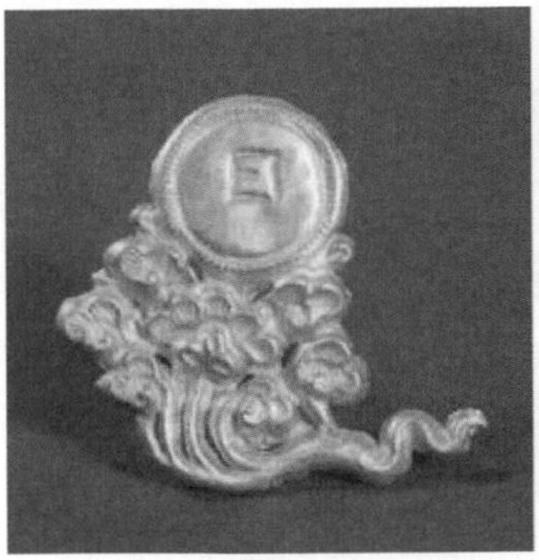

8.88〔明〕雲托「日」字紋金飾件

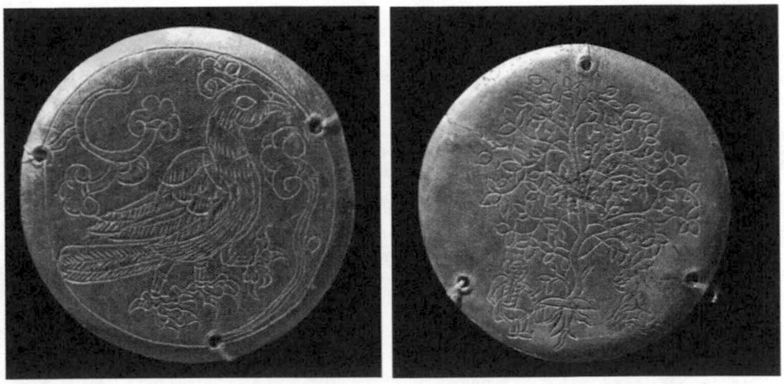

8.87〔遼〕雲月金片飾

雲月

雲月是一種雲托日、月的象形裝飾物。今人所見最早的雲月實物應屬內蒙古通遼市科左後旗吐爾基山遼墓出土遼代雲月金片飾〔8.87〕，直徑三・三公分。原本是縫綴在袍服肩部的飾品。金飾片畫面為一隻立於雲間的三足烏，象徵太陽；銀飾片畫面為桂樹、仙女和玉兔，象徵月亮。

四川廣漢發現的南宋窖藏玉器中，有一件雲月形的玉飾，高一・八公分、寬三・五公分，是一枚朵雲托著一枚圓月[57]。一九七〇年南京中央門外張家窪汪興祖墓出土明代雲托「日」字紋金飾件〔8.88〕，高四・五公分，寬三・六公分。金質，錘鍱雲頭托日圖案，下端祥雲彎曲繚繞，線條流暢細膩，上托一輪太陽，太陽中心錘鍱一「日」字，四周壓出均勻的短直線紋。又如一九七七年南京太平門外板倉徐輔墓出土明代正德十二年（一五一七年）雲托「日」「月」字紋銀飾件，高四・二公分，寬六・三公分，銀質，共兩件。用銀片錘鍱成祥雲托日、月的圖案。下端鏤

[55] 〔明〕朱權等：《明宮詞》，五〇、六二頁，北京，北京古籍出版社，一九八七。

[56] 擷芳主人：〈蝶戀花蜂趕菊〉，載《北京青年報》二〇一四-〇六-二〇。

[57] 邱登成等：〈四川廣漢南宋窖藏玉器〉，載《中國隋唐至清代玉器學術研討會論文集》，二五頁，圖七，上海，上海古籍出版社，二〇〇二。

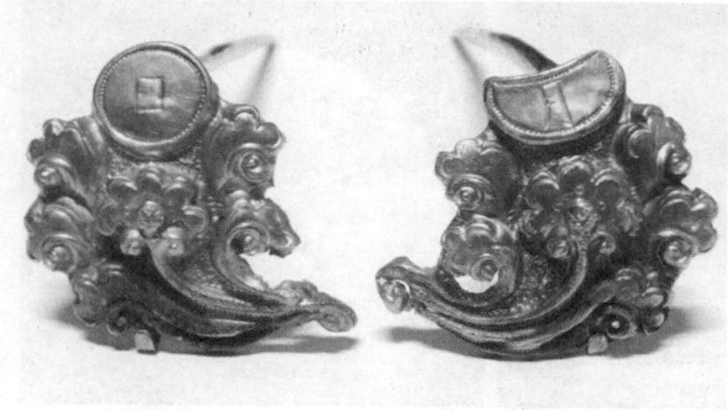

8.90〔明〕雲托日月紋純金掩鬢簪

8.89〔明〕雲托「日」「月」字紋銀飾件

8.92 戲曲刺繡展品（中國中華文化促進會織染刺繡藝術中心張琴提供）

8.91〔明〕唐寅《孟蜀宮伎圖》局部

8.94〔明〕雲日金掩鬢簪

8.93〔明〕金鑲寶雲月金飾

刻如意形祥雲紋，彎曲繚繞，雲上托圓形，中間分別錘鍱「日」「月」二字〔8.89〕。相同的實物還有私人收藏明代雲托日月紋純金掩鬢簪〔8.90〕，其中的月為半月形。整體構圖簡潔不繁縟，舒朗而大氣。這樣的紋樣金質和銀質的都有不少出土紀錄，在當時應該是流行的時樣。這些雲月與唐寅《孟蜀宮伎圖》中仕女所簪雲月極為相似〔8.91〕。另外，在二〇一四年國際刺繡藝術設計大展的戲曲刺繡展品中有一件戲劇人物圖〔8.92〕中，前有兩位仕女和山石，後有一青年男子站立，後面的背景即為雲朵造形，且雲朵上繡著一個「月」字。[58]

除了素金飾，還有金鑲寶的雲月形式，如二〇〇一年湖北省鍾祥市長灘鎮大洪村龍山坡明代梁莊王墓出土金鑲寶雲月金飾一對〔8.93〕、明代益宣王墓雲日金掩鬢簪一對〔8.94〕，形制相同，均作成一朵如意雲形，正面拱起，背面內凹，邊緣有四個小穿孔。如意雲頂金焊一個封底的素金托，托內「碗鑲」一顆大的寶石。一件長四公分，寬三・四公分，通高一公分，重十一・七克。金托為三角形，鑲嵌一顆三角形紅寶石。另一件，長四公分，寬三・二公分，通高一・二公分，重十・九克。金托為橢圓形，鑲嵌一顆圓弧面淡黃色的藍寶石。其共同特點是都不鏨字，而是分別用紅藍寶石象徵日月。毋庸置疑，紅色是日，藍色是月。更有甚者，北京定陵出土的明代金鑲寶髮簪〔8.95〕，只以紅藍寶石做簪頂，無任何紋樣，堪稱明代「極簡主義式樣」的代表。

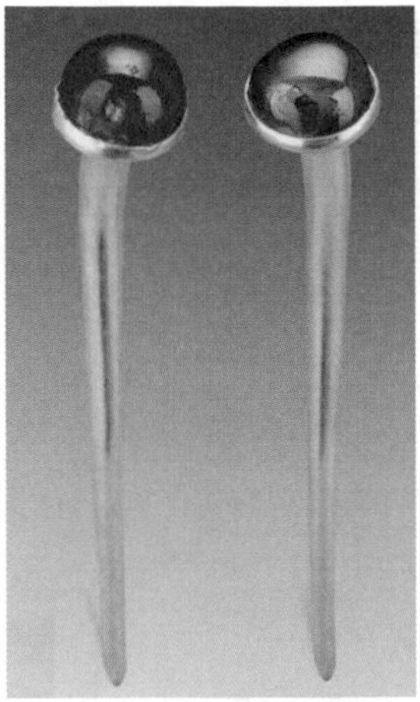
8.95〔明〕金鑲寶髮簪

[58] 張保華：《紡織藝術設計二〇一四年第十四屆全國紡織品設計大賽暨國際理論研討會二〇一四年國際刺繡藝術設計大展——傳承與創新》，北京，中國建築工業出版社，二〇一四。

宜男蟬

宋代金盈之《新編醉翁談錄》卷三〈京城風俗〉，記載正月裡婦人插戴飾物中提到了一種「狀如紙蛾，而稍加文飾」的「宜男蟬」[59]。宜男，是萱草的別名，又稱金針花、黃花菜、健腦菜，別名忘憂草，多年生草本，葉基生，排成兩列。花檸檬黃色，具淡的清香味。花果期五~九月。據傳，曾有一婦人因丈夫遠征，遂在家居北堂栽種萱草，藉以解愁忘憂，從此世人稱萱草為「忘憂草」。以宜男草編蟬，外形像蛾，但比蛾大，取求子寓意。李時珍《本草綱目》草部第十六卷注引周處《風土記》曰：「懷妊婦人佩其花則生男，故名宜男。」[60]又據南朝梁代宗懍（約五〇一—五六五年）《荊楚歲時記》記載：「都人上元夜作宜男蟬，似蛾而大。」[61]可見，早在魏晉南北朝時期的正月十五日夜裡，中國古人已經開始佩戴用宜男草編織的草編蟬，用以祈求婦女生子目的。當前，在四川錦里的草編藝人仍製作和出售各種草編蟬〔8.96〕。在四川北川還有棕櫚葉編織的昆蟲和生肖：蜻蜓、蟬、蜜蜂、螞蟻、蜘蛛、螳螂、蟈蟈、蜈蚣、蝴蝶、蝦等小昆蟲。

8.96 成都錦里草編蟬

古人認為蟬性高潔，《史記》卷八十四〈屈原賈生列傳〉，記載「其志潔，故其稱物芳。其行廉，故死而不容自疏。濯淖污泥之中，蟬蛻於濁穢，以浮游塵埃之外。不獲世之滋垢，皭然泥而不滓者也。」[62]蟬在最後脫殼成蟲之前，一直生活在污泥之中，等脫殼化為蟬時，飛到高高的樹上，只飲露水，可謂出淤泥而不染〔8.97〕。唐代文學家駱賓王〈在獄詠蟬〉說：「無人信高潔，誰為表予心。」更著名的莫過於唐代詩人虞世南〈蟬〉裡的「居高聲自遠，非是藉秋風」。

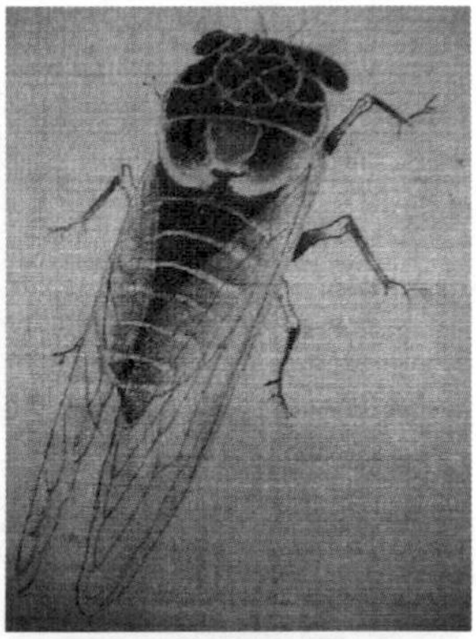
8.97 北京故宮博物館藏〔五代〕黃筌《寫生珍禽圖》

漢代是我國封建社會發展的繁榮鼎盛時期，尤其是西漢早中期，社會穩定，經濟繁榮，人們的生活條件得以改善，漢人開始幻想永生不死。《莊子・逍遙遊》云：「藐姑射之山，有神人居焉。肌膚若冰雪，綽約若處子，不食五穀，吸風飲露，乘雲氣，御飛龍，而遊乎四海之外；其神凝，使物不疵癘而年穀熟。」[63]漢代「神仙」的主要特徵是輕舉善飛，吸風飲露食玉，生不知老，這與蟬最為吻合。由此，喜蟬、崇蟬之風日盛。漢人認為，逝者入殮如同蟬入地冬眠，來年初春又能蛻殼復生、羽化升天的道理一樣。一些貴族富人階層，家中有人去世，便將一隻玉蟬放於逝者口中，以求「再生」；而把蟬佩於身上則表示高潔。在徐州漢墓出土的文物中，就有各式各樣的漢代蟬形玉琀。

明清時期，中國古人以金銀製像生蟬。其製作工藝精美，造形逼真。在無錫華復誠妻曹氏墓頭飾中挑心

---

[59]〔宋〕金盈之：《新編醉翁談錄》卷三，一〇頁，拜經樓抄寫本。

[60]〔明〕李時珍：《本草綱目》中冊，草部第十六卷，七一五頁，北京，華夏出版社，二〇〇八。

[61]〔南朝・梁〕宗懍撰：《荊楚歲時記》，九一頁，太原，山西人民出版社，一九八七。

[62]〔漢〕司馬遷：《史記》卷八十四，二四八二頁，北京，中華書局，一九五九。

[63]陳鼓應：《莊子今注今譯》，二八頁，北京，商務印書館，二〇〇七。

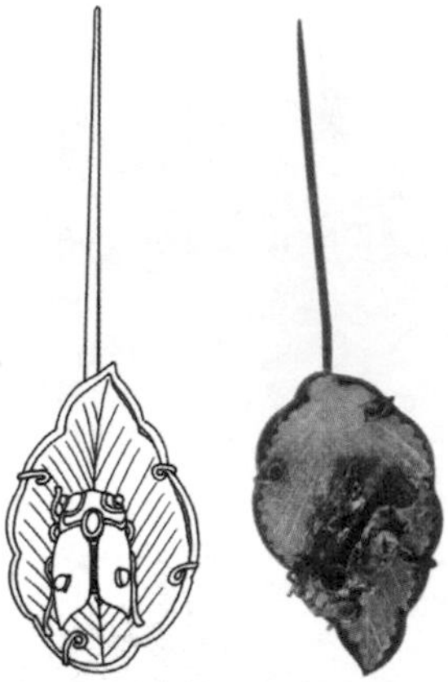

8.98〔明〕玉葉金蟬簪

8.99〔明〕金蟬玉葉髮簪

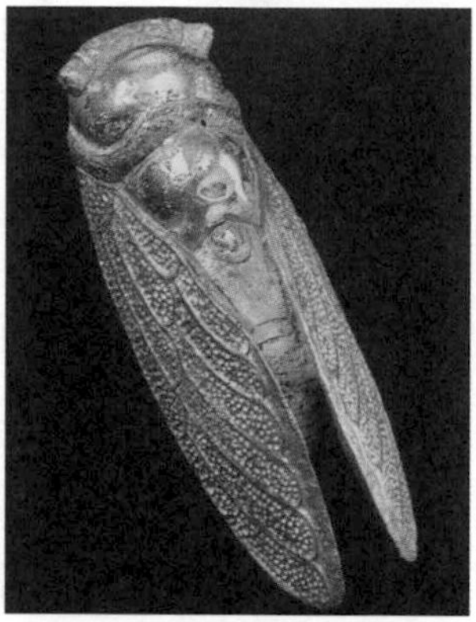

8.100 中國古代金蟬實物

的佛像簪的左右各插一支玉葉金蟬簪〔8.98〕。簪頭在銀托上嵌玉葉，葉上有鏨刻的葉脈紋理，上棲金蟬。蟬上嵌紅包石做眼睛和裝飾。在玉桐葉上棲息、奏鳴，寓意封建社會的「金振玉聲」和「一夜成名」。此外，一九五四年江蘇吳縣五峰山還出土了一件銀托金蟬玉葉髮簪〔8.99〕，用玉做成梧桐葉，外形扁薄，玲瓏剔透，長五・一公分。其上襯托一隻金光閃爍、形神畢肖的金蟬，蟬長二・四公分。全簪共重四・六五克。這樣的簪子通常為一對，是明代女性全套頭面之一，多用在狄髻上。遺憾的是其底托和簪腳已經遺失。其形象妙趣橫生，具有極高的藝術鑑賞價值。另外，在臺灣全圓藝術中心收藏品中也有一件金蟬實物〔8.100〕，該金蟬長九・五公分。明代金蟬風格寫實逼真，注重細節刻畫，製作異常精美，反映了明人的高超的細金工藝水平。清人做像生蟬更強調裝飾性，如銀鎏金累絲珊瑚點翠艾葉、蓮蓬、蟬簪〔8.101〕。其寫實性已經不如前代。受此影響，西方珠寶設計師也做了類似設計，如Joel Arthur Rosenthal就有一個以粉紅鑽石和藍寶石製成的嵌寶石銀蟬飾針〔8.102〕，呈現十八至十九世紀的珠寶風格。

除了宜男蟬和頭上裝飾用的金蟬、玉蟬，中國古代還有一種以

8.101〔清〕銀鎏金累絲珊瑚點翠艾葉、蓮蓬、蟬簪

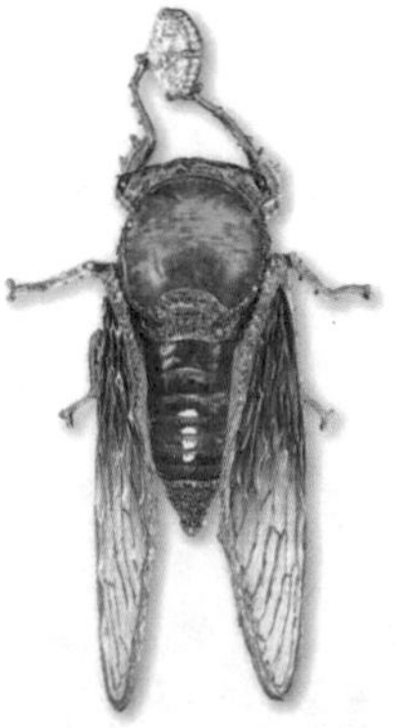

8.102 Joel Arthur Rosenthal
嵌寶石銀蟬飾針

蟬為主題的圖案，叫做「孟家蟬」。據宋人朱彧《萍洲可談》卷一：「孟氏作後，京師衣飾畫作雙蟬，目為孟家蟬。識者謂蟬有禪意，久之後竟廢。」[64]宋人熊克《中興小記》卷五引朱勝非《閒居錄》曰：「紹聖間，宮掖造禁纈，有匠者姓孟，獻新樣兩大蝴蝶相對，繚以結帶，曰『孟家蟬』，民間竟服之。」[65]可知，孟家蟬是一種雙蟬相對，且裝飾綬帶的裝飾紋樣。這在宋代頗為流行，許多詩詞中也有記載，如宋代姜夔〈觀燈口號〉詩之三云：「遊人總戴孟家蟬，爭托星球萬眼圓。」岳珂〈宮詞〉（第七十八首）：「宮樣新裝錦襭鮮，都人爭服孟家蟬。」但考察圖像，雖有很多近似，如宋人繪《大儺圖》中人物所穿服裝上就有相對蝴蝶圖案〔8.103〕。

孟家蟬其名稱來源相傳甚多，第一種可能原是從宋代潘元質（汾）自度曲牌。故清代張德瀛《詞徵》卷一云：「〈孟家蟬〉九十七字，潘元質所創調也……姜堯章詩『遊人總戴孟家蟬』，張伯雨詞『玉梅金縷孟家蟬』，指此。」[66]第二種為宋代著名妓女的名

[64]〔宋〕朱彧：《萍洲可談》卷一，一五頁，北京，中華書局，一九八五。
[65]〔宋〕熊克：《中興小記》卷五，九頁，廣雅書局，一九二〇。
[66]王弈清、唐圭璋：《詞話叢編》第五冊，四〇八九頁，北京，中華書局，一九八六。

8.103 宋人繪《大儺圖》中的「孟家蟬」

字。宋人周密《武林舊事》卷六〈歌館〉，記載平康諸坊「皆群花所聚之地……前輩如賽觀音、孟家蟬、吳憐兒等甚多，皆以色藝冠一時，家甚華侈」。[67]兩者比較，似乎前者更為可信。

菩提葉

菩提葉為菩提樹之葉，葉子呈雞心形，是中國古代元夕節，婦女插在頭上的應景裝飾〔8.104〕。例如，宋代孟元老《東京夢華錄》卷六〈正月十六〉[68]和周密《武林舊事》卷六記載婦人所戴的元夕節物中都有「菩提葉」[69]。菩提樹原產於印度，後隨佛教傳入中國。相傳釋迦牟尼在菩提樹下修得正果，從而成佛，所以菩提樹也受到人們的珍視。為了滿足節日之需，也有用紙絹做成菩提葉者。在北宋都城汴京，南宋都城臨安，還有不少專賣這類飾物的小販，穿梭往來於街巷之中。北京故宮博物院還藏有清代菩提葉佛教繪畫作品〔8.105〕。

8.105〔清〕菩提葉佛教繪畫作品

8.104 菩提樹與菩提葉

正月・晦日

正月的最後一天是「晦日」。魏晉之前的正月元日到晦日之間，人們要到水邊或操槳泛舟，或臨水宴樂，或漂洗衣裙。據說這樣做，是為了消災解厄。魏晉南北朝後期，這種活動漸漸地集中在晦日當天，且其最初的消災解厄的意義反而讓位給了遊水賞春。

輕灰吹上管，落螢飄下蒂。遲遲春色華，畹畹年光麗。

（〔北魏〕盧元明〈晦日泛舟應詔詩〉）

裊裊春枝弱，關關新鳥呼。棹唱忽逶迤，菱歌時顧慕。睿賞芳月色，宴言志日暮。猶豫慰人心，照臨康國步。

（〔北齊〕魏收〈晦日泛舟應詔詩〉）

從前引詩中，我們可以看到北朝時，皇帝和臣僚們元月晦日在水中泛舟遊玩的情景。此時，還有晦日送窮的習俗。傳說南北朝時有個叫瘦約的乞丐，終

---

67 〔宋〕周密：《武林舊事》卷三，一六二頁，北京，中華書局，二〇〇七。
68 〔宋〕孟元老：《東京夢華錄》卷六，四一頁，北京，中國商業出版社，一九八二。
69 〔宋〕周密：《武林舊事》卷三，一六二頁，北京，中華書局，二〇〇七。

年衣不蔽體，稀粥充腹。人們好意送的衣服，他都要撕壞、燒出破洞後才穿。大家便稱其為「窮子」。後來，瘦約死於正月晦日。隨後，人們便在每年的正月晦日這天用粥和破衣在巷中祭祀瘦約，並稱這種活動為「送窮鬼」。

立春・春燕

農曆二月四日是中國二十四節氣中的第一個節氣——立春。由於立春是四時之始，而受到人們的特殊重視。從漢代始，「迎春」就已成為一項國家的公共禮儀活動。至明清時期，社會統治者更是將迎春禮儀制度化[70]。各地的迎春儀式更為熱鬧。明代田汝成在《西湖遊覽志餘》卷二十，為我們描述了嘉靖年間杭州的迎春活動，在立春前十日「縣官督委坊甲，整理什物，選集優人、戲子、小妓，裝扮社夥，如昭君出塞、學士登瀛、張仙打彈、西施採蓮之類，種種變態，競巧爭華，教習數日，謂之演春。」[71]除了行鞭春禮、掛「春幡」、食春盤、五辛盤（用五種有辛味的生菜拼合而成菜食）外，人們還會剪綵帛為燕形簪插在頭上。這是因為燕子的出現預示著一個新的播種季節的開始。它的使用充滿了中國古代農業文明的氣息。

春牛

春牛在迎春儀式中為主角。古時習俗，立春日勸農春耕，用泥捏紙粘而成的象徵性的牛，也叫「土

8.106〔明〕金累絲伏牛望月簪

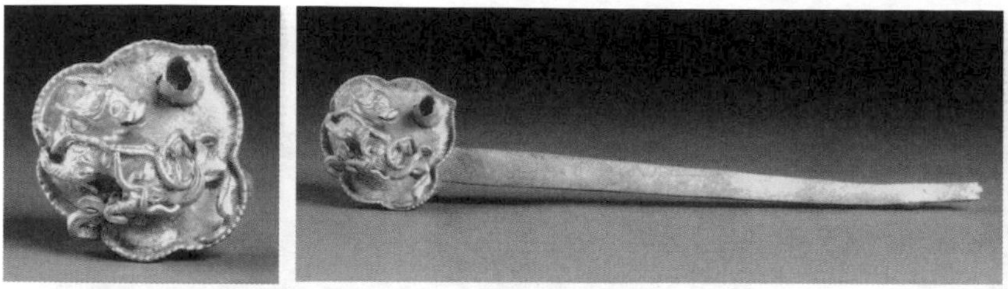
8.107〔清〕伏牛望月金簪

牛」。在「立春」日要進行迎春儀式，由人扮成主管草木生長的「句芒神」，鞭打春牛；由地方官吏行香主禮，叫做「打春」或「鞭春」。舊時曆書和漢族民間木版年畫上，常印有春牛圖案，大體都是按古時「打春牛」的情景描繪，寓意迎春天，農事始，五穀豐。鞭春牛又稱鞭土牛，盛於唐、宋兩代，尤其是宋仁宗頒布《土牛經》後。

一九七五年南京中山門外出土明代伏牛望月金簪〔8.106〕一枚，長十一・七公分，簪首直徑二・四公分。簪針扁平，簪首作如意雲形，上臥一金牛，身披金絲綬帶，前蹄騰空，回首翹望。牛首右上方焊一圓形金托，內嵌寶石已經丟失，為一幅「伏牛望月」圖。此外，春牛的像生首飾如北京海澱區索家墳出土清代金累絲伏牛望月金簪〔8.107〕，長十五・四公分，重十六・九克，上鈿金牛一枚，釵頂雕刻明月，恰似伏牛望月之勢。

春燕

彩燕，也稱「春燕」或「縷燕」〔8.108〕。據南朝梁代宗懔《荊楚歲時

70 〔明〕俞汝楫編：《禮部志稿》卷二十二〈進春儀〉記載，永樂中定：「每歲，有司預期塑造春牛並芒神。立春前一日，各官常服，輿迎至府州縣門外，土牛南向，芒神在東西向。」

71 〔明〕田汝成：《西湖遊覽志餘》卷二十，三五四頁，上海，上海古籍出版社，一九五八。

8.108 嬉戲的燕子

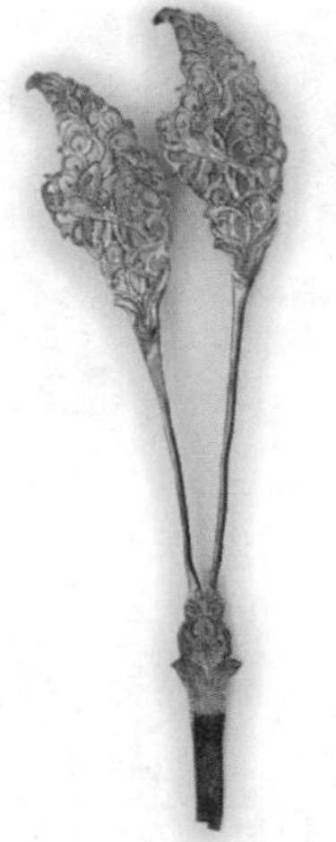

8.109 西安博物院藏〔唐〕鎏金雲雀紋銀簪

記》：「立春之日，悉剪綵為燕以戴之，帖『宜春』二字。」隋杜公瞻注引傅玄〈燕賦〉：「四時代至，敬逆其始。彼應運於東方，乃設燕以迎至。翬輕翼之歧歧，若將飛而未起。何夫人之功巧，式儀形之有似。銜青書以贊時，著宜春之嘉祉。」[72]可知早在南北朝時期，中國古人已有簪燕示春的先例。

到了唐代，中國先民簪彩燕迎春的例子漸多。唐人冷朝陽〈立春〉詩云「彩燕表年春」、李遠〈立春日〉：「釵斜穿彩燕，羅薄剪春蟲。」這種「穿燕釵」是一種以燕為形的像生釵，如一九八六年陝棉十廠出土唐代鎏金雲雀紋銀簪〔8.109〕，長二十五．五公分，簪體扁平，簪首為雙葉，其間裝飾一對長鳳尾，面上鏨刻層層流雲，雲上各飛一隻雲雀，尖嘴圓目，雙翅齊展，長尾施後，自由翱翔。簪體結構巧妙，簪首薄而寬大，鏨滿流雲與雲雀，它是採用中國傳統「繪畫」形式，將雲雀的羽毛刻畫得非常細密，尤其腹羽，細如絲髮，富有鬆柔的毛感，表現出雲雀向上飛翔的意境，加上鎏金簪插在烏黑色的高髻上，便帶有高貴豔麗的氣質。又如，私人收藏鎏金雙春燕銀簪〔8.110〕，長十四．八公分，以鎏金銀片鏨刻出一對駐足於巢上燕子的形狀，短喙、烏羽、翅膀、尾羽、爪表現俱佳。眼睛原嵌寶石，現已遺失。簪腳上鏨刻梅花紋樣。當然，此時除了象徵春天到來的燕形簪，也還有

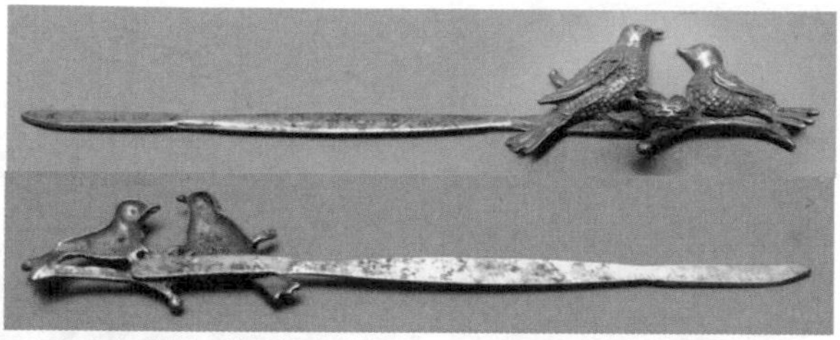
8.110 私人收藏　鎏金雙春燕銀簪

8.111〔南宋〕李嵩《市擔嬰戲》局部

雀形或鳥羽簪，如白居易〈長恨歌〉「花鈿委地無人收，翠翹金雀玉搔頭」中的「翠翹金雀玉搔頭」、孟浩然〈庭橘〉中的「骨刺紅羅被，香黏翠羽簪」中的「翠羽簪」、李華〈詠史〉「泥沾珠綴履，雨濕翠毛簪」中的「翠毛簪」，等等。

至宋代，立春日頭戴彩燕成為風俗。這在宋人的詩詞中有諸多記載，如宋代王珪〈立春內中帖子詞・其三・夫人閣〉「彩燕迎春入鬢飛」、吳文英〈解語花・立春風雨中餞處靜〉「花鬢愁、釵股籠寒，彩燕沾雲膩」和崔日用〈奉和立春遊苑迎春應制〉「瑤筐彩燕先呈瑞，金縷晨雞未學鳴」。宋代城鄉經濟的繁榮，喚起了畫家們對世俗生活的興趣。當時繪畫的主題增加了表現普通市民平凡瑣細的日常小景內容的風俗畫和節令畫。在傳南宋李嵩繪《市擔嬰戲》〔8.111〕和《貨郎圖》〔8.112〕中擔貨遊販的頭巾上就插有一隻作展翅低首俯銜狀的黑色燕子。這或是宋明時期北方地區用烏金紙剪成燕形的「黑老婆」。證以明代周祈《名義考》：「北俗……元日剪烏金紙，翩翩若飛翔之狀，簪之謂之『黑老婆』……即彩燕之遺也。」除了黑色，也還有白色，如傳宋代蘇漢臣《貨郎圖》中的貨郎頭上也簪戴著一支白色的春燕〔8.113〕。此外，在台北故

⑫〔南朝・梁〕宗懍：《荊楚歲時記》，一二頁，長沙，岳麓書社，一九八六。

8.113 傳〔宋〕蘇漢臣《貨郎圖》

8.112〔南宋〕李嵩《貨郎圖》

8.114〔宋〕錢選《招涼仕女圖》

宮博物院藏宋代錢選《招涼仕女圖》〔8.114〕中，兩位舉止嫻雅的宋代貴婦，手持著圓扇，相偕在庭院中漫步。其中，右側的那位身穿對襟背子、長裙的女婦頭戴高高的白紗花冠的蓮花底座上，斜伸出的枝條上也裝飾有一隻白色的燕形飾物。這類春燕的實物如私人收藏南宋鎏金禽鳥卷雲簪〔8.115〕。簪首以金片鏨刻禽鳥，頭似鴛鴦、身似雀、尾似鳳凰，尾後又捲雲紋。雙翅張開，做飛翔狀，身上羽毛表現清晰。

元明時期的貴族女性還用金銀錘鍱、鏨刻等工藝做出精緻立體的燕形，如株洲丫江窖藏金花鳥銀腳步搖，通長二十三公分、重十七・二克。環繞著折枝牡丹的一對蝴蝶、兩隻燕雀以薄金片鏨刻成形。同樣的例子又如在湖南益陽市八字哨關王村宋元窖藏出土元代銀片和銀絲製成春燕飾品〔8.116〕。它是將簪首製成盛開的瓊花、花苞和幾片慈姑葉，並在其上用彈簧絲綴燕形，殘長十一・二公分、花寬九公分、重五・五克。當然，還

8.115 私人收藏〔南宋〕鎏金禽鳥卷雲簪

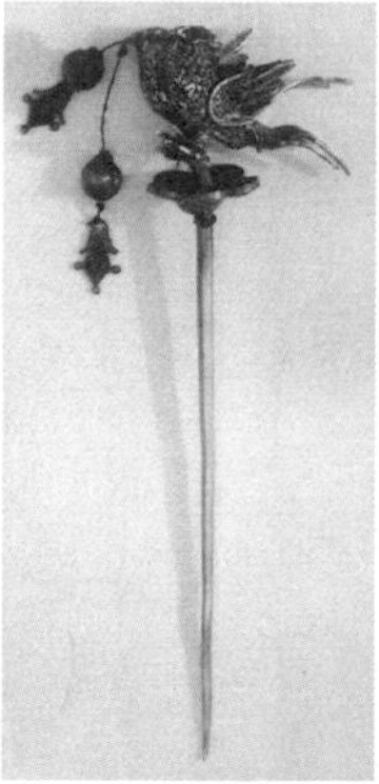

8.117〔明〕雙鸞銜壽果金簪

8.116〔元〕春燕銀飾品

有更為精緻的例子，如北京定陵明代孝靖皇后棺內出土一對雙鸞銜壽果金簪〔8.117〕，頂端為花絲梅花托，花心伸出兩條用無芯螺絲做成的花蕊，像彈簧一樣，其上站立花絲製作的鸞鳥一對，口繫壽果與方勝滴，兩隻鸞鳥的身和翅膀，用金絲掐製成小卷紋，直徑〇・一八公釐、長〇・九公釐，密密堆壘而成。鳥尾採用鏨花工藝，中間契筋，兩邊組絲（鏨花的一種技法，鏨雕出平行細線效果）。鳥眼用花絲圍「松」[73]，經組裝焊接做成的雙鸞鳥，站在花蕊上，能隨時顫動，好像展翅欲飛。與這些實物相對應的明人簪春燕首飾的形象如唐寅所畫《孟蜀宮伎圖》中盛裝宮伎中的中間正面者。該宮伎雲髻高聳，兩側飾春花，頭戴小冠，冠頂部簪有一隻小巧的春燕。其形象正可與元代湖南益陽

[73] 將螺絲繞在一根粗絲上，在每個圓圈的對口處剪斷放平後，再吹一小珠放在上邊焊好即成為「松」。

8.118 揚州博物館藏〔清〕花鳥嵌寶金簪

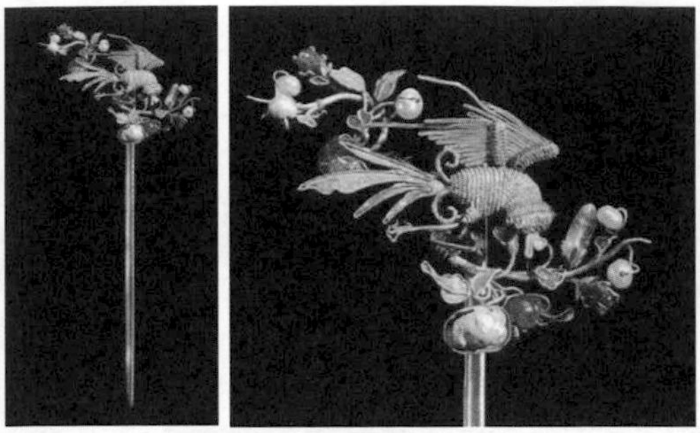
8.119〔清〕金累絲鑲寶石嵌珠花鳥首簪

宋元窖藏出土春燕飾品和北京定陵出土明代雙鸞銜壽果金簪相互比對。

將春燕花卉簪插於女子髮髻間，稍有走動，春燕便會不停地抖動，好似穿梭於花卉叢中，生氣勃勃。其實物如揚州博物館館藏清代花鳥嵌寶金簪〔8.118〕，是在兩叢花葉中棲息一隻小鳥。在花瓣和花蕊中同樣鑲嵌了珍珠和紅寶石，花叢中的小鳥傳神可愛，凸眼長尾，歪著腦袋，背上也用紅寶石裝飾。又如，清早期金累絲鑲寶石嵌珠花鳥首簪〔8.119〕，共重十三克。簪柄細長，柄端一孔，金絲穿孔盤繫成螺絲狀，上飾花卉綬帶鳥圖案，以累絲製多層鳥羽，金片錘打、鏨刻成尾翼，以拉絲技法製為雙翅，造形生動，裝飾層次分明。四周以珍珠、紅藍寶石、碧璽裝飾花卉、花蕊，色彩艷麗，工藝繁複。

春雞

除了燕子外，宋人還有以雞形為迎春之飾的風俗。其名曰「春雞」或「彩雞」。宋代龐元英《文昌雜錄》：「唐歲時節物……立春則有彩勝、雞燕。」[74]南宋陳元靚《歲時廣記》卷八〈立春・為春雞〉引万俟公（万俟詠）〈立春〉詞：「彩雞縷燕已驚春，玉梅飛上苑，金柳動天津。」（編按：此為万俟詠〈臨江仙〉詞）和〈春詞〉：「彩雞縷燕，珠幡玉勝，並歸釵鬢。」[75]（編按：万俟詠現存作品並無此詞。但宋人無名氏〈失調名〉詞則有與《歲時廣記》所引幾近相同的詞句：曉日樓頭殘雪盡。乍破臘、風傳春信。彩燕絲雞，珠幡玉勝，並歸釵鬢。）

雞在中國人心目中是一種身世不凡的靈禽，宋代李昉等輯成的類書《太平御覽》卷九一八，引漢代《春秋運斗樞》：「玉衡星散為雞」[76]，即雞是天上星宿下凡。北宋睦庵（善卿）所編的佛學辭典《祖庭事苑》卷五也說：「人間本無金雞之名，以應天上金雞星，故也。天上金雞鳴，則人間亦鳴。」[77]古代帝王每逢出巡，儀仗中有二十八星宿旗，相配二十八禽，其中「昴宿雞」上繪七星，下繪雞，叫「昴日雞」。由於雞世司守夜，故謂「常世之鳥」。在中國古人心中，黑夜是陰間鬼魅橫行的時間，雞鳴則天明，因此，雞成為能使太陽復出，驅邪逐鬼的神鳥。晉代王嘉撰《拾遺記》卷七：「建安三年，胥徒國獻沉明石雞，色如丹，大如燕。常在地中，應時而鳴。聲能遠徹。」[78]除了報時，雞形也象徵著春天的到來。在古代國人的觀念裡，雞是具有文、武、勇、任、信「五德」的家禽，如漢代韓嬰撰《韓詩外傳》卷二形容雞「君獨不見夫雞乎！首戴冠者，文也。足搏距者，武也。敵在前敢鬥者，勇也。得食相告，仁也。守夜不失時，信也。雞有此五德」。[79]此外，雞在漢語中，又與「吉」諧音，無形中又增加了祈福納吉的價值。從雞的風俗象徵上說，雞

[74]（宋）龐元英：《文昌雜錄》卷三，二六頁，北京，中華書局，一九五八。
[75]（宋）陳元靚：《歲時廣記》，八一頁，上海，商務印書館，一九三九。
[76]（宋）李昉等輯：《太平御覽》卷九一八，三五〇頁，石家莊，河北教育出版社，二〇〇〇。
[77]（北宋）睦庵（善卿）：《祖庭事苑》第三冊，一一頁，京都大學圖書館谷村文庫藏。
[78]（晉）王嘉：《拾遺記》卷七，一六六頁，北京，中華書局，一九八一。

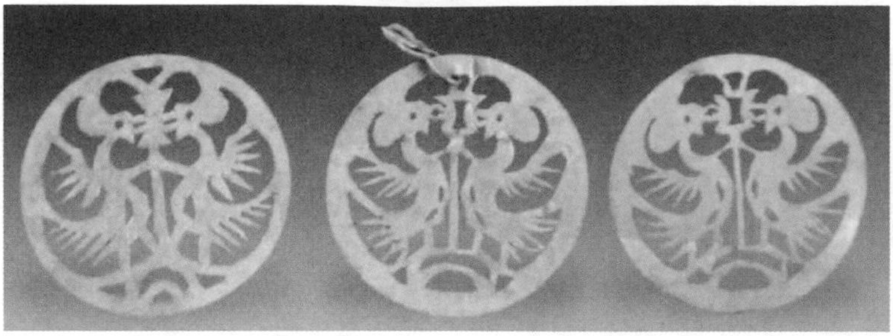

8.120 鎮江博物館藏〔東晉〕鏤刻雙雞紋金花飾片

在古代文化中象徵著驅逐邪惡，在臘月歲終送刑德迎春神（元旦為雞日）的寓意。

春雞以金箔剪裁成形，其實物如一九八一年江蘇鎮江李家大山六號東晉墓出土三件鏤刻雙雞紋金花飾片〔8.120〕，直徑二公分，重〇・三五克，錘鏨成圓形薄片，中間鏤雕雙雞紋樣，紋飾精緻。其中一件還留有掛鉤。

春雞的形象常被古人用於迎春之飾，例如臨近宋、金時期汴京（開封），今河南中部迤北的新鄉延津縣出土宋代陶瓷貴婦人偶髮髻上的黃褐色雞形飾品（原文稱「戴金（黃釉）鳳冠」[80]〔8.121〕。與彩燕不同，春雞既不是彩帛，也不是用烏金紙剪成，而是「以羽毛雜繪彩」[81]製成。查看圖像可知，宋人用鳥羽粘縫出的春雞和春燕，一般只做出雙翅的造形，而不是雞和燕的全形。粘縫後的鳥羽使用時繫縛簪釵上，插於兩鬢。例如，在河北曲陽王處直墓出土彩繪浮雕武士石刻〔8.122〕，高一百一十三・五公分，寬五十八公分，厚十一・七公分。武士頭盔的兩側就飾有鳥翅。而在武士頭後還有一隻雄雞，其腳下踏著一隻春牛。「春雞」「土牛」都是春天的標誌和象徵。所以，筆者認為該武士頭盔上兩側的翅羽上應有「春雞」的簡略形式。這種翅羽的例子還有很多，如河南中部許昌地區出土的宋代陶瓷武士偶頭冠的兩側也有翅羽裝飾（原文稱「鳳翅盔」）〔8.123〕[82]。此外，宋人也有將鳥羽編綴成帽形扣戴於頭部的例子，如《大儺圖》中身著怪異假形服飾的人物形象〔8.124〕。

8.121〔宋〕陶瓷貴婦人偶

8.122〔五代〕彩繪浮雕武士石刻

8.123〔宋〕陶瓷武士偶（引自《文物》二〇〇六年第二期）

8.124〔宋〕《大儺舞》

79 〔漢〕韓嬰：《韓詩外傳》卷二，七〇頁，台北，台灣商務印書館，一九七九。

80 貴婦偶像高三十二公分。灰黃色胎酥鬆，施化妝土，罩玻璃釉，色微黃，多細碎開片。模製，底部有透氣孔。整個造形是一位貴婦坐於椅台上，頭部簪花包髻，博鬢，戴金（黃釉）鳳冠，黑彩塗繪表示頭髮，頭後部的包髻巾為紅色，髮半露，梳鬆。黑彩繪眉、眼，紅彩點唇，鬢兩側有細細的髮綹垂下。望野：〈河南中部迤北發現的早期釉上多色彩繪陶瓷〉，載《文物》，二〇〇六（二）。

81 〔宋〕陳元靚：《歲時廣記》，八一頁，上海，商務印書館，一九三九。

82 武士偶高二十二・六公分。灰胎，施化妝土，罩玻璃釉，有少量開片。模製。黑彩繪眉、眼、鬍鬚和盔的輪廓。黃、綠、紅彩點綴武士頭頂的鳳翅盔，盔頂有珠。臥蠶眉，丹鳳眼，棗紅臉，闊口白齒，濃鬚長髯，大耳垂肩，耳後有紅色垂纓。著綠色紅黃彩輪花袍，腹部紅彩籐黃花圍肚，繫黃色軟巾，腰扎革帶。右手按單盤腿的膝部，左手抱一隻紅嘴黃毛長尾鼬。望野：〈河南中部迤北發現的早期釉上多色彩繪陶瓷〉，載《文物》，二〇〇六（二）。

春幡

除了前面的像生飾物外，還有「春幡」，也稱「幡勝」「彩勝」「彩幡」「年幡」的節令物。古代立春之日，剪有色羅、絹或紙為長條狀小幡，戴在頭上，以示迎春。春幡是用金銀箔羅彩製成，為歡慶春日來臨，用作裝飾或饋贈之物。此俗起於漢，如《後漢書・禮儀志》記載：「立春之日，夜漏未盡五刻，京師百官皆衣青衣，郡國縣道官，下至斗食令史，皆服青幘，立青幡。」[83]至唐、宋時，春幡之製作更為精巧。

至唐宋時期，春幡流行成風尚，其文獻記載很多，如南宋陳元靚《歲時廣記》卷八「立春・簪春幡」，記載：「春日，刻青繒為小幡樣，重累十餘，相連綴以簪之。亦漢之遺事也。古詞云『彩縷幡兒花枝小。鳳釵上、輕輕斜裊。』稼軒詞云『春已歸來，看美人頭上，裊裊春幡。』陳簡齋春日詩云『爭新遊女幡垂鬢』，山谷詩云『鄰娃似與春爭道，酥酒花枝剪綵幡。』」[84]又如，宋代高承《事物紀原》卷八〈歲時風俗・春幡〉引：「《續漢書・禮儀志》曰：『立春之日，京都立春幡』。《後漢書》曰：『立春皆青幡幘』。今世或剪綵錯緝為幡勝，雖朝廷之制，亦鏤金銀或繒絹為之，戴於首。亦因此相承設之。或於歲旦刻青繒為小幡樣，重累凡十餘，相連綴以簪之。此亦漢之遺事也。俗間因又曰『年幡』，此亦其誤也。」[85]

宋代詩詞中歌詠春幡春勝的不少。如蘇軾〈次韻曾仲錫元日見寄〉：「蕭索東風兩鬢華，年年幡勝翦宮花。」蘇轍〈奉使契丹二十八首・春日寄內〉：「插髻小幡應正爾。」在宋人繪《五瑞圖》中就有頭戴春幡的人物。宋代還興朝廷賜大臣春幡春勝之俗。如《宋史・真宗紀二》：「詔宮苑、皇親、臣庶、第宅飾以五彩，及用羅製幡勝、繒帛為假花者，並禁之。」[86]又如，宋代孟元老《東京夢華錄》卷六〈立春〉：「春日，宰執親王百官，皆賜金銀幡勝。入賀訖，戴歸私第。」[87]

有時在彩幡旁多附綴成雙的彩燕，如宋代晏殊〈辛春日詞・御閣〉詩云「彩幡雙燕祝春宜」。婦女立春戴春幡、春勝的風俗至明代不曾衰落，如田汝成《西湖遊覽志餘》卷二十〈熙朝樂事〉，記載立春時：「民間婦女，各以春幡春勝，鏤金簇彩，為燕蝶之屬，問遺親戚，綴之釵頭。」[88]

春蟲

釵斜穿彩燕，羅薄剪春蟲。巧著金刀力，寒侵玉指風。娉婷何處戴，山鬢綠成叢。

（〔唐〕李遠〈立春日〉）

這些昆蟲是在春夏萌動，其俗源自唐代。宋代首飾的春蟲題材大體源自宋代蟲鳥花卉繪畫。至明代，春蟲也稱草蟲，主要包括蜜蜂、蜻蜓、蜘蛛、螞蚱、蟈蟈、蟾蜍、蠍虎、蟬、螃蟹、魚、蝦等。以草蟲之形做成啄針簪首，因其活潑俏麗的裝飾效果，已成為婦女日常簪戴的流行物件，明墓考古發掘也發現了若干此類

[83]〔南朝〕范曄：《後漢書》卷九十四，三一〇二頁，北京，中華書局，一九六五。
[84]〔宋〕陳元靚：《歲時廣記》，八〇頁，上海，商務印書館，一九三九。
[85]〔宋〕高承：《事物紀原》卷八，四二六頁，北京，中華書局，一九八九。
[86]〔元〕脫脫等：《宋史》卷七，一三七頁，北京，中華書局，一九七七。
[87]〔宋〕孟元老：《東京夢華錄》卷六，一〇一頁，貴陽，貴州人民出版社，二〇〇八。
[88]〔明〕田汝成：《西湖遊覽志餘》卷二十，三五五頁，上海，上海古籍出版社，一九五八。

實物。在明代《天水冰山錄》中有許多草蟲首飾的名稱，如金鑲玉草蟲首飾一幅（計十一件，共重十六兩一錢）、金鑲草蟲點翠嵌珠寶首飾一幅（計十一件，共重十八兩二錢）、金鑲草蟲嵌珠寶首飾一幅（計九件，共重九兩二錢）[89]等。草蟲簪題材豐富，大小不一，可為單件，也可成對，或做成一副繁瑣的頭面，如《金瓶梅》第二十回說潘金蓮拿抿子與李瓶兒抿頭，「見他頭上戴著一副金玲瓏草蟲兒頭面，並金累絲松竹梅歲寒三友梳背兒，因說道：『李大姐，你不該打這碎草蟲頭面，只是有些抓住了頭髮，不如大姐姐頭上戴的這金觀音滿池嬌，是揭實枝梗的好』」[90]。第九十回：「那來旺兒又取一盒子各樣大翠鬢花，翠翹滿冠，並零碎草蟲生活來。」[91]盛妝時，草蟲簪是整副頭面中破解奢華的風情點綴，寫實生動又見俏麗和情趣，還蘊含著許多與婚姻、愛情相關的寓意。宋代朱繼芳有〈草蟲便面〉詩：「蝶舞蜂歌倦，蜻蜓看未休。誰知織婦意，方夏已思秋。」

8.125〔元〕金蜻蜓

8.126 江蘇無錫錫山藏珍館藏〔明〕蜻蜓金簪

蜻蜓是春蟲中最常見的內容。宋代陶穀《清異錄》卷上〈百蟲門・塗金折枝蜻蜓〉記載：「後唐宮人或網獲蜻蜓，愛其翠薄，遂以描金筆塗翅，作小折枝花子，金線籠貯養之。爾後上元賣花，取象為之，售於遊女。」[92]這是用蜻蜓翅膀做花鈿簪於首的又一例子。蜻蜓簪後世也頗為流行，如一九八二年陝西省靈丘縣區迴寺村出土元代金蜻蜓（8.125）。其頭胸腹均經模壓、錘打，捲成筒狀造形，立體感強。腹下留出兩條針柄。橫長七・七公分。又如，無錫鴻聲前房橋明墓出

8.127 蘄春縣博物館藏〔明〕金鑲寶石蓮花、仙鶴、蜻蜓頭飾

土一對花葉蜻蜓金簪〔8.126〕。該簪在錘鍱出葉脈紋的金葉上用極細的窄金葉上，用彈簧形的細金絲顫顫裊裊綴一隻展翅欲飛的金蜻蜓[93]。蜻蜓的翅膀和身子上紋路清晰，形象生動逼真，造形優美，栩栩如生。

有時，明人甚至將蜻蜓與蓮花、仙鶴組合在一起，如蘄春大徑橋朱厚熂墓出土的一支金鑲寶石蓮花、仙鶴、蜻蜓頭飾〔8.127〕，中間一朵用金片鏨刻的蓮花，四周環繞梅花一圈。在花朵中間伸出金彈簧絲兩隻，上面連接仙鶴和蜻蜓各一隻。仙鶴的羽翼、長腳，以及蜻蜓的觸鬚、翅膀刻畫精緻生動。雖然，蓮花與梅花的原本鑲嵌的寶石已經丟失，但可以看到明清時期鑲嵌寶石的風氣。

清代蜻蜓首飾多用嵌寶和點翠工藝，如故宮博物院藏清金鑲寶石蜻蜓簪〔8.128〕，長十四・八公分，寬五・四公分，重十五克，簪為銀質。簪柄以金累絲製成蜻蜓形。蜻蜓須端嵌珍珠，腹部、翅膀鑲嵌紅寶石共五粒，尾部及裝飾飄帶等處點翠。此簪累絲工藝細膩精工。裝飾題材蜻蜓取其諧音寓意

89 〔清〕鮑廷博輯：《天水冰山錄》，知不足齋叢書，第十四集。
90 〔明〕蘭陵笑笑生：《金瓶梅（會評會校本）》，二八七頁，北京，中華書局，一九九八。
91 〔明〕蘭陵笑笑生：《金瓶梅（會評會校本）》，一三二二頁，北京，中華書局，一九九八。
92 〔宋〕陶穀：《清異錄》卷上，惜陰軒叢書，光緒間長沙重刻本。
93 趙新時等：《錫山藏珍》，圖六九，南京，南京出版社，二〇〇一。

「大清安定」。蜻蜓與寶瓶紋樣相結合，則寓意「清廷平安」。此外，故宮博物院有很多華麗生動、色彩鮮艷的清宮點翠嵌寶石蜻蜓簪〔8.129〕。

除了蜻蜓、蟬外，明代草蟲實例還有螽斯（蟈蟈）和螞蚱。在中國傳統文化中，螽斯象徵多子多孫的含義，如《詩經・國風・周南・螽斯》：「螽斯羽，詵詵兮。宜爾子孫，振振兮。螽斯羽，薨薨兮。宜爾子孫，繩繩兮。螽斯羽，揖揖兮。宜爾子孫，蟄蟄兮。」[94]漢代鄭玄注云：「（蚣蝑）各得受氣而生子，故能詵然眾多，后妃之德能如是則宜然。」南通博物苑藏明墓出土的三對螞蚱簪可以為例，只是均失簪腳，寶石亦脫落。螽斯如一九九七年盧灣區李惠利中學明墓出土一對螽斯啄針〔8.130〕，發現時分別插戴於一頂銀絲鬏髻的兩側。此外，明定陵也有金嵌寶螽斯簪出土〔8.131〕。

8.128〔清〕金鑲寶石蜻蜓簪

清代也有相同題材首飾，如台北故宮博物院藏銀鎏金點翠琺琅嵌寶石螽斯髮簪〔8.132〕，長十一・五公分，琺琅製螽斯的身體，翅膀為點翠金片，以珍珠點睛，頭前觸鬚，鬚頂綴珍珠。金絲做六隻腳，焊在下面承接的金葉上。金葉前，又有點綴的花朵和枝葉。相對簡單的如清代點翠螽斯金簪〔8.133〕。點翠金片成為螽斯全身。觸鬚以金絲製成。螽斯的嘴、腳尤其精緻，形態寫實。這類在一葉形圖案上停一蟈蟈的形式寓意「一夜成名」。

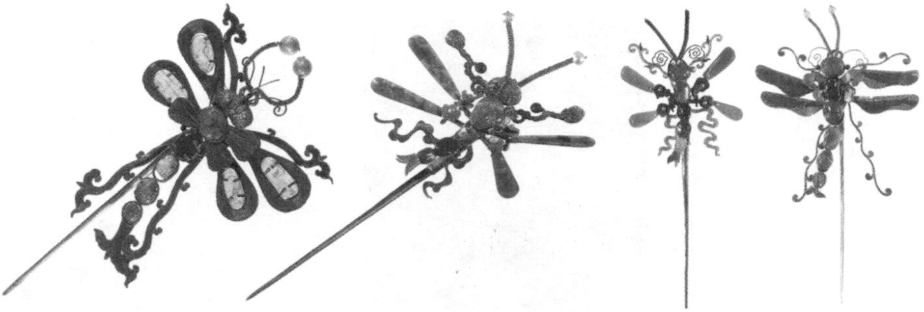

8.129〔清〕點翠嵌寶石蜻蜓銀鍍金簪

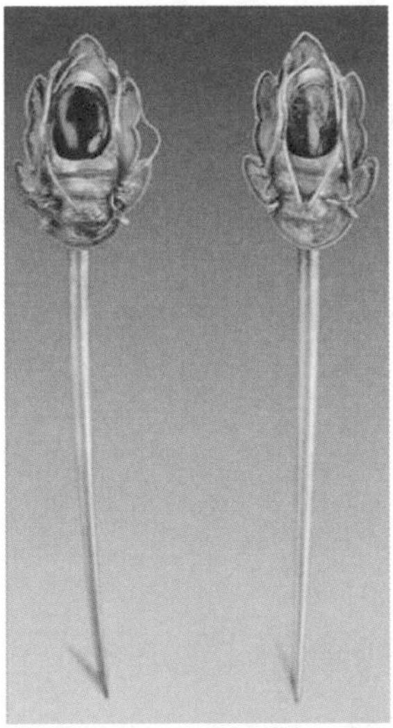

8.131〔明〕金嵌寶螽斯簪

8.130〔明〕螽斯啄針

8.133〔清〕點翠螽斯金簪

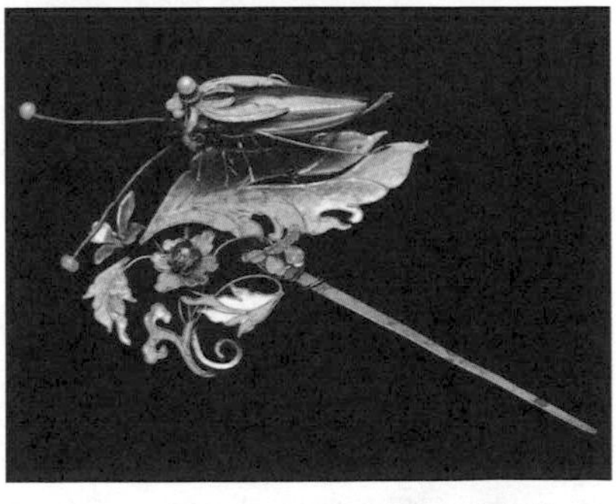

8.132〔清〕銀鎏金點翠琺琅嵌寶石螽斯簪

94 高亨註：《詩經今注》，八頁，上海，上海古籍出版社，一九八〇。

8.134〔清〕金嵌珠翠芝蘭螽斯簪

8.135〔清〕銅鍍金鑲料珠蟲葉頭花

簪首為金累絲點翠蘭花，嵌白玉、珊瑚雕靈芝，螽斯亦累絲點翠並嵌藍寶石。間綴珍珠寶石花卉〔8.134〕。芝蘭謂賢良子弟，南朝宋代劉義慶《世說新語》卷上〈言語〉：「譬如芝蘭玉樹，欲使其生於階庭耳。」[95]有時，清人也會將幾種草蟲放在一起，如台灣故宮博物院藏清光緒銅鍍金鑲料珠蟲葉頭花〔8.135〕，長十一公分，寬六公分，頭花柄部以銅鍍金點翠樹葉為托，用各色料珠輯綴秋蟲三隻，昆蟲鬚部的觸角以珍珠為飾。葉上的蟈蟈、螳螂及細腰蜂鮮活生動，充滿自然情趣。有時，頗具匠心的工匠們還將螳螂捕蟬的題材做成首飾，如江陰青陽鄒氏墓出土嵌寶石螳螂捕蟬金簪一對〔8.136〕，螳螂翅尾肥厚，形態矯健。與其相同的是蘄春縣博物館金鑲寶石珍珠螳螂捕蟬簪。這對簪子的簪首做成一螳螂在後，伸出一對前肢捕蟬而蟬欲逃的模樣，生趣盎然。在蘄春縣博物館也藏有一對形式相同的金鑲寶石珍珠螳螂捕蟬簪〔8.137〕。

此外，草蟲簪也有做螳螂、象鼻蟲的形式。如私人收藏螳螂簪〔8.138〕，簪桿為銀質已腐朽。明代累絲鑲玉嵌寶象鼻蟲金簪〔8.139〕，以橢圓形白玉為蟲身，金累絲製翅膀，彈簧絲為觸鬚，觸鬚頂端有金環，原應鑲寶石。頭前翹起的長長的金象鼻，上面嵌寶石三塊，兩塊藍色，一塊紅色。翅膀亦嵌紅色寶石。金象鼻下面是金累絲蓮花，蓮花裡嵌珍珠。簪腳在蟲身下面。整隻蟲比例準確，刻畫細緻入微，展現了明代的工匠高超的寫實功力。就常識而言，象鼻蟲是中國服飾文化中比較

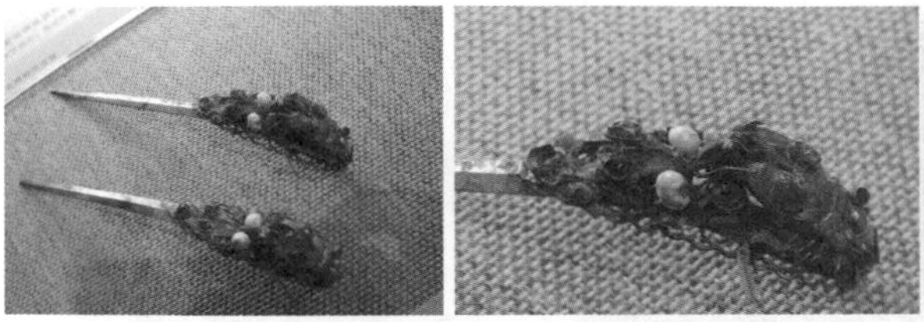

8.137〔明〕金鑲寶石珍珠螳螂捕蟬簪

8.136〔明〕江陰青陽鄒氏墓出土嵌寶石螳螂捕蟬金簪一對

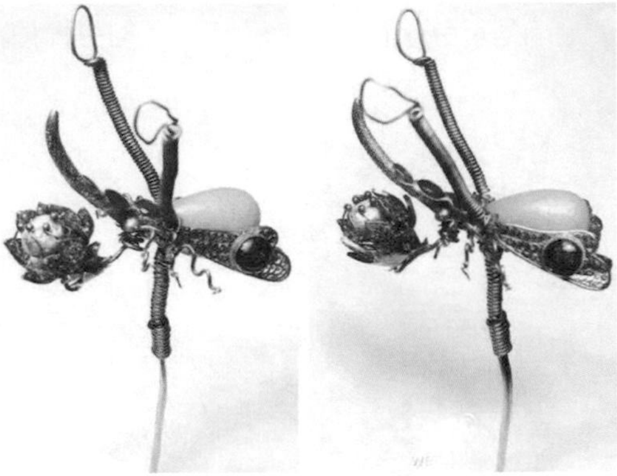

8.139〔明〕累絲鑲玉嵌寶象鼻蟲金簪

8.138〔明〕金螳螂簪首

少見的題材。象鼻蟲，也叫象蟲、象甲、象甲蟲，是鞘翅目中種類最多的一種。這類題材在古埃及服飾文化中是比較常見的主題〔8.140、8.141、8.142〕。古埃及人認為，蜣螂是太陽神的化身，也是靈魂的代表，象徵著復活和永生。在古埃及蜣螂曾被作為法老王位傳遞的象徵。古埃及人認為蜣螂共有三十節的三對足，代表每月的三十天，更認為這種甲蟲推動糞球的動作是受到天空星球運轉的啟發，覺得它是一種懂得許多天文知識的神聖昆蟲，所以也稱它為「聖甲蟲」。在古代埃及，人們將這種甲蟲作為圖騰之物，當法老死去時，他的心臟就會被切出來，換上一塊綴滿聖甲蟲的石頭。

受中國文化的影響，二十世紀三〇年法國時裝設計師Elsa Schiaparelli也創造了一些類似

95 徐震堮校：《世說新語校箋》卷上，八二頁，北京，中華書局，一九八四。

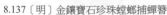

8.142 古埃及蜣螂項圈和胸針

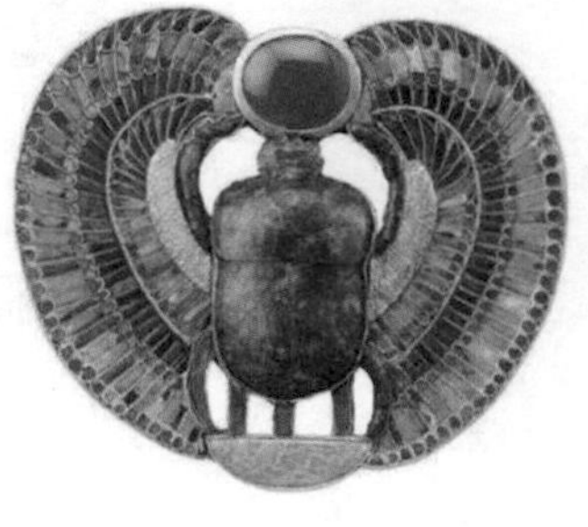
8.141 古埃及蜣螂項圈

8.140 古埃及蜣螂手鐲

8.143 ElsaSchiaparelli草蟲項鏈

的令人難忘的草蟲項鏈〔8.143〕，如用甲蟲、蟬形做成的紐扣〔8.144〕。十九世紀七〇年代，蒂芙尼應用藝術學校（Tiffany School of Applied Art）的教學環節引進了豐富多樣的花草植物供學員寫生臨摹和作畫，而這些藝術畫作常常成為蒂芙尼珠寶或家居配飾的設計雛形。其作品如新藝術時期的蒂芙尼蜻蜓胸針飾有藍寶石和鑽石〔8.145〕。

花朝・蓬葉

中國古代的農耕、漁獵全靠人力完成，人數越多，才越能顯出生產力的強盛，所以在古代，人們是希望子孫繁衍，人口眾多的。中國先民將農曆二月十五定為花朝節[96]。花朝節，俗稱「花神節」、「百花生日」、「花神生日」、「挑菜節」，是紀念

8.145 蒂芙尼蜻蜓胸針

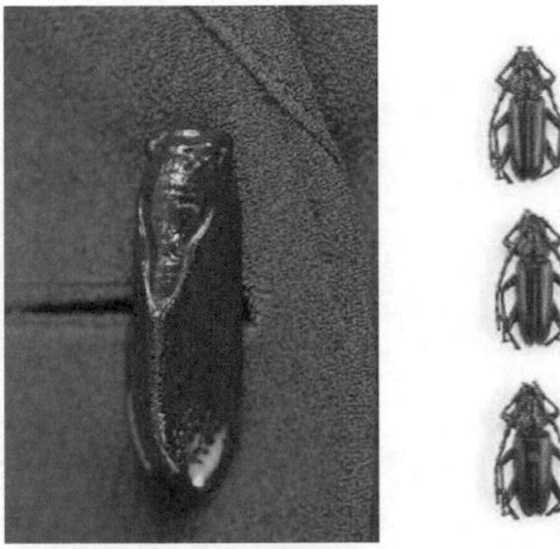

8.144 Elsa Schiaparelli蟬和甲蟲形紐扣作品

百花的生日，因古時有「花王掌管人間生育」之說，因此，花朝節又是生殖崇拜的象徵。

花朝節晉代已有，當時的時期是每年的二月十五日。至盛唐時，文人雅士多在花朝節這天郊遊雅宴、觀景賞花、飲酒賦詩。宋代花朝節改到了二月十二日。此時，參與花朝節活動的不再局限於文人、士大夫之間的雅聚，又增加了種花、栽樹、挑菜、祭神等大眾活動，並逐漸擴大到了社會各個階層。清代花朝節的日期有了南北之別，即北方二月十五日、南方二月十二日。如今，人們將二月十五日的花朝節和正月的十五日的元宵節、八月十五的中秋節並稱為三個「月半」佳節。

宋代宮廷和民間皆剪綵條為幡，繫於花樹之上，名叫「賞紅」，表示對花神的祝賀。此日如天朗氣清，則預兆一年作物的成熟。一般士民，於花朝日俱各至郊外看花遊春，這是中國人民最富詩意的傳統節日之一，與八月十五的中秋，分別稱為「花朝」與「月夕」。宋人吳自牧《夢粱錄》卷一〈二月望〉記載：「仲春十五日為花朝節，浙間風俗，以為春序正中，百花爭放之時，最堪遊賞。都人皆往錢塘門

[96] 晉代在農曆二月十五日，至宋以後，始漸改為二月十二日。

外玉壺、古柳林、楊府、雲洞，錢湖門外慶樂、小湖等園，嘉會門外包家山、王保生、張太尉等園，玩賞奇花異木。最是包家山桃開渾如錦障，極為可愛。此日帥守、縣宰率僚佐出郊，召父老賜酒食，勸以農桑，告諭勤劬，奉行虔恪。天慶觀遞年設老君誕會，燃萬盞華燈，供聖修齋，為民祈福。士庶拈香瞻仰，往來無數。崇新門外長明寺及諸教院僧尼，建佛涅槃勝會，羅列幡幢，種種香花異果供養，掛名賢書畫，設珍異玩具，莊嚴道場，觀者紛集，竟日不絕。」[97]又，清代顧祿《清嘉錄》「二月．百花生日」記載：「（二月）十二日為百花生日，閨中女郎剪五色綵繒，粘花枝上，謂之賞紅。虎邱花神廟擊牲獻樂以祝仙誕，謂之『花朝』。蔡雲〈吳歈〉云「百花生日是良辰，未到花朝一半春。紅紫萬千批錦繡，尚勞點綴賀花神。」[98]

中國先民在百花的傳說中，增加了以農曆十二個月令的代表花。這十二月令的花與花神，或因地區不同以及個人的喜愛而有些差異。其中流傳最廣的是：一月梅花，花神壽陽公主；二月杏花，花神楊貴妃；三月桃花，花神息夫人；四月牡丹，花神李白；五月石榴，花神鍾馗；六月荷花，花神西施；七月蜀葵，花神李夫人；八月桂花，花神徐惠；九月菊花，花神陶淵明；十月芙蓉，花神石曼卿；十一月山茶花，花神白居易；十二月水仙，花神娥皇、女英。這種花神在不同時期也有不同，如康熙五彩十二月花神杯〔8.146〕所用花卉與後來乾隆時期承德所建花神廟（即「匯萬總春之廟」）中供奉的十二花神分別為：一月迎春花、二月杏花、三月桃花、四月牡丹、五月石榴、六月蓮花、七月蘭花、八月桂花、九月菊花、十月月季、十一月梅花以及十二月水仙。此套杯高四．九公分、口徑六．五公分、足徑二．六公分。外腹壁青花五彩分別繪有代表十二個月份的花卉，並配有相應的唐詩，色彩艷麗，圖文並茂。

花朝節這天，人們除了要遊玩賞花、撲蝶挑菜、官府出郊勸農之外，還有女子剪綵花插頭的習俗。據

8.146〔清〕康熙五彩十二月花神杯

明代崇禎年間浙江《烏程縣志》記載：「二月二日花朝，士女皆摘蓬葉插於頭，諺云『蓬開先日草，戴了春不老』。」[99]蓬葉在佛教中有出淤泥而不染，清淨智慧功德的意義。荷葉像生首飾並不少見，如湖南臨澧新合元代銀器窖藏金滿池嬌荷葉簪〔8.147〕，以細長條金片做簪腳，簪頭為金片錘鍱成形的荷葉。其上錘鍱連排小珠成線狀，先圍成雙層荷葉外圈緣邊，再向內縱向排成葉脈，由中心向外輻射狀。荷葉上焊接一對鴛鴦、兩隻鷺鷥、小花朵枝等金飾，形成了一幅由荷葉為背景的池塘小景畫卷。又如，湖南益陽八字哨元代銀器窖藏銀滿池嬌荷葉簪〔8.148〕，也是以細長條銀片做簪腳，其上焊接風捲半邊的荷葉簪頭。簪頭上鏨刻出荷葉的筋脈紋絡，葉再焊接喜相逢鴛鴦一對。在鴛鴦兩頭之間，又伸出一枝剛剛綻開的荷花。

除了池塘小景，青蛙和螃蟹也是荷葉上的「常客」。例如，一九六五年江蘇常州和平新村明墓出土金蛙嵌瑪瑙銀簪〔8.149〕。簪首呈橢圓形，由金片打成底盤，包著荷葉狀的白色瑪瑙，荷葉上蹬一金蛙，金蛙中空，

[97]〔宋〕吳自牧：《夢粱錄》卷一〈二月望〉，七頁，北京，商務印書館，一九六〇。
[98]〔清〕顧祿：《清嘉錄》卷二，四九頁，南京，江蘇古籍出版社，一九九九。
[99]〔清〕羅愫：《烏程縣志》卷十三，八六二頁，台北，成文出版社，一九八三。

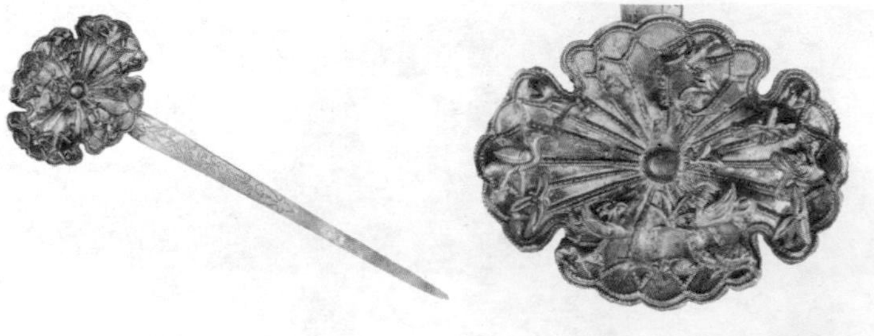

8.147〔元〕金滿池嬌荷葉簪（圖片引自《奢華之色》卷一，八一頁，北京，中華書局，二〇一〇）

8.148〔元〕銀滿池嬌荷葉簪（圖片引自《奢華之色》卷一，八二頁）

造形生動傳神，尤其是金蛙栩栩如生，彷彿緊盯著獵物，下一刻就要捕食。銀簪桿呈扁平狀，焊在簪首，簪腳攢尖。髮簪製作工藝精細。又如，臺灣故宮博物院藏清代白玉嵌珠翠扁方〔8.150〕，長三十一・五公分，寬三・一公分，兩端以翠鑲嵌荷葉與蓮蓬，荷葉上伏青蛙一隻，以碧璽飾粉紅色荷花，另有紅、藍寶石製小花朵。此物選料嚴謹，雕琢精良，紋飾鮮活，為扁方之精品。又如，當代私人收藏的銀鎏金荷葉簪〔8.151〕，十二・五公分，簪上有青蛙一隻。

螃蟹、荷葉組合如常熟市博物館藏金鑲玉荷葉金蟹簪〔8.152〕。簪腳三稜形，簪首為金片鏨刻的荷葉形，雙層，中間嵌白玉雕刻的荷葉形，荷葉上飾有金蟹一隻，金蟹的八隻蟹腳和兩隻蟹鉗亦表現得十分生動。據《清史稿》卷一六六〈公主表〉記載，乾隆

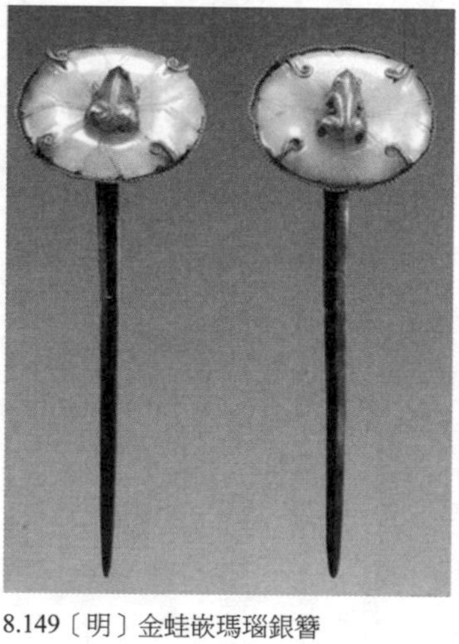

8.149〔明〕金蛙嵌瑪瑙銀簪

8.150〔清〕白玉嵌珠翠扁方

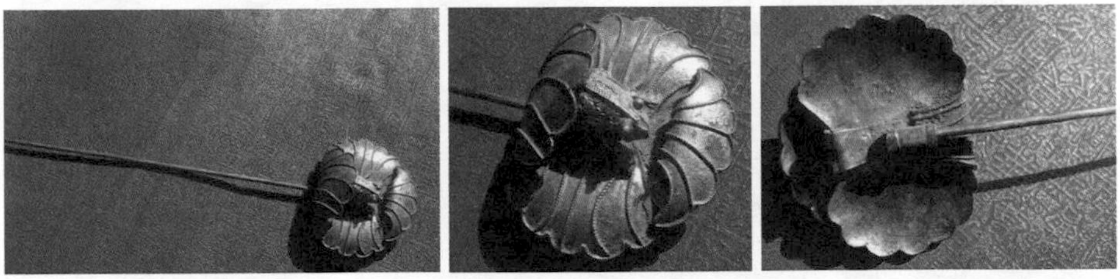

8.151〔清〕銀鎏金荷葉簪

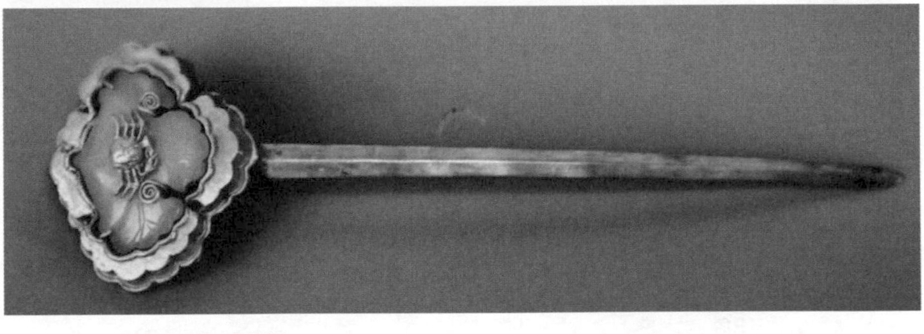

8.152〔清〕金鑲玉荷葉金蟹簪

五十四年（一七八九年）十一月二十七日，年僅十五歲的固倫和孝公主與豐紳殷德舉行了婚禮[100]，乾隆賞賜了大量嫁妝給公主，其中就有「金荷連螃蟹簪一對，嵌無光東珠六顆，小正珠二顆，湖珠二十顆，米珠四顆，紅寶石九塊，藍寶石兩塊，錁子一塊，重二兩一錢」。[101]此外，清代還流行螃蟹與稻穀的組合形式。例如，銀鍍金嵌珊瑚蟹簪〔8.153〕，長十八公分，寬八公分。銀鍍金針，蟹身中央則點翠一枚圓形嵌珊

[100] 趙爾巽：《清史稿》卷一六六，第十八冊，五二九三頁，北京，中華書局，一九七六。

[101] 無圍：〈和孝公主的妝奩〉，三八頁，載《紫禁城》，一九八三（〇五）。

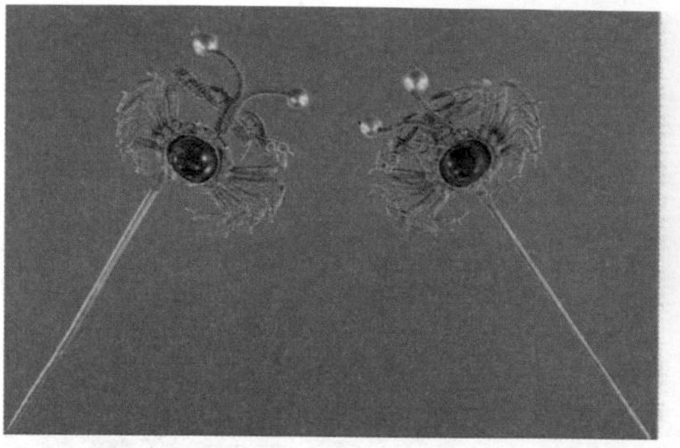
8.154〔清〕金累絲螃蟹簪

8.153〔清〕銀鍍金嵌珊瑚蟹簪

瑚，與螃蟹圓滾滾的外形相映成趣，累絲嵌珠穀穗和觸鬚，兩隻蟹鉗背後各藏有一個掛鉤，兩鉗閉合可扎束頭髮，鬆開蟹鉗就能解下髮簪，戴起來既方便又樂趣橫生。又如，金累絲螃蟹簪〔8.154〕，長十三・三公分，寬五・七公分。金針，金累絲螃蟹，穀穗，嵌珠觸鬚。再如，銀鍍金嵌寶玉蟹簪〔8.155〕，長十九・二公分，寬六・五公分。銀鍍金針，銀鍍金、點翠，嵌白玉螃蟹，累絲穀穗。這種蟹形簪也應是中秋和重陽節時簪戴的應景首飾。

螃蟹和蘆葦組合，寓意「傳臚」。在中國古代科舉殿試後，皇上必會親點一甲、二甲、三甲進士，三甲進士皆為科舉中甲者。科舉中的「甲」使古人聯想到天生帶甲的螃蟹。古人認為螃蟹天生帶甲，有吉祥之意，因而就有了「出身不凡，天生中甲」的吉祥寓意。一隻螃蟹「一甲傳臚」為狀元，兩隻螃蟹「二甲傳臚」為榜眼，三隻螃蟹「三甲傳臚」為探花。其實物如清代銀鍍金蟹式簪〔8.156〕，長十三・二公分，寬七・八公分，簪首為一對累絲金蟹，以金屬線纏繞於簪挺，懸於簪身左右。蟹身嵌一紅寶石，從眼部延伸兩條彈簧觸鬚，尾端串珍珠，金蟹周身飾點翠花苞、葉紋與雲紋。此釵的寓意應是「二甲傳臚」，即科舉高中之意。又如，台灣故宮博物院藏清代鎏金嵌寶蟹銀簪〔8.157〕。此外，螃蟹有八條腿，「八」

8.156〔清〕銀鍍金蟹式簪

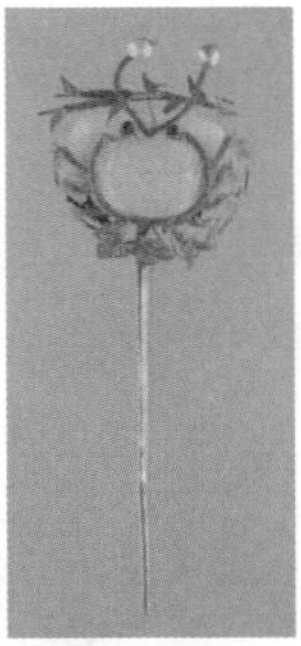

8.155〔清〕銀鍍金嵌寶玉蟹簪

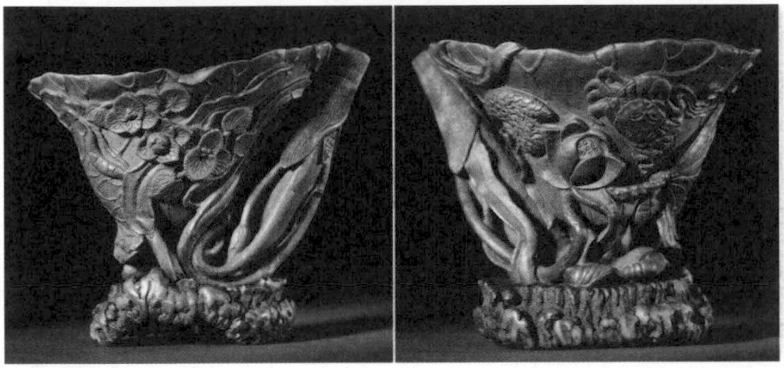

8.158 螃蟹荷葉紋犀角杯

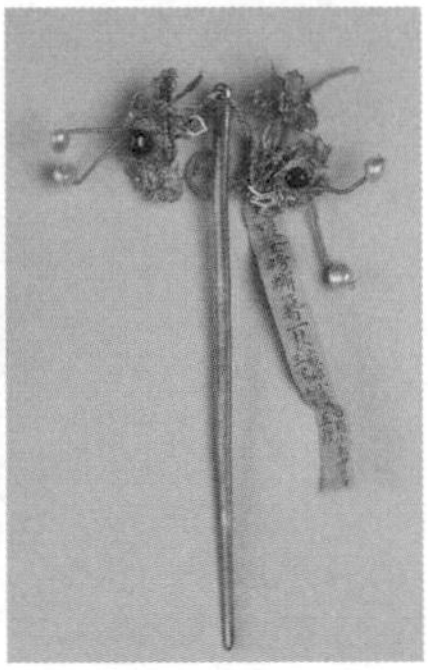

8.157〔清〕鎏金嵌寶蟹銀簪

諧音「發」，一直被中國人視為「發財」、「發達」的代表；螃蟹的兩隻蟹鉗非常堅硬有力，被譽為「橫財大將軍」，是橫財在手的吉祥之兆；螃蟹經常與荷花在一起搭配，諧音「和諧」，是寓意和諧盛世、家庭幸福美滿；「蟹」與「謝」諧音，被用作感謝，感恩的代表。

除了首飾，以螃蟹裝飾紋樣的器物還有很多，如台灣藏家舊藏螃蟹荷葉紋犀角杯〔8.158〕，杯身取一片大蓮葉為主體，荷葉輕盈飄逸，葉脈清晰，以雙鉤刻畫二隻螃蟹拑攢禾穗，在蓮葉上爬動。花葉輾轉，層次鮮明，層層佈景，圖案紋飾繁而不亂，密而不擠，杯把巧借犀角尖部的材料，以烘燙技法將其彎曲，中心鑽孔

8.159 薺菜與薺菜花

於杯底相通，起到吸管的功效，極見巧思。

上巳・薺菜花

上巳節，農曆三月初三，俗稱「踏春」。民間有「三月三，薺菜賽靈丹」和戴薺菜花的說法。薺菜別名地菜、護生草、雞心菜等，其根、花、籽均能入藥〔8.159〕。薺菜的藥用價值廣泛，被譽為「菜中甘草」。薺菜生長於田野、路邊及庭園，葉嫩根肥，具有獨特誘人的清香和美味，地菜性涼，味甘淡。

上巳節戴薺菜花的風俗源於宋代。宋代周密《武林舊事》卷二〈挑菜〉：「二日，宮中排辦挑菜御宴。先是，內苑預備朱綠花斛，下以羅帛作小卷，書品目於上，繫以紅絲，上植生菜、薺花諸品。俟宴酬樂作，自中殿以次，各以金篦挑之。」[102]明人上巳亦流行戴薺菜花，用以表達「歲豐」和「避眼疾」的願望。明代田汝成《西湖遊覽志餘》說三月三日：「男女皆戴薺花。諺云：三春戴薺花，桃李羞繁華。」[103]明代崇禎年間浙江《烏程縣志》也有相同記載。[104]

有人也稱簪薺菜花可以清目，如明代嘉靖河南《永城縣志》記載：

「男婦多出采戴薺花，插之終日，俗云避眼疾。」[105]又如，清代顧祿《清嘉錄》〈三月・野菜花〉：「薺菜花，俗呼野菜花。因諺有『三月三，螞蟻上灶山』之語，三日人家皆以野菜花置灶陘上，以厭蟲蟻。清晨村童叫賣不絕。或婦女簪髻上，以祈清目，俗號眼亮花。」[106]流傳到現代，南京民諺稱：「三月三，薺菜花賽牡丹。女人不插無錢用，女人一插米滿倉。」

清明・簪柳

清明節，又叫踏青節，在春分之後，穀雨之前。據隋代經學家、天文學家劉焯《曆書》解釋：「春分後十五日，斗指丁，為清明，時萬物皆潔齊而清明，蓋時當氣清景明，萬物皆顯，因此得名。」清明節大約始於周代，清明一到，氣溫升高，正是春耕春種的時節，故有「清明前後，種瓜種豆」的農諺。後來，由於清明與寒食的日子接近，漸漸地，寒食與清明就合二為一了。

[102]〔宋〕周密：《武林舊事》卷二，六一頁，北京，中華書局，二〇〇七。
[103]〔明〕田汝成：《西湖遊覽志餘》卷二十，三五八頁，上海，上海古籍出版社，一九五八。
[104]〔清〕羅愫：《烏程縣志》卷十三，八六二頁，台北，成文出版社，一九八三。
[105]〔明〕鄭禮纂修：《嘉靖永城縣志》，一四八六頁，上海，上海書店，一九九〇。
[106]〔清〕顧祿：《清嘉錄》卷三，五七頁，南京，江蘇古籍出版社，一九九九。

鞦韆

在古代，清明節也稱「鞦韆節」。唐代就已經流行，到明代晚期依舊如此〔8.160〕。明代劉若愚《酌中志》卷十九〈內臣佩服紀略〉：「自清明鞦韆與九月重陽菊花，俱有應景蟒紗。」⑩卷二十〈飲食好尚紀略・三月〉「初四日，宮眷內臣換穿羅衣。清明，則『鞦韆節』也，帶楊枝於鬢。坤寧宮後及各宮，皆安鞦韆一架。」⑩清代陳維崧〈天門謠・汲縣道中作〉詞：「已過鞦韆節，看汲塚、苔錢鋪纈。」現在山東不少地方還保留了這種活動〔8.161〕。其玩法也特別多，有為嬰兒紮製的嬰兒鞦韆，大人玩的高空鞦韆，眾人同玩的拔高鞦韆等。明代宮廷中的清明節時還換穿應季的衣料，搭配應景紋飾，即「鞦韆」補子羅衣，戴柳枝，打鞦韆。

8.160 明代繪畫中蕩鞦韆的仕女形象

至於應景的紋飾，清明節紋飾主題為「仕女鞦韆」。這個紋飾主題可做成補子，綴於衣服胸背，如明代鞦韆仕女補子〔8.162〕、北京定陵出土明代繡仕女蕩鞦韆紬膝襪的實物〔8.163〕。紋樣中可見仕女蕩著鞦韆，描繪了明代清明節這天的春光遊樂場景。與宮眷妃嬪們一樣，明代皇帝在這天也不是一個旁觀者，皇帝也有專屬自己身份的「龍紋鞦韆」紋樣，如納爾遜博物館收藏的龍紋鞦韆圓補子〔8.164〕，直徑三十六公分，當中是四條盤金立龍，左右兩條似乎是作為鞦韆架的支撐，當中兩條龍「手」抓繩

8.162〔明〕鞦韆仕女補子

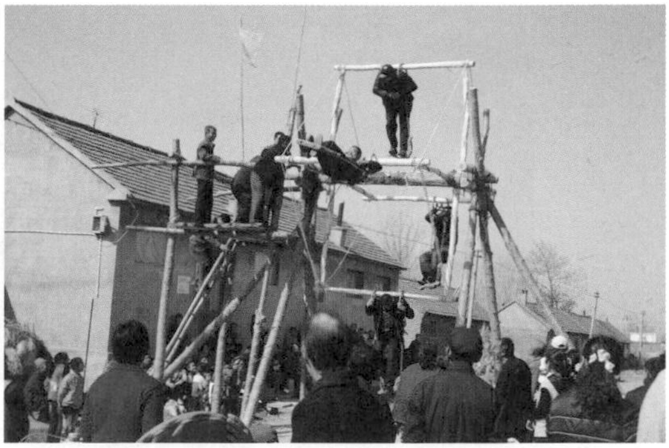

8.161 山東地區蕩鞦韆的人物

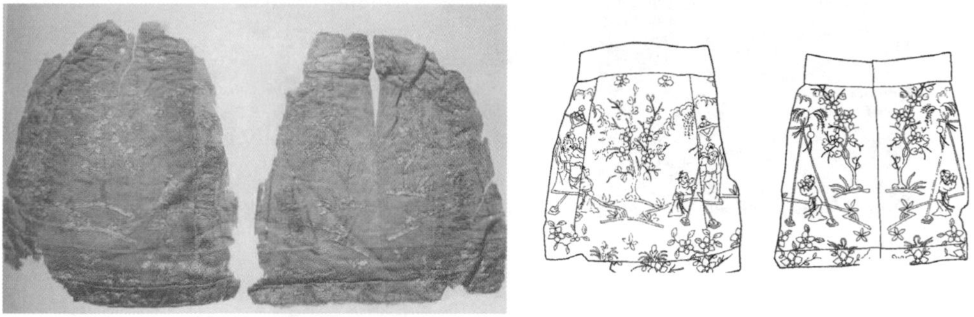

8.163〔明〕繡仕女蕩鞦韆紬膝襪實物和紋飾線描圖

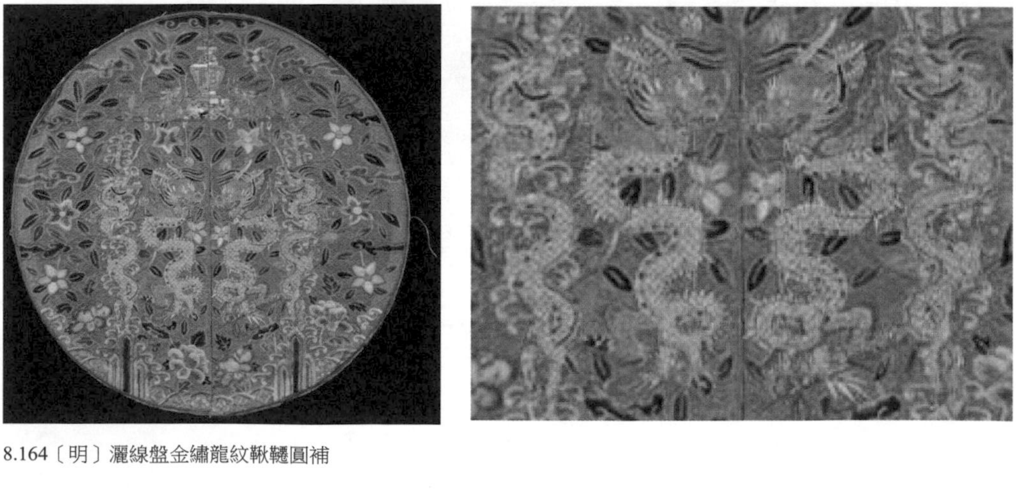

8.164〔明〕灑線盤金繡龍紋鞦韆圓補

107 〔明〕劉若愚：《酌中志》卷十九，一六五頁，北京，北京古籍出版社，一九九四。

108 〔明〕劉若愚：《酌中志》卷二十，一九七頁，北京，北京古籍出版社，一九九四。

8.165 柳葉

8.166 婦女兒童在清明這天郊遊簪柳

索，足踩踏板，張嘴嬉笑，姿態活潑。紗地灑線繡菱形幾何紋，以絨線刺繡圓補底部的海水江崖，上面穿插柳葉、牡丹、海棠等應景花卉。

簪柳

除了蕩鞦韆，在中國古代還有清明簪柳的習俗〔8.165〕。有的將柳枝編成圓圈戴在頭上，也有將嫩柳枝刮結成花朵插於髮髻，還有直接將柳枝插於頭髻中〔8.166〕。宋人繪《大儺圖》中就有簪柳葉的人物形象〔8.167〕。明代宦官劉若愚《酌中志》卷二十〈飲食好尚紀略〉：「清明，則鞦韆節也，帶楊枝於鬢。」[109]又，明代劉侗、于奕正《帝京景物略》卷二〈城東內外・春場〉：「三月清明日……是日簪柳，遊高梁橋，曰踏青。」[110]清人顧祿《清嘉錄》卷三〈三月・戴楊柳球〉記載：「婦女結楊柳球戴鬢畔，云紅顏不老。清人楊韞華〈山塘棹歌〉云『清明一霎又今朝，聽得沿街賣柳條。相約比鄰諸姊妹，一枝斜插綠雲翹。』」[111]這首詩所描述的是古代清明插柳的習俗。

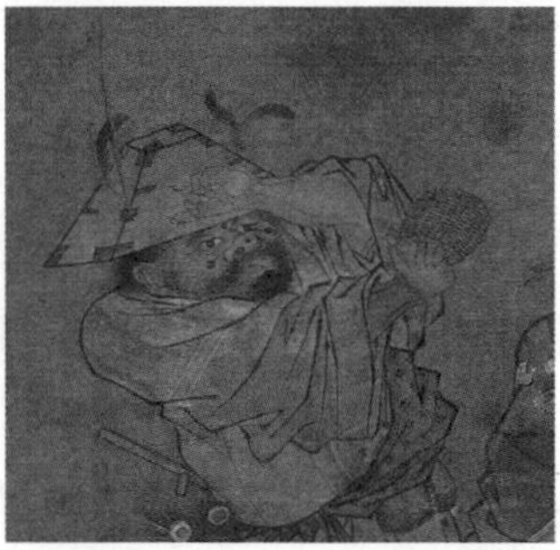
8.167〔宋〕《大儺圖》局部

據說插柳的風俗，是為了紀念「教民稼穡」

的農事祖師神農氏的。黃巢起義時規定，以「清明為期，戴柳為號」。在此之後，戴柳演變成插柳，盛行不衰。唐人認為三月三在河邊祭祀時，頭戴柳枝可以擺脫毒蟲的傷害。宋元以後，清明節插柳的習俗非常盛行，人們踏青遊玩回來，在家門口插柳以避免蟲疫。據明朝田汝成《西湖遊覽志餘》卷二十〈熙朝樂事・清明〉，記載：「清明……前兩日謂之寒食，人家插柳滿簷，青蒨可愛，男女亦咸戴之，諺云：『清明不戴柳，紅顏成皓首。』」[112]

清明插柳戴柳還有一種說法——清明、七月半和十月朔為三大鬼節，是百鬼出沒討索之時。人們為防止鬼的侵擾迫害，而插柳戴柳。受佛教影響，中國古人認為柳可以辟鬼，而稱之為「鬼怖木」，觀世音以柳枝沾水濟度眾生。北魏賈思勰《齊民要術》裡說：「正旦日取柳枝著戶上，百鬼不入家。」[113]清明既是鬼節，值此柳條發芽時節，人們自然紛紛插柳戴柳以辟邪了。說明此點的方志有，嘉靖安徽《池州府志》卷二〈風土〉：「士女戴柳枝及插門之左右，俗云辟邪。」[114]崇禎浙江《烏程縣志》卷十三：「晚插柳簷上，男女亦戴之。」[115]明人唐冑正德海南《瓊台志》卷七：「清明插柳，婦女簪榴花，謂不害眼，以米易梅蛳咂之，謂得目明。」[116]除了防止眼病、辟邪有些巫術民俗的痕跡外，還有女子祝福自己紅顏永駐的心願。

---

[109]〔明〕劉若愚：《酌中志》卷二十，一九七頁，北京，北京古籍出版社，一九九四。
[110]〔明〕劉侗、于奕正：《帝京景物略》卷二，六七頁，北京，北京古籍出版社，一九八〇。
[111]〔清〕顧祿：《清嘉錄》卷三，五八頁，南京，江蘇古籍出版社，一九九九。
[112]〔明〕田汝成：《西湖遊覽志餘》卷二十，三五九頁，上海，上海古籍出版社，一九五八。
[113]〔北魏〕賈思勰：《齊民要術》卷五，三五二頁，北京，中國農業出版社，一九九八。
[114]〔明〕王崇：《池州府志》卷二，三頁，清代刊印。
[115]〔清〕羅愫：《烏程縣志》卷十三，八六三頁，台北，成文出版社，一九八三。
[116]〔明〕唐胄：《瓊台志》卷七，一四三頁，海南，海南出版社，二〇〇六。

簪柏

髮脫紛紛不待爬，天將醜怪變姸華。論為城旦寧非怒，度作沙彌亦自佳。稚子笑翁簪柏葉，侍人諱老匣菱花。霜寒尤要泥丸暖，慚愧烏巾著意遮。

（〔宋代〕劉克莊〈髮脫〉）

柏葉是柏樹的葉子〔8.168〕。柏樹，又名香柏、香樹、香柯樹、黃柏、扁柏等，屬柏科壽命約三千年，耐寒，耐乾旱，喜濕潤，生長緩慢，壽命極長。木質軟硬適中，細緻，有香氣，耐腐力強，多用於建築、家具、細木工等；種子、根、葉和樹皮可入藥。由於柏樹像貝殼，在遠古時期，柏樹也有一定的生殖崇拜意義，中國人在墓地種植柏樹，有象徵永生或轉生、新生的含義。

8.168 柏葉

據清人王夫之〈雜物贊・活的兒〉：「以小銅絲纏綴針上，普施柏葉，迎春元日，冶遊者插之巾帽。」[117]可知，中國古人用小鋼絲綴飾柏葉，簪於巾帽上。查看圖像，在宋人繪《大儺圖》中已可看到簪柏葉的人物形象〔8.169〕。在二十世紀初，河北省昌黎境內，每年清明節這一天，人們都要在祖先的牌位前擺上碗筷和酒菜並去掃墓祭祖，要擦洗墓碑，供奉食品、焚香叩頭，男女俱簪柏葉。有民謠云：「清明不戴柏，死了變成鴨巴踐兒。」證以民國《昌黎縣志》卷五〈風土志〉記載：「至清明節，拜掃先塋，填新土，掛紙錢，男女俱簪柏葉，若門前插柳，以迎玄鳥。」[118]

端午・敘符

端午，又稱端陽、重午、端五節、天中節。中國古人以五月天氣炎熱，疾病易於流行，故稱其為惡月，而五月五日為惡日，且有「不舉五月子」[119]之俗，即陰惡從五而生，五月五日雙五相逢，是最不吉利的惡時。因此，端午節的節令飾物，也體現了濃厚的巫術色彩。

五毒

五毒是端午節最重要的節令主題。它主要指蠍子、蜈蚣、蛇、蟾蜍、蜥蜴等五種毒蟲。每到端午節，民間就有掛五毒圖於門戶，或者在兒童手臂、身上佩戴五毒形象飾物的習俗，其意在禳避病害，以求平安。周密《武林舊事》卷三〈端午〉記載，宋代宮廷裡「插食盤

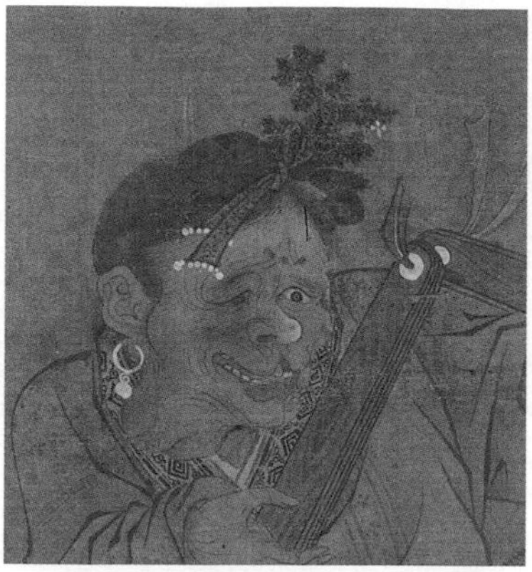

8.169〔宋〕《大儺圖》局部

[117]〔清〕王夫之：《王船山詩文》卷九，九七頁，北京，中華書局，一九六二。

[118] 陶宗奇：《昌黎縣志》卷五，四三四頁，台灣，成文出版社，一九八三。

[119] 五月五日所生的嬰兒無論是男或是女都不能撫養成人。

8.170〔明〕艾虎五毒紋方補

8.171〔明〕刺繡五毒艾虎方補

8.172〔明〕刺繡五毒艾虎方補

架，設天師、艾虎，意思山子數十座，五色蒲絲、百草霜，以大合三層，飾以珠翠、葵、榴、艾花、蜈蚣、蛇、蠍、蜥蜴等，謂之『毒蟲』……又以大金瓶數十，遍插葵、榴、梔子花，環繞殿閣……又以青羅作赤口白舌帖子，與艾人並懸門楣，以為禳禬。」[120]又如顧祿《清嘉錄》卷五〈五月・五毒符〉：「尼庵剪五色彩箋，狀蟾蜍、蜥蜴、蜘蛛、蛇、蚿之形，分貽檀越，貼門楣、寢次，能魘毒蟲，謂之五毒符。」[121]該書又引吳曼雲《江鄉節物詞・五毒扇》小序：「小兒午日用之，扇上畫蛇、虎之屬，數必以五。」[122]

在明代，五毒也用做補子紋樣，如明代劉若愚《酌中志》卷二十〈飲食好尚紀略・端午〉，五月「初一日起，至十三日止，宮眷內臣穿五毒艾虎補子蟒衣。門兩旁安菖蒲、艾盆。門上懸掛吊屏，上畫天師或仙子、仙女執劍降毒故事，如年節之門神焉，懸一月方撤也。」[123]其式樣如北京定陵出土明代艾虎五毒紋方補〔8.170〕，胸補繡二虎相對，並繡有花卉、蛇、蜈蚣等；背補中間繡一臥虎，虎周圍繡艾葉花卉和五毒紋，蛇、蠍、蜥蜴、蟾蜍、蜈蚣或爬或跳，姿態各異，形象逼真。此件艾虎五毒方補方領女袂衣，應是孝靖皇后的應景服飾。此外，五毒紋樣實物還有私人收藏的明代刺繡五毒艾虎方補〔8.171〕和明代刺繡五毒艾虎方補〔8.172〕。

明代五毒紋樣的例子還有很多，如明代艾虎五毒紋回回錦童衣料〔8.173〕，

8.173〔明〕艾虎五毒紋回回錦童衣料

8.174〔明〕灑線繡蜀葵荷花五毒紋經皮面

這件織錦將虎與五種毒物以同等大小地佈置在水田紋上。水田紋模仿當時流行的水田衣（又稱百衲衣或百家衣）的風格，由不同三角形色塊組成圖案。人們認為，兒童穿百家衣，容易長大，而艾虎五毒更是辟邪祛毒的象徵，也有利於健康。又如，明代灑線繡蜀葵荷花五毒紋經皮面〔8.174〕，以黃色二經絞直經紗為底襯，上用紅、藍、黃、綠、棕、白等色衣線和蜀絨線為繡線，採取二至三色潤色法，用散套、正戧、平針、緝線、反戧針等針法繡製花紋。經皮面上部繡五色雲，下部繡爭奇鬥艷的荷花和蜀葵，並在碩大的蜀葵葉上飾有蜈蚣、蠍子等五毒紋飾，花紋為間隔排列。其經皮面用紅色衣線以灑線繡技法繡製菱形錦紋地；用光澤性較差的衣線繡製五彩雲及花葉；用光澤性較強的劈絨線繡製花朵。暗地暗葉襯托出亮麗的花朵，尤其是採用反戧針、緝線法繡製五毒、花瓣的邊緣，使花紋更富層次感，更具立體效果，宛如天成。除了紡織品，亦有銅錢、玉帶板等五毒紋樣。銅錢如明代富貴昌樂五毒錢花錢〔8.175〕和明代五日午時五毒花錢〔8.176〕。玉帶板如明代五毒玉帶板〔8.177〕，長六公分，寬五．二公分，厚〇．七公分；玉帶板中間鏨刻的是老虎，四周分別是毒

---

[120]〔宋〕周密：《武林舊事》卷三，八一頁，北京，中華書局，二〇〇七。

[121]〔清〕顧祿：《清嘉錄》卷二，一一二頁，南京，江蘇古籍出版社，一九九九。

[122]〔清〕顧祿：《清嘉錄》卷二，一一三頁，南京，江蘇古籍出版社，一九九九。

[123]〔明〕劉若愚：《酌中志》卷二十，一八〇頁，北京，北京古籍出版社，一九九四。

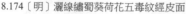

8.177〔明〕五毒玉帶板

8.175〔明〕富貴昌樂五毒錢花錢

8.176〔明〕五日午時五毒花錢

8.178〔清〕五毒髮簪

蛇、毒蠍、蛤蟆、蜈蚣。

除了補子紋樣，還有簪佩五毒的風俗。明代劉侗、于奕正《帝京景物略》卷二〈城東內外・春場〉：「簪佩各小紙符，簪或五毒、五瑞花草。」[124]又，明代沈榜《宛署雜記》卷十七記載：「婦女畫蜈蚣、蛇、蠍、虎、蟾，為五毒符，插釵頭。」[125]其實物如私人收藏清代五毒髮簪〔8.178〕，長十一・九公分，寬二・二六公分。其上鏨刻蠍、蜥蜴、蟾蜍、蜈蚣等紋樣。五毒反映了我國古代人民進入夏季時除害滅病的願望。

除了以上五毒簪外，還有一些以單獨毒物為主題的髮簪，如台北故宮博物院藏鑲寶石點翠艾葉蟾蜍金簪〔8.179〕，長七・五公分，寬二・八公分，點翠艾葉為底托，葉上以細金絲做葉脈，葉上附金累絲枝條、靈芝、梅花，中部有累絲蟾蜍，背嵌紅寶石，嘴裡伸出兩支長彈簧觸鬚，鬚頭部串珍珠。又如，清代金累絲鑲寶蟾蜍梅花簪頭〔8.180〕，金累絲做出蟾蜍身體，姿態做匍匐狀，金片錘鍱四腳和頭部，腳形如艾葉，再用金彈簧絲將四腳和身體連接，故四腳可顫動。身上嵌紅寶石一顆。嘴吐金彈簧絲兩根，每根前端各嵌紅寶石一顆。身後尾部嵌一顆紅寶石。蟾蜍前飾四瓣梅花七朵，以金累絲做花瓣，中嵌紅寶石做花蕊。梅花間穿插金葉兩對。梅花和葉子用金絞絲卷雲狀連接。

蠍簪實物如北京海澱區八里莊慈壽寺塔西北一公里處明武清侯李偉（萬曆皇帝生母李太后之父）妻王氏墓出土的艾蠍簪〔8.181〕。該簪是艾草葉形為底托，上綴蠍形。蠍，節肢動物，也稱鉗蠍。下腮像螃蟹的螯，胸腳四對，後腹狹長，末端有毒鉤，用來禦敵或捕食。可入藥。艾蠍組合，寓驅毒辟邪之意。

8.179 鑲寶石點翠艾葉蟾蜍金簪

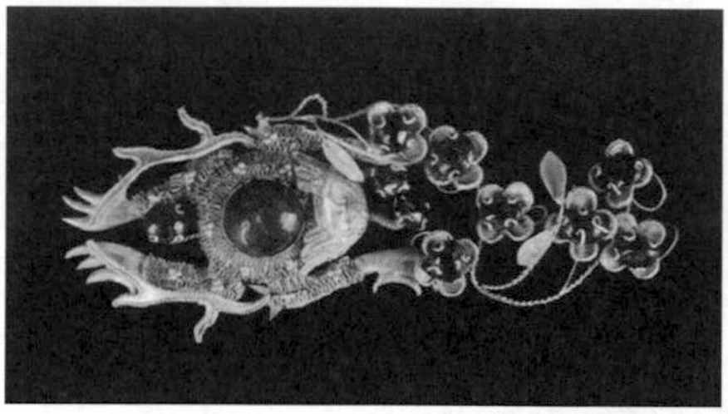

8.180 私人收藏〔清〕金累絲鑲寶蟾蜍梅花簪頭

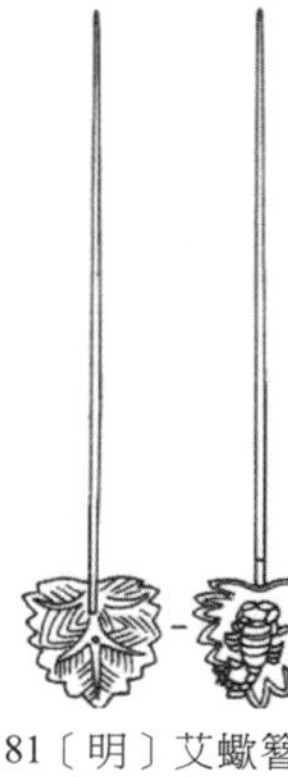

8.181〔明〕艾蠍簪（圖片引自《中國古輿服論叢》，三二七頁，北京，北京文物出版社，二〇〇一）

124 〔明〕劉侗、于奕正：《帝京景物略》卷二，六八頁，北京，北京出版社，一九六三。

125 〔明〕沈榜：《宛署雜記》卷十七，一九一頁，北京，北京古籍出版社，一九九三。

釵符

釵符，也稱「釵頭符」，或「寶符」[126]、「靈符」[127]、「符篆」[128]、「朱符」[129]、「兵符」[130]、「巧篆」[131]等，是一種上面寫有道家篆符的用絹羅裁成的小幡，用於懸吊在簪釵的端頭。據南朝梁代宗懍《荊楚歲時記》注曰：「或問辟五兵之道，《抱朴子》曰：『以五月五日作赤靈符著心前。』今釵頭符是也。」[132]可知，釵符是由五色（青、黃、赤、白、黑）的絲線或彩色繒帛纏合、編織而成的赤靈符發展而來。在宋代的「端午帖子」詞中有很多「赤靈符」的內容，如蘇轍〈學士院端午帖子二十七首・皇太后閣六首〉：「萬壽仍縈長命縷，虛心不著赤靈符。」王珪〈端午內中帖子詞・夫人閣〉：「欲謝君恩卻無語，心前笑指赤靈符。」曾豐〈端午家集〉：「戲纏朱彩索，爭帶赤靈符。」

因為要懸掛於釵頭，宋人多將釵頭之符做得小巧玲瓏，因此，宋人將釵符稱作「小符」，如宋代陳元靚《歲時廣記・釵頭符》云：「《歲時雜記》：端午剪繒彩作小符兒，爭逞精巧，摻於鬟髻之上，都城亦多撲賣，名『釵頭符』。」[133]歷代詩詞中多有表現，如蘇軾〈浣溪沙・端午〉：「彩線輕纏紅玉臂，小符斜掛綠雲鬟。」又如，崔敦詩〈淳熙七年端午帖子詞・皇后合〉：「玉燕垂符小，珠囊結艾青。」

在金銀首飾題材中，釵符是以禪杖的形式表現出來的。禪杖是僧人在坐禪時用以警睡的器具。以此物做簪子，有辟邪除惡的象徵意義。其實物如江蘇鎮江監獄出土清代禪杖銀簪〔8.182〕，銀質，長十一・五公分，重四・二六克，簪子首部為禪杖形，在杖首的雲環中以環鏈附綴一呈扁平鐘形牌飾。牌飾一面陰刻「吳」，另一面陰刻的字跡模糊，無法識別。又如，江蘇鎮江金山園藝場七里生產隊張洪貴送交明代禪杖金

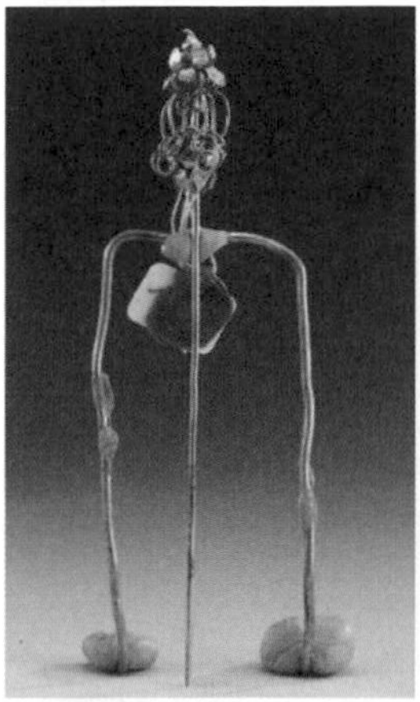

8.184 禪杖金髮簪

8.183〔明〕禪杖金釵（楊正宏，張劍主編：《鎮江出土金銀器》，九八頁，北京，文物出版社，二〇一二）

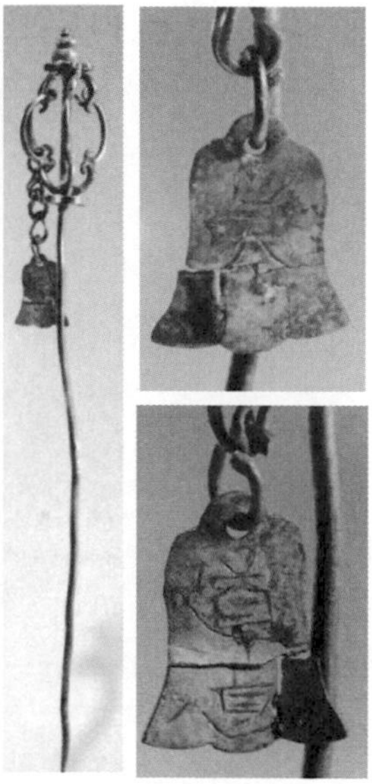

8.182〔清〕禪杖銀簪

釵〔8.183〕。金質，通長十·一公分，重十一·〇五克，首部為禪杖形，杖尖飾對應的六瓣覆蓮瓣，中連三段六棱弧形脊，並附裝飾兩個綴飾，一為鐘形，一為琮狀，均隨形刻線。鐘形墜上鏨刻豎讀文字：一面為陰文「天赦」，一面為陽文「□泰」。琮形墜上兩面鏨刻四字：「丁門」「戴氏」。其形式在曲江藝術博物館的收藏中也有禪杖金髮簪〔8.184〕。

126 劉過：〈沁園春〉：「香黍纏絲，寶符插艾，猶有樽前兒女懷。」

127 朱淑真：〈端午〉：「縱有靈符共彩絲。」

128 史浩：〈卜算子〉：「符菉玉搔頭，艾虎青絲鬢。」

129 楊無咎：〈齊天樂〉：「更釵梟朱符，臂纏紅縷。」

130 韓元吉：〈南柯子·廣德道中遇重午〉：「兵符點翠釵。」

131 吳文英：〈澡蘭香·林鍾羽淮安重午〉：「盤絲繫腕，巧篆垂簪。」

132 〔南朝·梁〕宗懔：《荊楚歲時記》，五〇頁，太原，山西人民出版社，一九八七。

133 〔宋〕陳元靚：《歲時廣記》卷二十一，二四二頁，上海，商務印書館，一九三九。

符袋

靈篆貯紗囊，熏風綠鬢傍。從今能鎮膽，不怯睡空房。

（〔明〕高啟〈釵符〉）

有的時候，中國古人還有一種用絳紅紗或者白紗做的小「符袋」，把硃砂寫就的道教篆符裝於袋內，或者放入一個硃砂包。「每到節日前夕，道觀會主動把這種符袋送到貴族官宦府中，宮廷賞頒后妃大臣的節日賜物同樣包括它。」[134]

據《夢粱錄》卷三〈五月重午節〉，是日「內更以百索彩線、細巧鏤金花朵，及銀樣鼓兒、糖蜜韻果、巧粽、五色珠兒結成經筒符袋、御書葵榴畫扇、艾虎、紗匹段，分賜諸閣分、宰執、親王……所謂經筒、符袋者，蓋因《抱朴子》問辟五兵之道，以五月午日配赤靈符掛心前，今以釵符佩帶，即此意也。」[135]一般掛在小孩頸上的是布製袋形護身符。

到了南宋，符袋進一步工藝化，出現了用五彩玻璃珠串成的珠袋，甚至不乏金絲或銀絲串繫珍珠編成的高檔精品。江西德安周氏墓，墓主人是一位婦人，出土時手裡有一桃枝，上邊繫著端午時的粽子。她的髮髻上是金絲編的特髻，頭上插著鎏金釵、銀簪，兩鬢和腦後還各插兩把木梳。其中有一支步搖，步搖垂下的物件不是簡單的珠串〔8.185〕，而是垂下珍珠網罩的珍珠香囊，內盛褐色的方形香囊，袋內有硃砂包。南宋崔敦〈淳熙七年端午帖子詞〉為皇后閣所作六首之一云：「玉燕垂符小，珠囊結艾青。」根據這兩句話，大約知道，它其實應是一種裝飾物，是古代婦女們的頭飾，「珠囊」那就應是女子頭上的釵上掛著一只「珠囊」。直到二十世紀，還有許多地方使用符袋，如魯迅《故事新編・起死》：「因為孩子們的魂靈，要攝去墊鹿台腳了，真嚇得大家雞飛狗走，趕忙做起符袋來，給孩子們帶上。」[136]

符袋裡有時會放符道教的「符」或「符籙」。卿希泰在《中國道教》一書中稱：「『符』指書寫於黃色紙、帛上的筆畫屈曲、似字非字、似圖非圖的符號圖形；籙指記錄於諸符間的天神名諱秘文，一般也書寫於黃色紙、帛上。道教聲稱，符籙是天神的文字，是傳達天神意旨的符信，用它可以召神劾鬼，降妖鎮魔，治病除災。」[137] 漢末五斗米道和太平道就是以造符書、喝符水為人治病來吸引信徒創建組織的。魏晉以後，符籙道法一直是道教的主流。一九五九年吐魯番阿斯塔那古墓葬區三〇三墓內就發現了這樣一個裝有符籙的囊〔8.186〕。它裡面有一塊長二十七・五公分，寬十公分，上繪有左手持刀、右手持叉的朱繪天神和朱

8.185〔南宋〕端午釵符

8.186〔高昌〕道教符籙

[134] 孟暉：〈釵頭荔枝慶端午〉，載《長江日報》，讀週刊‧專欄版，二〇一四‧〇六‧〇八。

[135] 〔宋〕吳自牧：《夢粱錄》卷三，見〔宋〕孟元老等：《東京夢華錄（外四種）》，一五七頁，上海，古典文學出版社，一九五七。

[136] 魯迅：《魯迅全集》第二冊《故事新編》，四八六頁，北京，人民文學出版社，二〇〇五。

[137] 卿希泰：《中國道教》（三），三〇五頁，上海，知識出版社，一九九四。

書符文四行的符籙。從出土文物來看，符籙可以被折疊得很小而裝在囊內佩帶。[138]

艾虎

深院榴花吐。畫簾開、練衣紈扇，午風清暑。兒女紛紛誇結束，新樣釵符艾虎。早已有遊人觀渡。老大逢場慵作戲，任陌頭、年少爭旗鼓，溪雨急，浪花舞。

靈均標緻高如許。憶生平、既紉蘭佩，更懷椒醑。誰信騷魂千載後，波底垂涎角黍，又說是、蛟饞龍怒。把似而今醒到了，料當年、醉死差無苦。聊一笑、吊千古。

（〔宋〕劉克莊〈賀新郎・端午〉）

8.187 艾草

釵符總是與艾虎相伴。艾虎，即用艾葉剪成老虎形，成對綴在釵頭。艾草，菊科，多年生草本〔8.187〕。莖、葉皆可以作中藥，性溫味苦，有祛寒除濕、止血、活血及養血的功效。葉片曬乾製成艾絨，可用於灸療。

在一些地區的端午節前後，人們將艾葉做成艾虎，用於婦女兒童們喜歡的端午簪飾。除了辟邪，艾虎還有宜男（求子）和「儲祥納吉」之意。艾虎之俗流行於六朝以後。南朝梁代宗懍《荊楚歲時記》記載，在五月五日這天「今人以艾為虎形，至有如黑豆大者，或剪綵為小虎，粘艾葉

8.188「陶花」系列「艾虎一家」

8.189 布藝老虎

以戴之」。[139]又，南宋陳元靚《歲時廣記》卷二十一〈摻艾虎〉引北宋呂原明《歲時雜記》：「端午以艾為虎形，至有如黑豆大者，或剪綵為小虎，粘艾葉以戴之。」又引「王沂公〈端午帖子〉云：『釵頭艾虎辟群邪，曉駕祥雲七寶車。』章簡公帖子云：『花陰轉午清風細，玉燕釵頭艾虎輕。』王晉卿端午詞云：『偷閒結個艾虎兒，要插在、秋蟬鬢畔。』又古詞云：『雙雙艾虎，釵裡朱符，臂纏紅縷。』」[140]

之所以將艾葉做成虎狀，這又涉及古人的信仰。在古人心目中，老虎是既可怕又可敬的東西。因其威猛無比，能夠有辟邪禳災、祈豐及懲惡揚善、發財致富、喜結良緣等多種神力〔8.188、8.189〕。虎被認為能夠吞噬鬼怪，東漢應劭《風俗通義・祀典・桃梗、葦茭、畫虎》引《黃帝書》云：「上古之時，有荼與鬱壘昆弟二人，性能執鬼。度朔山上有桃樹，二人於樹下檢閱百鬼，無道理妄為人禍害，荼與鬱壘縛以葦索，執以食虎。」在漢朝人文化體現裡，虎是能夠驅害辟邪的神獸，即「虎者，陽物，百獸之長也，能執搏挫銳，噬食鬼魅」。於是，漢人「燒悟虎皮飲之，繫其爪，亦能辟惡」。在過年時「常以臘

[138] 張曉紅：〈釵符、艾虎、艾花——宋代端午簪飾論析〉，載《甘肅聯合大學學報》（社會科學版），二〇〇八（七），六五頁。

[139] 〔南朝・梁〕宗懍：《荊楚歲時記》卷一，四七頁，太原，山西人民出版社，一九八七。

[140] 〔宋〕陳元靚：《歲時廣記》卷二十一，二四三頁，上海，商務印書館，一九三九。

除夕，飾桃人，垂葦茭，畫虎於門，皆追效於前世，冀亦御凶也」[141]。

宋人將除夕辟邪用的「虎」挪用到了端午節，艾虎之風開始流行。賈仲名〈金安壽〉：第三折「疊冰山素羽青奴，剪綵仙人懸艾虎。」[142]明代彭大翼《山堂肆考》：「端午以艾為虎形，或剪綵為虎，粘艾葉以戴之。」[143]又清代富察敦崇《燕京歲時記‧彩絲繫虎》：「每至端陽，閨閣中之巧者，用綾羅製成小虎及粽子、葫蘆、櫻桃、桑葚之類，以彩線穿之，懸於釵頭，或繫於小兒之背，古詩云：『玉燕釵頭艾虎輕』，即此意也。」[144]

張曉紅在〈釵符、艾虎、艾花——宋代端午簪飾論析〉一文中稱：「簪戴用的小巧玲瓏的艾虎是從門首懸掛的較大的艾虎而來的。艾虎本應是直接用艾草做的虎狀物，作為門飾的艾虎即如此，但作為簪戴飾品，大約因為一是比較難做，二是不夠美觀，所以加以變通，用布帛彩線做成虎狀之後，直接在上面粘上一片艾葉也可。」[145]有的做工相當精緻，在艾虎外面蒙覆金片。無名氏〈阮郎歸〉就提到「蒙金艾虎兒」。艾虎可以成雙簪戴於頭，宋代劉辰翁〈摸魚兒〉有「釵符獻酒，裊裊綴雙虎」。

除了艾虎，還有用蠶繭做的繭虎。繭虎是端午節的佩戴之物，嘉靖浙江《蕭山縣志》說：「女子以繭作龍虎，少長皆佩之，欲如龍虎之健。兒女輩彩索纏臂，草粽繡符綴衣，長者簪艾葉、榴花以辟邪。」[146]清吳偉業〈繭虎〉詩：「最是繭絲添虎翼，難將續命訴牛哀。」艾虎又通常與張天師在一起，為天師御虎狀。道教傳說張天師於五月五日乘艾虎出遊，消滅五毒妖邪。

8.190 艾花

艾花

巧結分枝黏翠艾。翦翦香痕，細把泥金界。小簇葵榴芳錦隘。紅妝人見應須愛。

午鏡將拈開鳳蓋。倚醉凝嬌，欲戴還慵戴。約臂猶餘朱索在。梢頭添掛朱符袋。

（〔宋〕張炎〈蝶戀花・賦艾花〉）

艾花，古代漢族端午節婦女頭飾，流行於中原和江南地區〔8.190〕。農曆五月初五，民間將綢、紙之類剪成艾花，簪戴在頭上，用以辟惡、祛邪。

宋代陳元靚《歲時廣記》卷二十一〈插艾花〉引宋呂原明《歲時雜記》：「端午京都仕女簪戴，皆剪繒楮之類為艾，或以真艾，其上裝以蜈

---

141 〔漢〕應劭：《風俗通義校注》卷八，三六七頁，北京，中華書局，一九八一。

142 〔明〕臧晉叔：《元曲選》，一〇九九頁，北京，中華書局，一九五九。

143 〔明〕彭大翼：《山堂肆考・宮集》卷十一，明萬曆四十七年梅墅石渠閣刊行本。

144 〔清〕富察敦崇：《燕京歲時記》，六六頁，北京，北京古籍出版社，二〇〇〇。

145 張曉紅：〈釵符、艾虎、艾花——宋代端午簪飾論析〉，載《甘肅聯合大學學報》（社會科學版），二〇〇八（七），六五頁。

146 〔清〕鄒勷：《蕭山縣志》，二一三頁，台北，成文出版社，一九八三。

蚣、蚰蜒、蛇、蠍蟲草之類，及天師形象。並造石榴、萱草、躑躅假花，或以香藥為花。」[147]艾花並不在於體現裝飾之美，而更在於它體現了驅邪避害之意。宋明時期關於艾花的詩詞較多出現，如南宋吳文英〈踏莎行〉：「榴心空疊舞裙紅，艾枝應壓愁鬟亂。」無名氏〈失調名〉：「御符爭帶，斜插交枝艾。」宋代王鎡〈重午〉：「艾枝簪滿碧巾紗。」陸游〈乙卯重五〉：「粽包分兩髻，艾束著危冠。」中國古人用絲織品製作艾花極其繁複，先以艾枝或用繒帛剪成艾枝狀作為主體部分，上面再點綴上各種昆蟲、天師像，或做成各種假花，有的還用香藥做成，非常講究。

艾人

艾葉雙人巧，菖花九節榮。玉皇膺曼壽，金母共長生。

（〔宋〕周必大〈端午帖子・太上皇后閣〉）

門兒高掛艾人兒。鵝兒粉撲兒。結兒綴著小符兒。蛇兒百索兒。紗帕子。玉環兒。

（〔宋〕無名氏〈阮郎歸・端五〉）

詩中「艾葉雙人巧」「門兒高掛艾人兒」很可能就是用艾葉剪成人形的艾花。在中國古代，端午傳統有艾束為人形或將艾葉和菖蒲束成捆一起掛在門上的風俗〔8.191〕。南朝梁人宗懍《荊楚歲時記》五月五日，四民「采艾以為人，懸門戶上，以禳毒氣」[148]。又，宋代孟元老《東京夢華錄》卷八〈端午〉：「自五月一日及端午前一日，賣桃、柳、葵花、蒲葉、佛道艾，次日家家鋪陳於門首，與五色水團、茶酒供養。又釘艾人於門上，士庶遞相宴賞。」[149]端午採藥之俗直到明代仍十分興盛，人們用菖蒲、雄黃酒避毒，在門上裝飾艾人、艾虎、菖蒲、貼符、張天師畫像等禳毒之物。

8.191 在門上懸艾草菖蒲以辟邪

天師

據吳自牧《夢粱錄》記載，五月重午「五日重午節，又曰『浴蘭令節』，內司意思局以紅紗彩金盝子，以菖蒲或通草雕刻天師馭虎像於中，四圍以五色染菖蒲懸圍於左右。又雕刻生百蟲鋪於上，卻以葵、榴、艾葉、花朵簇擁。……杭都風俗……以艾與百草縛成天師，懸於門額上，或懸虎頭白澤。或士宦等家以生朱於午時書『五月五日天中節，赤口白舌盡消滅』之句。」[150]

[147]〔宋〕陳元靚：《歲時廣記》卷二十一，二四四頁，上海，商務印書館，一九三九。
[148]〔南朝・梁〕宗懍：《荊楚歲時記》，四七頁，太原，山西人民出版社，一九八七。
[149]〔宋〕孟元老：《東京夢華錄全譯》卷九，一四六頁，貴陽，貴州人民出版社，二〇〇九。
[150]〔宋〕吳自牧：《夢粱錄》卷三，見〔宋〕孟元老等：《東京夢華錄（外四種）》，一五七頁，上海，古典文學出版社，一九五七。

8.193 騎虎仗劍張天師銅牌背太極八卦

8.192 邰立平木版年畫
張天師騎虎

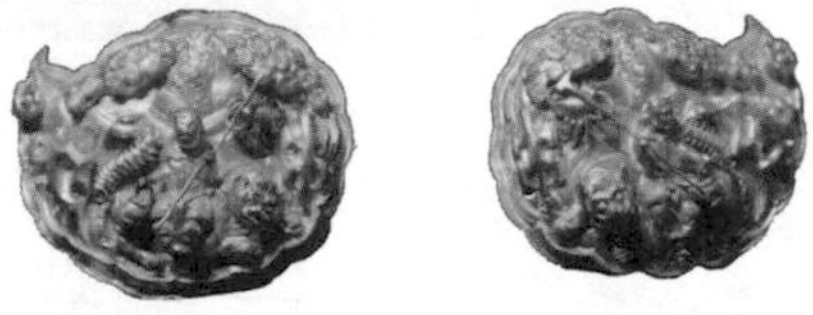

8.194 江陰博物館館藏〔明〕張
天師騎虎五毒金掩鬢

宋代道教流行，民間普遍流行門上貼的各種門帖其實都是符的變種。門帖中有天師像，天師真名為張道陵（？—一五六年），本名張陵，東漢沛國豐邑（今江蘇豐縣）人，為五斗米教的創始人，被後世道教徒尊奉為「天師」。據《後漢書‧劉焉傳》記載，張陵於漢順帝時在四川鶴鳴山學道，造作符書，以惑百姓。後被元朝忽必烈冊封為第一代張天師，後被明太祖朱元璋廢除並禁止使用其封號。天師像是用硃砂筆在黃表紙上畫上張天師的像，如陳元靚《歲時廣記》引《歲時雜記》云：「端午，都人畫天師像以賣。」[151]又，宋代吳潛〈二郎神‧己未自壽〉詞云：「恰就得端陽，艾人當戶，硃筆書符大吉。」其中的「硃筆書符」就是指「張天師」的畫像。

除了張貼在門上的天師像〔8.192〕，也將其做成騎虎仗劍張天師的銅牌〔8.193〕，或做成首飾上的主題紋樣，如明代江陰青陽鄒令人墓出土張天師騎虎五毒金掩鬢〔8.194〕，用整塊桃形金片錘鍱出仙人、老虎、三足蟾蜍、蜈蚣、蠍子、山石、青松等景物。嶙峋山石，依在右側，山石上伏三足蟾蜍。青松枝葉，簇簇如雲朵，映襯於上端。赤髮跣足仙人，正身坐在於臥虎背上，虎頭扭轉，面向前方，一副憨態可掬的樣子。仙人肩披霞帔，左手執鋤。鋤以粗金絲為之，鋤上端壓在蠍子身上。仙人右手提花籃，左側有千足蜈蚣一條。

蒲龍

菖蒲，別名臭菖蒲、水菖蒲、泥菖蒲、大葉菖蒲、白菖蒲，多年水生草本植物〔8.195〕。有香氣，是中國傳統文化中可防疫驅邪的靈草，與蘭花、水仙、菊花並稱為「花草四雅」。為有毒植物，根莖毒性較大。誤食量多時會產生強烈幻視。菖蒲作用類似艾草，民間迷信它有辟邪免疫的神效。故自漢晉以來，端午節家家必插艾以應節景，唐以後更添以菖蒲，民間稱為「蒲龍艾虎」。舊俗扎蒲草為龍形，扎艾草為虎形，於端午節掛在門上，以驅惡辟邪。清人潘榮陛《帝京歲時紀勝・五月・端陽》：「五月朔，家家懸朱符，插蒲龍艾虎，窗牖貼紅紙吉祥葫蘆。幼女剪綵疊福，用軟帛緝逢老健人、角黍、蒜頭、五毒老虎等式，抽作大紅硃雄葫蘆，小兒佩之，宜夏避惡。」[152]

[151]〔宋〕陳元靚：《歲時廣記》卷二十一，二四四頁，上海，商務印書館，一九三九。

[152]〔清〕潘榮陛：《帝京歲時紀勝》，二一頁，北京，北京古籍出版社，二〇〇〇。

健人

明代江浙一帶，端五時婦女還有佩「健人」的風俗。據明代萬曆浙江《秀水縣志》卷一：「婦女製繒為人形佩之，曰健人。」[153]健人一般用金銀絲或銅絲金箔做成，形狀為小人騎虎，亦有另加鐘、鈴、纓及蒜、粽子等的。插在婦女髮髻，也用以饋送。《清嘉錄》卷五〈健人〉條云：「（五月五日）市人以金銀絲製為繁纓、鐘、鈴諸狀，騎人於虎，極精細，綴小釵，貫為串，或有用銅絲金箔為之者，供婦女插鬢。又互相獻賚，名曰健人。」[154]文中「騎人於虎」頗似張天師的形象。也有人說健人與艾人都具有驅邪辟疫之意，只是以帛易艾，如吳曼雲〈江鄉節物詞・小序〉云：「健人即艾人，而易之以帛，作騎虎狀，婦人皆戴之。」

8.195 在浙江武義縣南豐菜場，一位老奶奶在整理待售的艾草和菖蒲

荔枝

紅藕絲。白藕絲。艾虎衫裁金縷衣。釵頭雙荔枝。鬢符兒。背符兒。鬼在心頭符怎知？相思十二時。

（〔宋〕李石〈長相思〉）

這是宋代詩人李石描寫端午的一首小詞。端午節時，正是荔枝成熟的時節〔8.196〕。人們穿帶有「宜男」艾虎紋的薄紗羅衣裳，頭上

8.196 荔枝

8.197〔北宋〕趙昌《荔枝圖》

的釵頭吊掛一對荔枝果。

唐人為了吃新鮮的荔枝，可以如晚唐詩人杜牧〈過華清宮三首・其一〉：「一騎紅塵妃子笑，無人知是荔枝來。」不惜一切代價也要獲取新鮮荔枝。因為寶貴，唐人甚至將荔枝果當作吊墜放在釵頭，以此彰顯身份，韓偓〈荔枝〉詩云：「封開玉籠雞冠濕，葉襯金盤鶴頂鮮。想得佳人微啟齒，翠釵先取一雙懸。」「荔枝」諧音「利至」，此盤所雕荔枝碩果滿滿，正可謂「利至連連」，寓意美好。北宋趙昌《荔枝圖》〔8.197〕和宋人繪《離支伯趙國圖》〔8.198〕都是表現荔枝的佳作。此後，端午時人們乾脆將荔枝做成髮簪、耳環之類首飾的紋樣主題。例如，黃庭堅〈浪淘沙〉詠「荔枝」詞中便有「一雙和葉插雲鬟」。荔枝髮簪沒有實物發現，但荔枝形耳環確有實物，如常德桃源宋墓出土金荔枝耳環〔8.199〕、湖北蘄春漕河鎮羅州城遺址窖藏出土宋代荔枝形金耳環〔8.200〕。元人沿襲了此種題材形式。

宋代荔枝耳環多做並蒂果的形式，元人康瑞〈西湖竹枝詞〉：「合歡釵頭雙荔枝，同心結得能幾時。」這樣的構圖模式，雖有取

153 〔明〕李培：《秀水縣志》卷一，九三頁，台北，成文出版社，一九七〇。

154 〔清〕顧祿：《清嘉錄》卷二，一〇九頁，南京，江蘇古籍出版社，一九九九。

8.200 湖北蘄春縣博物館藏〔宋〕荔枝形金耳環

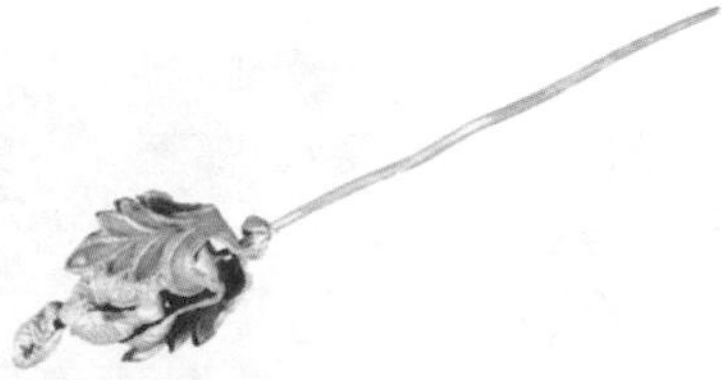

8.199〔宋〕金荔枝耳環

8.201〔元〕剔紅荔枝紋圓盤

8.198〔宋〕佚名《離支伯趙國圖》

「成雙」的寓意，但也是從荔枝的實際生長形態出發。明代亦有「並頭花」的髮簪，如《金瓶梅》第二回：潘金蓮「周圍小簪兒齊插。斜戴一朵並頭花，排草梳兒後押。」[155]令人可惜的是，我們尚未見到可與「並頭花」髮簪對應的實物。元代荔枝的題材開始趨於繁複，如元代剔紅荔枝紋圓盤〔8.201〕，盤內雕出一枝蒼勁的荔枝枝幹，荔枝果實飽滿，枝葉掩映纏繞。每個荔枝皆作不同錦紋組合，章法嚴謹，圖紋精美逼真。為了追求形式感，元人甚至還將荔枝和枝葉做纏枝的形式，將並蒂的荔枝果整個包捲在枝葉裡面，如湖南臨澧元代金銀器窖藏金荔枝簪〔8.202〕、湖南攸縣出土銀鎏金荔枝簪首〔8.203〕。除了這種立體的造形，也有平面鏨刻的形式，如私人收藏元代銀鎏金蝴蝶花草荔枝紋耳環〔8.204〕。此耳環是在銀牌上鏤空鏨刻工藝，做出的荔枝、卷草的紋樣，銀牌上方的蝴蝶和中間的花朵是以圓或橢圓形做出，抽象概括。其主體紋樣的背景是精細的卷草紋，線條流暢婉轉。

元代的繁複風格到了清代，似乎發生了變化，荔枝首飾的圖式似乎趨於簡單，如私人收藏的清代銀鎏金並蒂荔枝簪〔8.205〕，長九．九公分，重七．一克。簪首與簪腳交接的地方是一束三片的葉

8.202〔元〕金荔枝簪

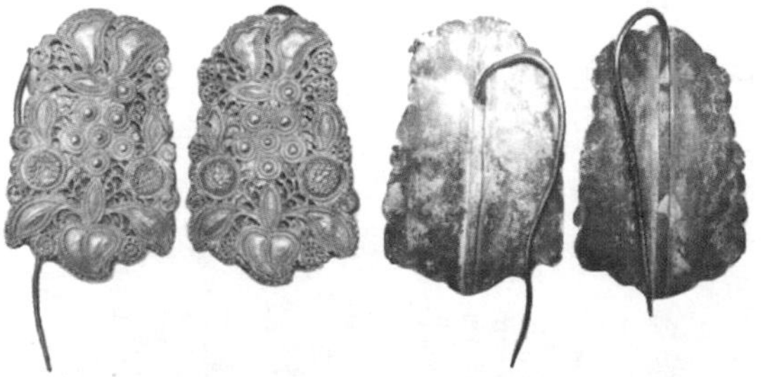
8.204〔元〕銀鎏金蝴蝶花草荔枝紋耳環

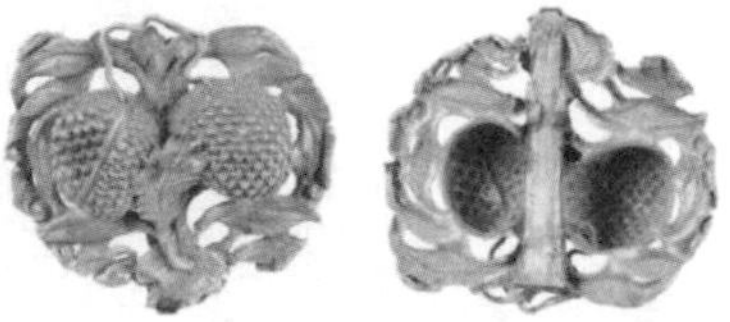
8.203 銀鎏金荔枝簪簪首（見揚之水：《奢華之色：宋元明金銀器研究》，五四頁，北京，中華書局，二〇一〇）

8.206 金耳環和荔枝果造形的耳墜

8.205〔清〕銀鎏金並蒂荔枝簪

子，再上面是枝蒂連接的荔枝果。另一件私人收藏的耳環〔8.206〕，甚至只有一個荔枝果和耳腳。雖然簡單，但荔枝果表面凸起的肌理清晰，外形圓潤，充滿生氣。

競渡

競渡是一種划船比賽，亦寫作「競度」。相傳戰國楚屈原於農曆五月五日投汨羅江以死，於是舉行龍舟競渡，以示紀念。南朝梁代宗懍《荊楚歲時記》記有，五月五日「是日競渡，采雜藥」[156]的記載，又隋朝杜公瞻註釋：「按五月五日競渡，俗為屈原投汨羅日，傷其死所，故並命舟

155 〔明〕蘭陵笑笑生：《金瓶梅詞話》，四八頁，北京，中華書局，一九九八。

156 〔南朝・梁〕宗懍：《荊楚歲時記》卷一，四八頁，太原，山西人民出版社，一九八七。

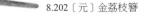

楫以拯之，舸舟取其輕利，謂之飛鳧，一自以為水車，一自以為水馬，州將及士人悉臨水觀之。」[157]《隋書・地理志下》：「屈原以五月望日赴汨羅，土人追至洞庭不見，湖大船小，莫得濟者，乃歌曰：『何由得渡湖！』因爾鼓櫂爭歸，競會亭上，習以相傳，為競渡之戲。」[158]

龍舟競渡，在宋代幾乎成為普天同慶的節日盛典。上自帝王，下至百姓，共同參與，各得其樂。孟元老的《東京夢華錄》卷七〈駕幸臨水殿觀爭標錫宴〉記載宋徽宗在金明池觀賞龍舟競渡的情況甚為詳備：

駕先幸池之臨水殿，錫宴群臣。殿前出水棚，排立儀衛。近殿水中，橫列四彩舟，上有諸軍百戲，如大旗、獅豹、棹刀、蠻牌、神鬼、雜劇之類。又列兩船，皆樂部。又有一小船，上結小綵樓，下有三小門，如傀儡棚，正對水中。樂船上參軍色進致語，樂作，綵棚中門開，出小木偶人，小船子上有一白衣人垂釣，後有小童舉棹。划船，繚繞數回，作語，樂作，釣出活小魚一枚，又作樂，小船入棚。繼有木偶築球舞旋之類，亦各念致語，唱和，樂作而已，謂之「水傀儡」……所謂小龍船，列於水殿前，東西相向；虎頭、飛魚等船，布在其後，如兩陣之勢。須臾，水殿前水棚上一軍校以紅旗招之，龍船各鳴鑼鼓出陣，划棹旋轉，共為圓陣，謂之「旋羅」。水殿前又以旗招之，其船分而為二，各圓陣，謂之「海眼」。又以旗招之，兩隊船相交互，謂之「交頭」。又以旗招之，則諸船皆列五殿之東面，對水殿排成行列，則有小舟一軍校執一竿，上掛以錦彩銀碗類，謂之「標竿」，插在近殿水中。又見旗招之，則兩行舟鳴鼓並進，捷者得標，則山呼拜舞。[159]

明代高啟、莊昶的詩都寫到皇帝賜宴群臣並觀賞龍舟競渡。清代自順治起，端午節大都要在福海舉行龍舟競渡。光緒年間，西苑還存有乾隆御書匾額。明代張岱《陶庵夢憶》卷五〈金山競渡〉：

看西湖競渡十二三次，己巳競渡於秦淮，辛未競渡於無錫，壬午競渡於瓜州，於金山寺。西湖競渡，以看競渡之人勝，無錫亦如之。秦淮有燈船無龍船，龍船無瓜州比，而看龍船亦無金山寺比。瓜州龍船一二十隻，刻畫龍頭尾，取其怒；旁坐二十人持大楫，取其悍；中用彩篷，前後旌幢繡傘，取其絢；撞鉦撾鼓，取其節；艄後列軍器一架，取其鍔；龍頭上一人足倒豎，敁敪其上，取其危；龍尾掛一小兒，取其險。[160]

競渡反映於首飾，則為舟船的樣子。內蒙古奈曼旗遼陳國公主墓公主的耳墜〔8.207〕是用金絲將四枚琥珀雕成的龍舟與六顆大珍珠、十一顆小珍珠串連而成，龍舟上還刻出搖櫓之人。浙江省博物館收藏的一九五六年臨海王士琦墓出土的金累絲遊舫小插共三件〔8.208〕。揚之水在《奢華之色》中有所描述：「小插的簪首用花絲掐作船形，再以小卷草平填作一葉扁舟，船尾做出

8.207〔遼〕琥珀串珠龍舟競渡耳墜

8.208 金累絲遊舫小插

157〔南朝・梁〕宗懍：《荊楚歲時記》卷一，四九頁，太原，山西人民出版社，一九八七。
158〔唐〕魏徵：《隋書》卷三十一〈地理志下〉，八九七頁，北京，中華書局，一九七三。
159〔宋〕孟元老：《東京夢華錄全譯》卷九，一二五頁，貴陽，貴州人民出版社，二〇〇九。
160〔明〕張岱：《陶庵夢憶》卷五，四九頁，上海，上海古籍出版社，一九八二。

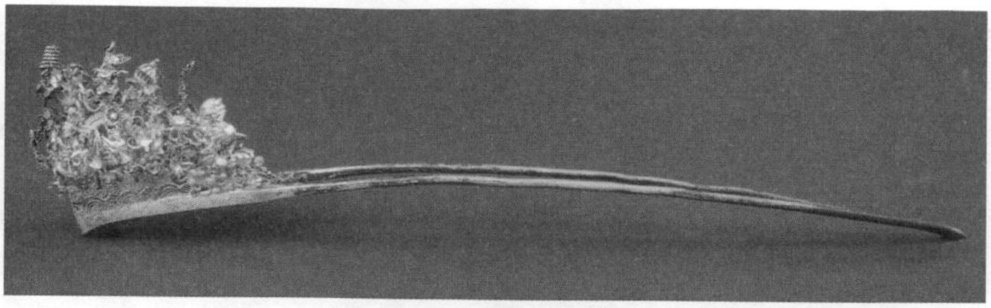

8.209〔明〕仙人騎龍銀髮釵

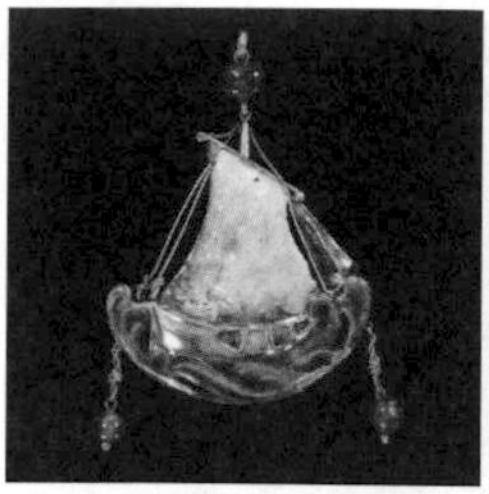

8.210 古董歐泊石吊墜

烏篷，中間用四根金條撐出一個小卷棚，棚周以細金條仿絲帛做成披垂的瀝水，卷棚下設圈椅，士子手持摺疊扇巾服倚坐，船頭艄公屈步躬身，長篙刺水。圈椅背面焊扁管，其中一支內插一柄銀簪腳，餘兩支失腳。雖然無風無水，而盪舟中流湖天一色之境宛然。」[161]有時，競渡主題也有仙人的形式，如香港夢蝶軒藏明代仙人騎龍銀髮釵〔8.209〕。競渡主題在西方的首飾品設計中也可見到一些〔8.210〕。

長命縷

長命縷是舊俗端午時繫於臂上以祈福免災的五彩絲。古時又稱續命縷、避兵繒、朱索、百索、五色縷、長命壽線等。據《太平御覽》卷三十一引漢應劭《風俗通》：「五月五日，以五彩絲繫臂者，辟兵及鬼，令人不病瘟。亦因屈原。」又「集五色綵繒辟五兵也」。[162]可知，自漢以來，五月端五前後，古人在手臂上繫彩色絲線，以求平安健康，避刀兵之災。宋人也將五彩絲做成「同心索」，如宋人洪咨夔〈菩薩蠻〉云：「翠翹花艾年時昨，鬪新五采同心索。」在傳明代蘇漢臣《貨郎圖》〔8.211〕和美國大都會藝術館藏明代佚名《貨郎圖》〔8.212〕中都有繫長命縷的兒童形象。此習俗一直延續到清代。清顧祿《清嘉錄》卷五〈五

8.211 傳〔明〕蘇漢臣《貨郎圖》

8.212〔明〕佚名《貨郎圖》

8.213 中國少數民族服飾上的五彩絲線

月・長壽線〉：「結五色絲為索，繫小兒之臂，男左女右，謂之長壽線。」[163]又吳曼雲〈江鄉節物詞〉小序：「杭俗，結五彩索繫小兒臂上，即古之長命縷也。」詩曰：「編成雜組費功深，絡索輕於臂纏金。笑語玉郎還憶否？年時五彩結同心。」

至今，在一些地區還保存有端午掛長命縷的風俗〔8.213〕。每到端午節前，村子裡的姑娘們便會從田間地頭找尋各色花草來染五彩線。染好線後，姑娘們將五彩線編成稜形、三角形、方形等等形狀各異的「符」，再將這些符掛在手腕、腳腕或脖子上，或送給小孩子們，並且一定要戴夠七天，能夠祛病，不被蚊蟲或蛇叮咬。

石榴花

明劉侗、于奕正《帝京景物略》卷二〈城東內外・春場〉：「五月一日至五日，家家妍飾小閨女，簪以榴花，曰『女兒節』。」[164]清人顧祿《清嘉

[161] 揚之水：《奢華之色》第二冊，五四頁，北京，中華書局，二〇〇一。

[162]〔宋〕李昉等輯：《太平御覽》卷三十一，二七〇頁，石家莊，河北教育出版社，二〇〇〇。

[163]〔清〕顧祿：《清嘉錄》卷五，一一一頁，南京，江蘇古籍出版社，一九九九。

[164]〔明〕劉侗、于奕正：《帝京景物略》卷二，六八頁，北京，北京出版社，一九六三。

8.214 石榴花

8.215〔明〕陸治《榴花小景》

錄》卷五〈端午〉說，每年五月五日「俗稱端五，瓶供蜀葵、石榴、蒲、蓬等物。婦女簪艾葉、榴花，號為『端午景』」。[165]

石榴花，為石榴屬植物，石榴樹幹灰褐色，有片狀剝落，嫩枝黃綠光滑，花朵至數朵生於枝頂或葉腋，花萼鐘形，花瓣五至七枚，紅色或白色，單瓣或重瓣〔8.214、8.215〕。其具有收斂止瀉等藥用價值，可做成炒石榴花等菜餚。花語寓意成熟的美麗、富貴和子孫滿堂。石榴是漢時張騫由西域引入。榴花一般以五月最繁，五月又雅稱「榴月」，韓愈〈題榴花〉詩即有「五月榴花照眼明，枝間時見子初成。可憐此地無車馬，顛倒蒼苔落絳英」的佳句。

或許早在漢代中國古人已簪石榴花，因為甘肅武威漢墓出土金步搖的細枝上就結有酷似石榴花的花蒂。有明確記載的中國古人頭簪石榴花的風俗是唐代。唐代詩人杜牧〈山石榴〉：「一朵佳人玉釵上，只疑燒卻翠雲鬟。」詩中雖沒有直接寫石榴花為紅色，但見麗人髮簪榴花紅艷似火，卻擔心會不會燒壞佳人的翠簪和秀髮，形象生動，富於想像力。宋代也有簪石榴花的習俗，《水滸傳》第十五回寫道：「那阮小五斜戴著一頂破頭巾，鬢邊插朵石榴花，披著一領舊布衫，露出胸前刺著的青鬱鬱一個豹子來……」[166] 阮小五出場時是五月初頭，家又在石榴產地的石碣村，所以阮小五鬢邊插的石榴花倒是頗合「天時地利」的一處閒筆。至明清兩代，端午節別稱

8.217 故宮博物院藏〔清〕銅鎏金點翠纏枝並蒂石榴髮簪

8.216 私人收藏〔元〕鏤空鏨刻石榴花金簪

8.219 內蒙古博物院藏〔清〕蝴蝶、石榴、盤長金簪

8.218〔清〕銀鍍金點翠花蝶紋簪

為「女兒節」，小姑娘簪戴石榴花。

元朝江南一帶的石榴花金簪，有很多儘管不鑲嵌任何寶石，但一樣奢華絢麗。少了明清時期大紅大綠的脂粉氣，卻多了一份田園庭院的清新散淡。其實物如元末鏤空鏨刻石榴花金簪〔8.216〕，左簪簪首最下面是只小鳥，鳥頭側轉，抬頭張嘴，凝視上面的石榴花，最上面有一蕾石榴果，石榴枝葉與花朵、果實穿插有序。到了清代，石榴仍是比較常見的簪子主題〔8.217〕。同時也有一些以石榴為主，再輔以其他內容的髮簪，如故宮博物院藏清銀鍍金點翠花蝶紋簪〔8.218〕和內蒙古呼和浩特市太平鄉公主墳出土清代石榴、蝴蝶、盤長金簪〔8.219〕。此外，清代宮廷首飾設計喜歡用石榴多子、佛手多福、壽桃多壽組成「故宮三多」的紋樣主題。到了民國時期，「故宮三多」仍是髮簪設計中的常見主題，如私人收藏民國銀

165 〔清〕顧祿：《清嘉錄》卷五，一〇五頁，南京，江蘇古籍出版社，一九九九。

166 〔明〕施耐庵：《水滸傳》第十五回，一八七頁，北京，人民文學出版社，二〇〇五。

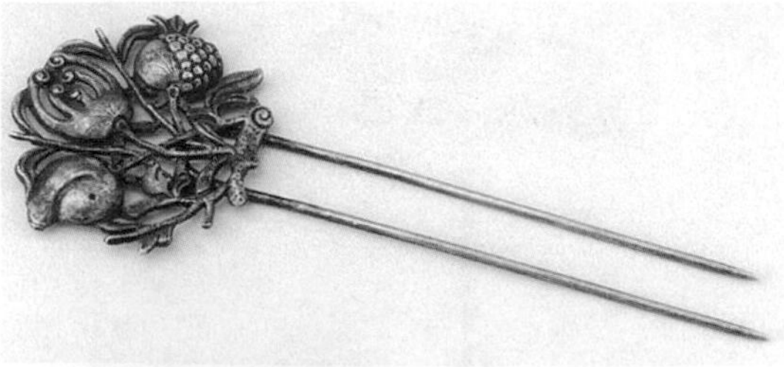

8.220〔民國〕銀鏤空鏨刻故宮三多髮簪

8.221〔清〕任頤《簪花鍾馗圖》

8.222 張大千《降福圖》

鏤空鏨刻故宮三多髮簪〔8.220〕。

傳統民俗中的「鬼王」鍾馗亦有鬢插石榴花的造形。傳為元人所作的《天中佳景圖》、《夏景戲嬰圖》都畫端午時節景致，圖中均有榴花與鍾馗像出現；明人錢穀《午日鍾馗圖》中更有鬼卒高舉榴花以獻的細節。清任頤《簪花鍾馗圖》〔8.221〕中的鍾馗同樣頭簪石榴花，長面磔目。張大千《降福圖》〔8.222〕中的鍾馗頭上就簪有鮮紅石榴花；其晚年題畫詩亦有「醉折榴花斜插鬢，老馗還作少年看」的句子。[167]

夏至・楝葉

夏至，每年公曆六月二十一日或二十二日，是二十四節氣中最早被確定的一個節氣。公元前七世紀，先人採用土圭測日影，就確定了夏至。夏至這天，太陽直射地面的位置到達一年的最北端，幾乎直射北回歸線。

楝葉為楝樹之葉〔8.223〕，葉形寬闊，落葉喬木[168]。楝樹，也稱紫花樹（江蘇）、森樹（廣東）等，為楝屬落葉喬

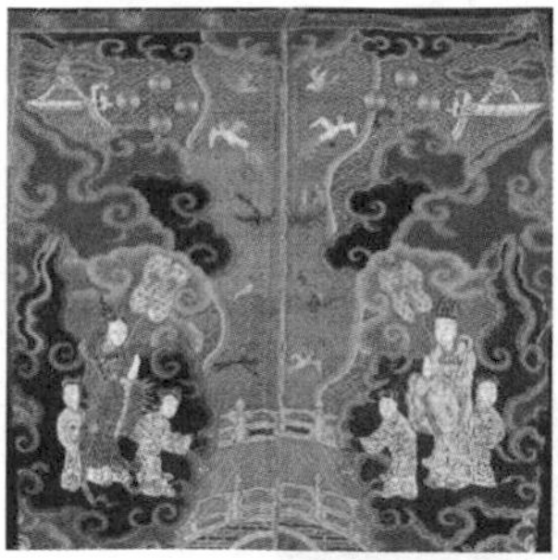
8.225〔明〕牛郎織女紋方補

8.224 獸骨楝葉簪子

8.223 楝葉

木。楝樹高達二十公尺，小葉對生，卵形或披針形，鋸齒粗鈍。花兩性有芳香，淡紫色，核果橢圓形或近球形，熟時為黃色。在中國分佈於山東、河南、河北、山西、江西、陝西、甘肅、臺灣、四川、雲南、海南等省。西漢皇族淮南王劉安及其門客集體編寫的一部漢族哲學著作《淮南子》卷五〈時則訓〉：「七月官庫，其樹楝。」高誘註：「楝實秋熟，故其樹楝也。」[169]古代男女常於夏至日摘之插於兩鬢，如南北朝梁人宗懍《荊楚歲時記》「夏至節日，食粽……民並以新竹為筒粽，楝葉插頭」。又「士女或取楝葉插頭，彩絲繫臂，謂之長命縷」。[170]有時，人們會將楝葉做成髮簪的形狀插戴在髮髻上。其實物如私人收藏的獸骨楝葉簪〔8.224〕，十六公分長，簪頭做樹葉狀，鏨刻樹葉紋脈。

[167] 劉芳如：〈畫裡鍾馗〉，載《文物光華》第七輯，台北，台北故宮博物院，一九九四。
[168] 四五月間開淡紫色小花，有清香。核果球形或長圓形，生青熟黃，味苦。其根皮、樹皮、果實均可入藥。木材堅實，可製器具。
[169]〔西漢〕劉安：《淮南子》卷五，五四頁，上海，上海古籍出版社，一九八九。
[170]〔南朝・梁〕宗懍：《荊楚歲時記》，五一頁，太原，山西人民出版社，一九八七。

8.226〔明〕刺繡月兔七夕應景方補

8.227 故宮博物院藏灑線繡鵲橋補子

8.228 北京藝術博物館藏明萬曆時期灑線繡方補

七夕・喜蛛

七夕節，又名乞巧節、七巧節或七姐誕，是華人地區以及部分受漢族文化影響的東亞國家傳統節日，在每年農曆七月初七慶祝。據傳是來自於牛郎與織女的傳說。

喜鵲為七夕應景花紋，與梅花相配為喜鵲登梅，象徵喜報新春。在明代宮中，人們要穿「鵲橋」補子紋服裝。其實物如明代牛郎織女紋方補〔8.225〕、明代刺繡月兔七夕應景方補〔8.226〕和明代灑線繡鵲橋補子〔8.227〕。月兔七夕應景方補中間坐者為王母。因為牛郎、織女都是天上的星宿，所以圖案設計浪漫而穩重，一派皇家氣勢。當然，七夕應景紋樣也有不出現人物的時候，如北京藝術博物館藏的萬曆時期灑線繡方補〔8.228〕，其中一件縱三十八公分，橫三十七公分，紅色的地紋上兩條盤旋而上的金龍在雲間隔河相望，波光粼粼的銀河上架有一座白玉欄杆石橋。一金龍的斜上方飾有連成菱形的四顆星星，代表織女投給牛郎的四個梭子。整個補子的圖案雖沒有直接出現牛郎、織女的形象，卻用銀河、星星、宮殿代表了鵲橋相會的情景，很是巧妙。

除了鵲橋紋樣，還流行喜蛛應巧。

憐從帳裡出，想見夜窗開。針欹疑月暗，縷散恨風來。

（〔南朝・梁〕簡文帝〈七夕穿針詩〉）

喜蛛應巧是較早的一種乞巧方式，其俗稍晚於穿針乞巧，大致起於南北朝之時。南朝梁代宗懍《荊楚歲時記》中記載：「是夕，人家婦女結綵縷，穿七孔針，或以金、銀、鍮石為針，陳几筵、酒、脯、瓜果於庭中以乞巧。有喜子網於瓜上，則以為符應。」[171]五代王仁裕《開元天寶遺事》卷二〈蛛絲卜巧〉，說七月七日「各捉蜘蛛於小合中，至曉開視蛛網稀密，以為得巧之候。密者言巧多，稀者言巧少。民間亦效之。」[172]至宋代，喜蛛應巧更是流行。孟元老《東京夢華錄》卷八〈七夕〉，記載七月「至初六日七日晚，貴家多結綵樓於庭，謂之『乞巧樓』。鋪陳磨喝樂、花瓜、酒炙、筆硯、針線，或兒童裁詩，女郎呈巧，焚香列拜，謂之『乞巧』。婦女望月穿針。或以小蜘蛛安合子內，次日看之，若網圓正，謂之『得巧』。里巷與妓館，往往列之門首，爭以侈靡相向[173]」。明代喜蛛應巧，仍舊是一種風尚。明人田汝成《熙朝樂事》說，七夕「婦女對月穿針，謂之『乞巧』。或以小盒盛蜘蛛，次早觀其結網疏密以為得巧多寡」[174]。

蜘蛛的外形很像漢字「喜」，寓意喜事連連，好運將至，因此，蜘蛛又稱喜子和喜母。郭璞《爾雅・釋蟲》：「小蜘蛛長腳者，俗呼為喜子。」[175]蜘蛛網上沿著一根蜘蛛絲往下滑，表示「天降好運」。以蜘蛛應

---

[171]〔南朝・梁〕宗懍：《荊楚歲時記》卷一，五五頁，太原，山西人民出版社，一九八七。
[172]〔五代〕王仁裕：《開元天寶遺事》卷下，三八頁，北京，中華書局，二〇〇六。
[173]〔宋〕孟元老：《東京夢華錄全譯》，一五二頁，貴陽，貴州人民出版社，二〇〇九。
[174]〔明〕田汝成：《熙朝樂事》，清代寫本，一六頁。
[175]〔晉〕郭璞：《爾雅今注》，三〇一頁，天津，南開大學出版社，一九八七。

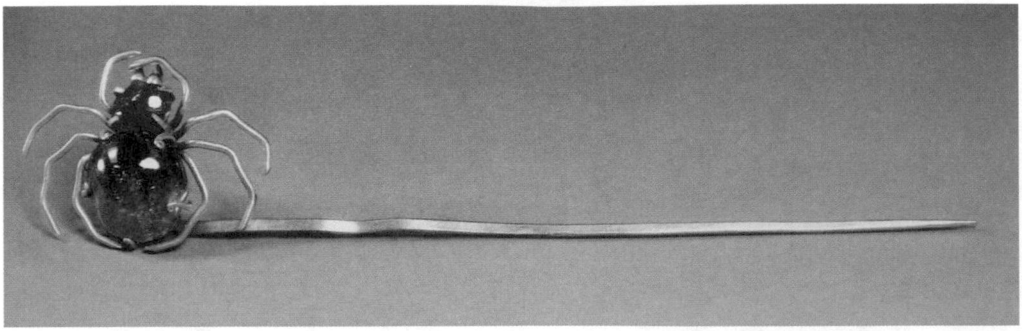

8.229〔明〕嵌寶石蜘蛛形金簪（引自《湖南宋元窖藏金銀器發現與研究》）

喜，早至魏晉已有此俗。晉代葛洪《西京雜記》卷三中有記載：「樊將軍噲問陸賈曰：『自古人君皆云受命於天，云有瑞應，豈有是乎？』賈應之曰：『有之。夫目瞤得酒食，燈火華得錢財，乾鵲噪而行人至，蜘蛛集而百事喜，小既有徵，大亦宜然。故目瞤則咒之，火華則拜之，乾鵲噪則餧之，蜘蛛集則放之。況天下大寶，人君重位，非天命何以得之哉！瑞者，寶也，信也。天以寶為信，應人之德，故曰瑞應。無天命無寶信，不可以力取也。』」[176]古人信祥瑞，以種種現象或是動物的出現作為上天旨意在凡間的一種體現，天降命於人，以所遇之物兆示之，於是現象被加之以意義，同時也成為人最質樸的期盼。

明清時期，有許多用喜蛛主題做簪的例子，如一九八七年南京中華門外鄧府山出土明代嵌寶石蜘蛛形金簪〔8.229〕。簪首作蜘蛛形，蜘蛛的首與腹部以鑲嵌的紅、藍寶石做成，再用金絲彎曲而成蜘蛛的八隻爪，用一對金珠製成蜘蛛的雙眼，形態逼真。[177]喜珠在簪頭，簪腳是一根細細的金針，兩個放在一起，巧妙地構成了一幅「喜從天降」的圖案。另外，北京海澱區上莊鄉也出土了一件清代累絲嵌珠寶蜘蛛金飾〔8.230〕，用珍珠做蜘蛛雙眼，藍寶石為腹，紅寶石為首，金絲做八隻爪，形態生動。現為首都博物館收藏。此外，清代故宮還有一對金鑲珠石秋葉蜘蛛簪〔8.231〕。

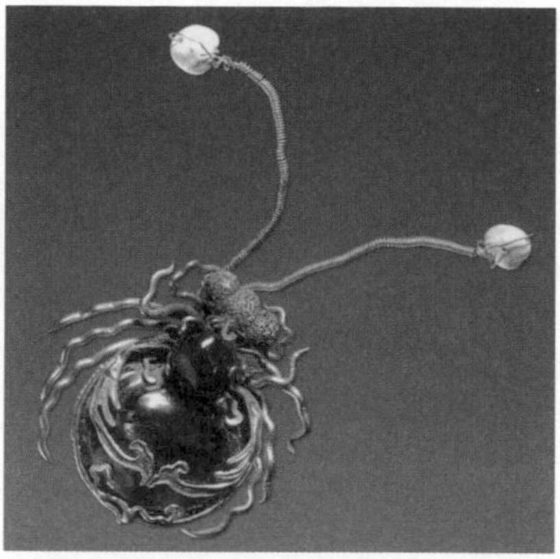

8.230〔清〕累絲嵌珠寶蜘蛛金飾（引自《明清金銀首飾》）

8.231 金鑲珠石秋葉蜘蛛簪（引自《清代后妃首飾》）

金針，均長十二・五公分，寬三・四公分。金累絲點翠，嵌珠寶秋葉、蜘蛛、靈芝。近代著名畫家齊白石畫有許多的蜘蛛作品〔8.232〕。現代西方首飾藝術家也有蜘蛛題材的首飾作品，如碧璽蜘蛛胸針〔8.233〕。

立秋・楸葉

立秋在農曆每年七月初一前後。這是二十四節氣中的第十三個節氣，是秋季的第一個節氣。唐至明時期的婦女及兒童多在立秋這天插楸葉於鬢髮，以象徵秋意。

8.232 齊白石《蜘蛛》

8.233 碧璽蜘蛛胸針

176 〔漢〕劉歆著，〔東晉〕葛洪輯，成林、程章燦譯註：《西京雜記全譯》卷一，一一六頁，貴陽，貴州人民出版社，一九九三。

177 南京市博物館編：《金與玉——公元十四至十七世紀中國貴族首飾》，三五頁，上海，文匯出版社，二〇〇四。

8.235 敦煌莫高窟壁畫中插楸葉的婦女形象

8.234 楸木

楸，落葉喬木，葉子三角狀卵形或長橢圓形，花冠白色，有紫色斑點，木材質地細密〔8.234〕，可供建築、造船等用。因「楸」字從「秋」，故被視為秋天的象徵，專用於立秋。南宋吳自牧《夢粱錄》卷四，記每年七月立秋這一天杭城內外「清晨滿街叫賣楸葉，婦人女子及兒童輩爭買之，剪如花樣，插於鬢邊，以應時序。」[178]相同的記載在宋人孟元老的《東京夢華錄》中也有[179]，周密的《武林舊事》甚至說這是「中原舊俗」[180]，明代李時珍《本草綱目》將立秋日簪楸葉習俗的起源指向了唐代，並說「婦女、兒童剪花戴之，取秋意也」[181]。插戴樹葉的婦女形象在敦煌莫高窟的壁畫中多有反映〔8.235〕。江蘇邗江蔡莊五代南唐墓出土的木俑頭部〔2.26〕，見有鏤空的銀製花葉，很可能就是楸葉的原型。同墓出土的樹葉形鏨花銀釵〔2.27〕，正與前者相互印證。

據考古發現，迄今在北票房身、朝陽王墳山、姚金溝、袁檯子與西團山等七座鮮卑墓中均出土有金質步搖冠[182]。一九五七年，遼寧北票市房身村2號前燕墓曾出土金步搖冠兩件。這樣的金枝枝條橫出後再分叉，共垂綴四十餘片金葉，顯得富麗堂皇。與此形類似的還有內蒙古烏蘭察布市達茂旗西河子北朝墓也出土過馬頭鹿角金步冠和牛頭鹿角金步搖冠各一件。每個枝梢掛桃形金葉一片。在清代，也有用翠玉做成楸葉耳環的式樣，如

8.238 金和天青石樹葉形頭飾

8.237〔清〕翠玉楸葉金虎頭耳環　8.236〔清〕翠玉楸葉金福字耳環

清代翠玉楸葉金福字耳環〔8.236〕和翠玉楸葉金虎頭耳環〔8.237〕，金色的福字和鏨刻精緻虎頭與翠綠色葉子形狀搭配在一起，充滿了生氣。

以樹葉做首飾的習慣在古希臘也有，如烏爾王陵出土的烏爾第一王朝時期（約公元前二六〇〇年）金和天青石樹葉形頭飾〔8.238〕。這件頭飾由金片與天青石和紅玉髓交替串成，天青石的礦藏位於阿富汗西北部的巴達赫尚地區，遙遠的路途，加上優美的藍色，使天青石的使用在烏爾成為財富的象徵。又如，如古希臘菲利普二世墓出土用純金打造的月桂葉王冠。埃及人月桂用得極多，它也備受羅馬人的青睞，羅馬人視之為智能、護衛與和平的象徵。人們也常將月桂樹與醫療之神阿波羅聯想在一起。月桂的拉丁字源Laudis意為「讚美」，所以在奧林匹克競賽中獲勝的人，都會受贈一頂月桂編成的頭

178 〔宋〕吳自牧：《夢粱錄》卷三，見〔宋〕孟元老等：《東京夢華錄（外四種）》，一五九頁，上海，古典文學出版社，一九五七。

179 〔宋〕孟元老：《東京夢華錄全譯》卷八〈立秋〉：「立秋日，滿街賣楸葉，婦女兒童輩，皆剪成花樣戴之。」（一五七頁，貴陽，貴州人民出版社，二〇〇九。）

180 〔宋〕周密：《武林舊事》卷三：「立秋日，都人戴楸葉，飲秋水、赤小豆……大抵皆中原舊俗也。」（八四頁，北京，中華書局，二〇〇七。）

181 〔明〕李時珍：《本草綱目》：「唐時立秋日，京師賣楸葉，婦女、兒童剪花戴之，取秋意也。」（下冊，木部第三十五卷，一三四〇頁，北京，華夏出版社，二〇〇八。）

182 少則一件，多則四件，多數是兩件同一形制冠飾同出。

8.239 安提諾烏斯像

8.240 金葉與葡萄頭飾

8.241〔法〕Schiaparelli 琺琅葉頭飾

環，而「桂冠詩人」的意象，也正是由這個典故衍生出來的。常春籐也是西方傳統的植物花卉題材，如意大利羅馬時期的安提諾烏斯像頭戴象徵著酒神狄奧尼索斯的常春籐花環〔8.239〕。這類涉及在西方近現代也有實例，如西方十九世紀金葉與葡萄頭飾實物以金片鏨刻打製〔8.240〕，實物極其精緻。一九三八年法國女時裝設計師Schiaparelli設計了琺琅葉子頭飾〔8.241〕，作者在上面還做了一個小巧精緻的甲蟲。

中秋・月兔

中秋節，又稱月夕、秋節、仲秋節、八月節、八月會、追月節、玩月節、拜月節、女兒節或團圓節，在農曆八月十五，因其恰值三秋之半，故名「中秋」。中秋節與二月十五花朝節相對，即「花朝」對「月夕」。中秋節始於唐朝初年，盛行於宋朝，至明清成為中國的主要節日之一。

中秋節是中國三大燈節之一，過節要玩燈，但沒有像元宵節那樣的大型燈會，玩燈主要只是在家庭、兒童之間進行。明代中秋節，宮中要賞秋海棠、玉簪花（詳見第五章「秋之花」），穿戴「天仙」、「月宮」、「月兔」、「桂樹」等紋樣服裝或首飾。其中，以玉兔紋樣最為常見。玉

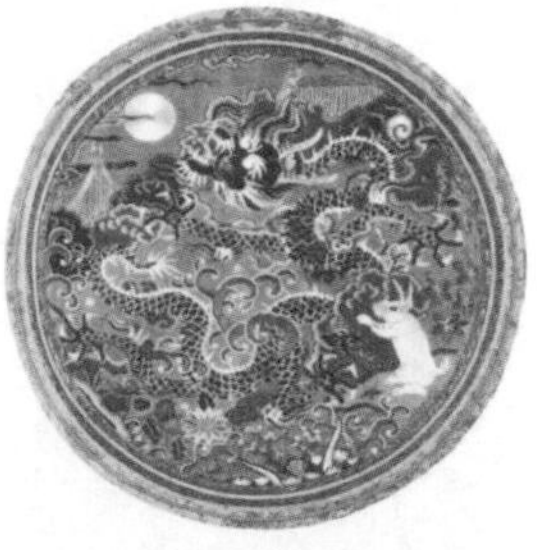
8.242〔明〕刺繡玉兔龍紋圓補

8.243〔明〕紅緙絲如意雲月兔紋方補

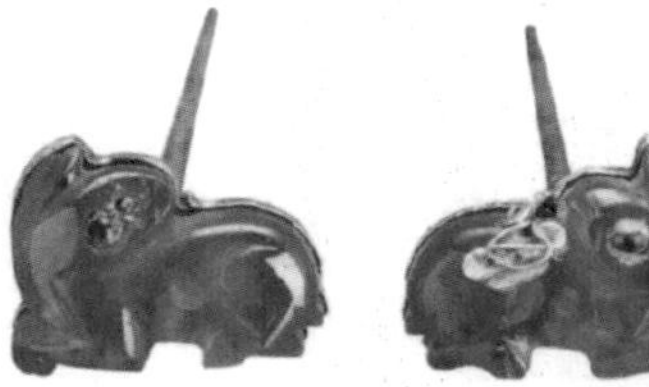
8.244〔明〕金鑲紫晶月兔簪一對

8.245 定陵博物館藏〔明〕金環鑲寶玉兔耳墜

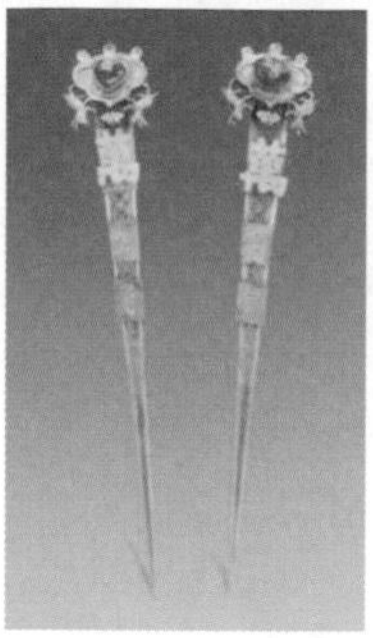
8.246〔明〕嵌寶石白玉萬字雙兔鎏金銀簪

8.247〔清〕銀鍍金東昇簪

兔是月亮的象徵，古有「金烏西墜，玉兔東昇」之說。月兔補子紋如明萬曆刺繡玉兔龍紋圓補〔8.242〕和明紅緙絲如意雲月兔紋方補〔8.243〕。與之對應的首飾如北京定陵出土金鑲紫晶月兔簪〔8.244〕和金環鑲寶玉兔耳墜〔8.245〕各一對。後者通長八公分，兔高二・四公分，圓形金耳環下，繫一嵌紅寶石的玉兔墜，玉色青白細潤，兔豎耳，眼睛為紅寶石鑲嵌，炯炯有神，直立，抱杵，下有臼，作搗藥狀。兔全身刻有淺細的毛紋，兔腳下為雲形金托，色澤互相輝映。金環呈鉤形，下飾一紅寶石，紅寶石下又吊墜白兔搗藥，以白玉雕成。

月兔主題紋樣更多是做成髮簪的形式，如北京定陵萬曆皇帝墓出土明代嵌寶石白玉萬字雙兔鎏金銀簪〔8.246〕。清代月兔題材的髮簪更多，如清宮銀鍍金東昇簪〔8.247〕，長十五公分，寬十三公分，簪柄以銀鍍金為針托，用米珠、珊瑚珠緝綴花卉；紅寶石蘋果，點翠枝葉；紅寶石珠梅花，襯藍寶石葉；點翠嵌寶西瓜，西瓜瓤為紅寶石，其中再嵌深色寶石為瓜子；正中為一小巧白玉兔伏臥於花葉間，眼睛、耳朵嵌紅寶石。簪上繫有黃條，上書：「同治元年三月三十日收。」一八六一年咸豐皇帝病逝，按照規定，慈禧應為咸豐服喪二十七個月，頭上只能佩戴不經雕刻鑲嵌的素首飾。從這對頭簪上的黃條可知，這是同治元年（一八六二年）收到宮中的，清代內務府檔案也有「同治元年定制首飾」的記載，可見慈禧雖重孝在身，仍打破規矩，隨心所欲地美化自己。相對簡單的是清代銀鎏金點翠玉兔簪〔8.248〕。一隻月兔側躺在點翠荷葉上，紅寶石嵌玉兔的雙眼。另外，還有一對銀絲觸鬚從簪頭伸出。

8.248〔清〕銀鎏金點翠玉兔簪

與月兔相似的主題是松鼠、瓜與鼠、松鼠與葡萄的主題，在中國傳統文化中，因為鼠的繁殖力強，加之瓜和葡萄也多子，這組紋樣就具有「送子多子」和「多子多孫」的吉祥含義。在清代嘉慶、道光年間署名「邗上蒙人」以揚州地方市井紈褲與煙花妓女為題材的小說《風月夢》中就有人穿「白緞金夾繡三藍松鼠偷葡萄花邊」。其實物如清宮舊藏紅寶石點翠松鼠穿珠花髮簪〔8.249〕，銀鍍金，通體點翠，橫長二十三公分，縱長二十四．五公分，簪頭中央蜜蠟松鼠兩隻，點染紅色眼睛，觸鬚嵌珠。兩隻松鼠之間，緝米珠花一朵，珊瑚米珠花心，松鼠兩側點綴紅寶石葡萄若干，點翠葡萄枝葉。簪頭裝飾華麗，松鼠活潑可愛，繁複之中不失趣味。又如，清代銀鍍金嵌珠寶點翠松鼠葡萄簪〔8.250〕，橫長十五．五公分，縱長十六公分，整

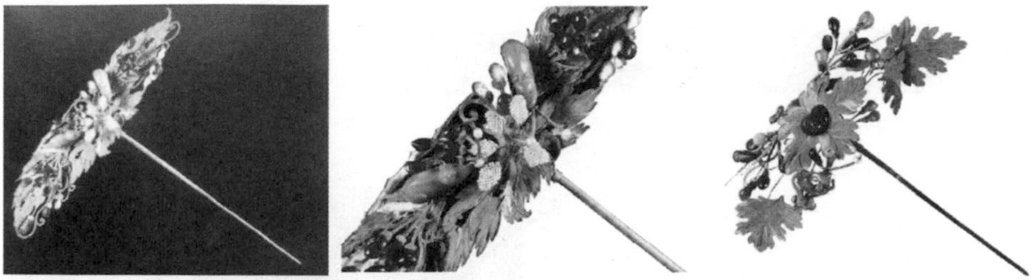

8.249〔清〕紅寶石點翠松鼠穿珠花簪

8.250〔清〕銀鍍金嵌寶點翠松鼠葡萄簪

支頭簪銀鍍金點翠以葡萄枝葉襯底，葡萄葉肥大。居中的葡萄葉中央鑲嵌紅寶石一塊。四周纏繞黃色、白色絲線的籐蔓之上鑲嵌各色寶石，以翡翠、粉碧璽、紅寶石作為葡萄籽。左側葡萄葉下，累絲松鼠一隻，側身回首，活潑頑皮。松鼠身下伸出鬚兩根，嵌珠。附黃條：「銀鍍金廂嵌松鼠葡萄簪一支，共重六□，同治元年三月三十日收。」又如，清代金鑲珠寶松鼠簪〔8.251〕，長十三・五公分，寬二公分。簪金質，兩端各嵌飾紅寶石一粒，較粗的一端鏨雕出松鼠和樹枝的形狀，並嵌碧璽一粒、珍珠兩粒。此金簪造形簡潔，構思巧妙，在清宮金鑲寶石簪中屬於較為簡潔的一種。

除了髮簪，清代也還有瓜鼠題材的扁方首飾，如台北故宮博物院藏玳瑁鑲珠石珊瑚松鼠葡萄扁方〔8.252〕，長三十・四公分，寬三十二・八公分，兩端嵌紅珊瑚松鼠四隻，松鼠躍於葡萄架上，以紅、綠寶石、碧璽、珍珠裝綴成葡萄枝葉。清代中期銀鍍金松鼠葡萄簪，印銀鍍金、東珠、紅寶石、藍寶石、碧璽、翠玉、翠羽，長二十一・

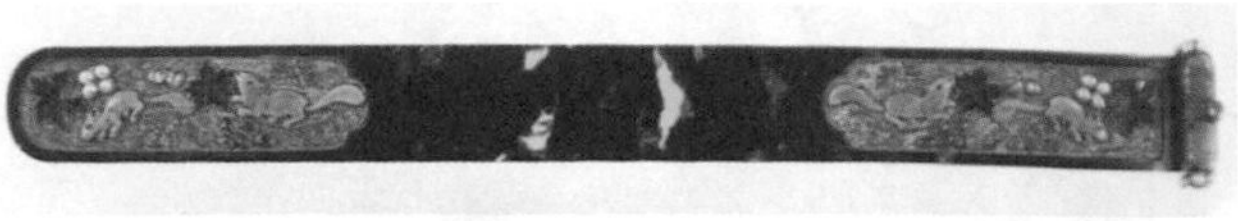

8.252 玳瑁鑲珠石珊瑚松鼠葡萄扁方

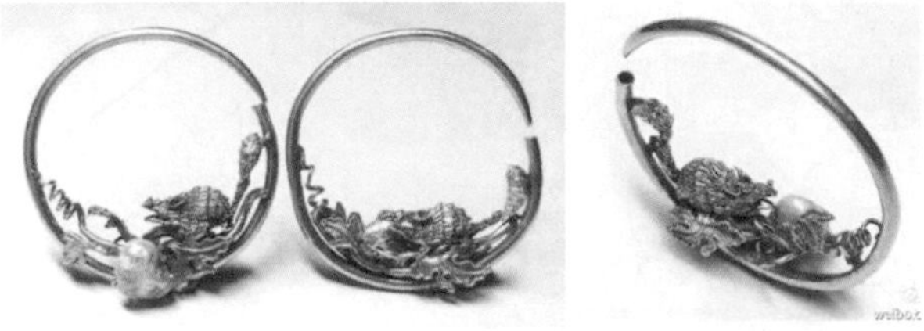

8.253〔清〕純金累絲松鼠瓜蒂鑲珍珠耳環

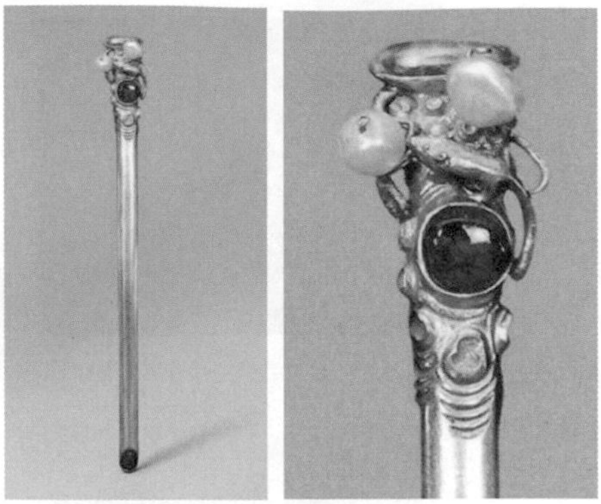

8.251〔清〕金鑲珠寶松鼠簪

五公分，寬八・七公分。清代亦有用瓜鼠為題材的耳環，如清中期純金累絲松鼠瓜蒂鑲珍珠耳環〔8.253〕，實物只有一元硬幣大小，小松鼠用累絲的方法編製而成，實物金絲比頭髮絲還要細。

重陽・茱萸・菊花

重陽節，又稱「踏秋」，為每年的農曆九月初九日。重陽節早在戰國時期就已經形成，到了唐代，重陽正式成為民間節日，此後歷朝歷代沿襲至今。

重陽與三月初三日「踏春」皆是家族傾室而出，重陽這天所有親人都要一起登高「避災」，插茱萸、賞菊花。宋代之後，插戴茱萸的習俗漸少（詳見《纖手摘芳》）。其原因在於人們對重陽節俗心態已有所改變。重陽在早期民眾的生活中強調的是辟邪消災，隨著人們生活狀態的改善，人們不僅關注目前的現實生活，而且對未來生活給予了更多的期盼，祈求長生與延壽。所以「延壽客」（菊花）的地位最終蓋過了「辟邪翁」（茱萸）。到了明代，宮中要在重陽節這天，御前進安菊花，宮眷、內臣穿羅衣「菊花」紋補子蟒衣。

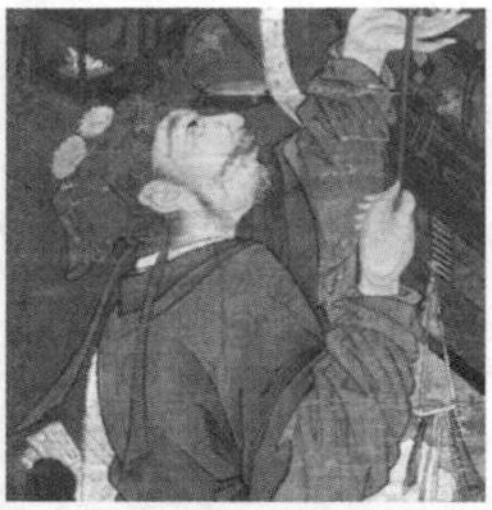

8.254〔明〕呂文英《貨郎圖・秋景》局部，絹本設色

8.255 陝西省博物館藏〔唐〕鎏金菊花紋銀釵

8.256 南京市博物館藏〔明〕金累絲菊花簪

菊花，也稱藝菊，又稱鮑菊。多年生菊科草本植物。單葉互生，卵圓至長圓形，邊緣有缺刻及鋸齒。頭狀花序頂生或腋生，一朵或數朵簇生，色彩豐富。農曆九月的深秋時分，正是菊花開得最艷的時候，因此又稱為菊月。

中國古人極愛菊花，從宋朝起民間就有一年一度的菊花盛會。在中國傳統文化中，菊花被賦予了吉祥、長壽的含義，為重陽節所簪之花，如唐代詩人杜牧〈九日齊山登高〉：「塵世難逢開口笑，菊花須插滿頭歸。」宋代周密《武林舊事》卷三載，重陽節「都人是日飲新酒，泛萸、簪菊」[183]。在明代呂文英所繪的《貨郎圖》中就有頭簪菊花的貨郎形象〔8.254〕。

我們所見相對較早的菊花主題首飾是一九五六年陝西西安南郊惠家村出土的唐代鎏金菊花紋銀釵〔8.255〕，銀質，高三十七公分，釵頭鏤空成五朵菊花圖案，菊花花朵間穿插卷草紋，釵頭下連粗銀絲兩根。唐代以後，菊花主題首飾日漸流行。一九七五年南京太平門外板倉徐達家族墓也出土了一枚菊花形金簪〔8.256〕，長十一・五公分，簪首邊長一・七公分。簪針呈方稜形，簪頂用累絲

183〔南宋〕周密：《武林舊事》卷三，九〇頁，北京，中華書局，二〇〇七。

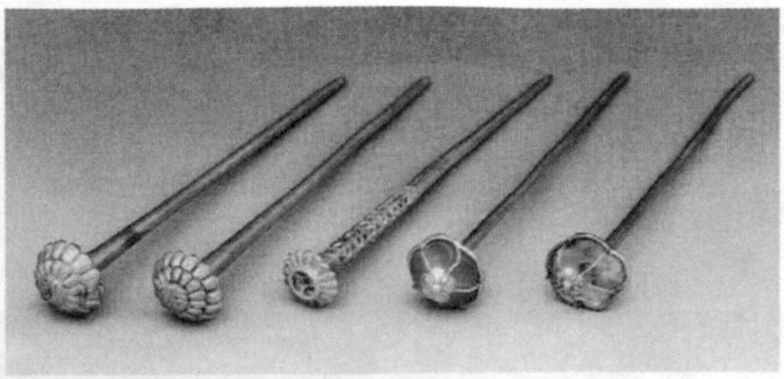

8.257〔明〕金頂及金鑲玉頂菊花啄針

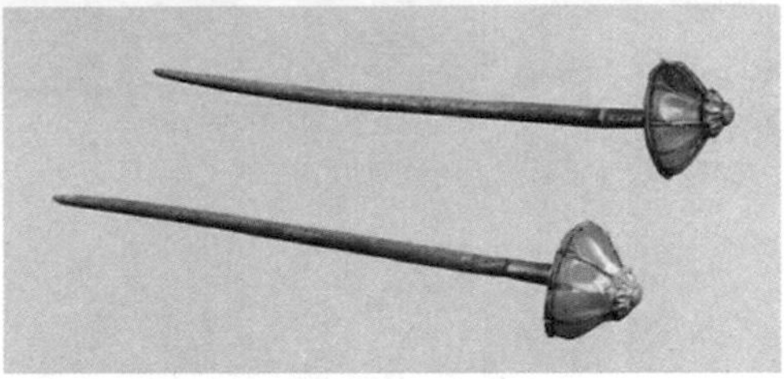

8.258〔明〕金鑲玉頂菊花啄針

8.259〔明〕金嵌寶祥雲菊花挑心

8.260〔明〕金嵌寶菊花挑心

做成抹角方形外框，內填精密細緻的卷草紋。其上再用掐絲工藝將細金絲盤成兩重花瓣，做成了一幅至臻至美的盛開菊花。

在明朝大貪官嚴嵩抄家後的家產列清冊《天水冰山錄》中有「金珠頂菊花簪」和「金菊花寶頂簪」名錄。按名索物，這很可能是類似江陰長涇明墓出土明代金頂及金鑲玉頂菊花啄針〔8.257〕和明嘉興王店李家墳明墓出土明代金鑲玉頂菊花啄針〔8.258〕。這些啄針因為簪插位置的原因，所以形制要相對簡單些。啄針又稱挑針，是一種小簪，多是圓錐形的簪腳，長短在十公分左右。但那些挑心則複雜了很多，挑心是一種簪頭背後伸出彎弧狀簪腳，插戴於明氏女子鬏髻正當心部位的簪子。如江陰青陽明墓出土明代金嵌寶祥雲菊花挑心〔8.259〕和上海盧灣區李惠利中學明墓出土明代金嵌寶菊花挑心〔8.260〕。這兩個挑心的簪頭都是黃金製作大朵菊花花頭，菊花花瓣重疊有序，花心嵌紅寶石做蕊。黃金與紅寶石兩相對比，不僅色彩強烈，且越發襯托出各自的品質之美。這種形式到了清代仍

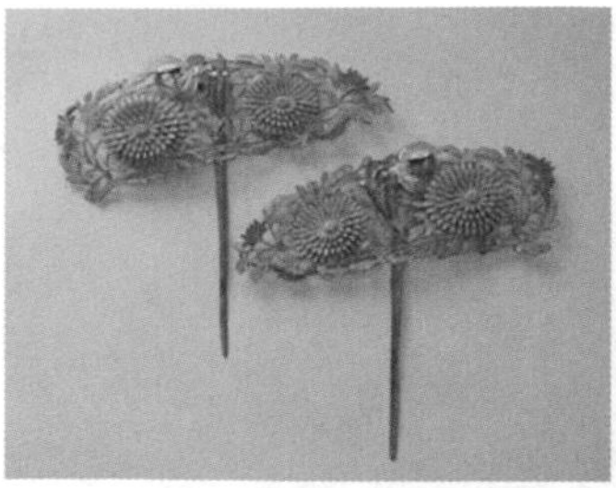
8.263 清宮舊藏〔清〕點翠菊花紋頭花

8.262〔清〕黃金累絲嵌珠寶菊花髮簪

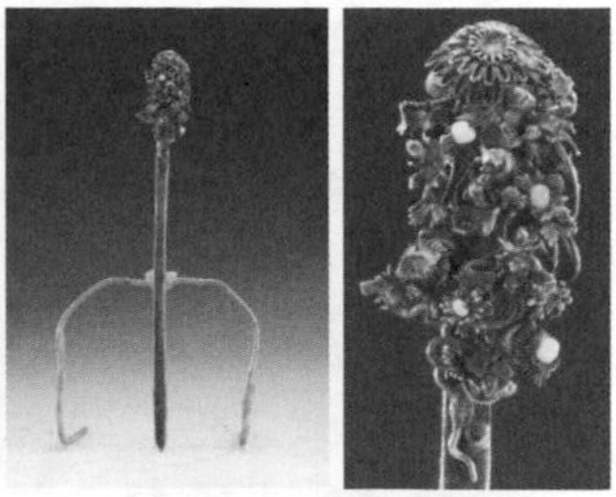
8.261〔清〕累絲鑲寶菊花金釵

有保留，如曲江藝術博物館收藏的累絲鑲寶菊花金釵〔8.261〕，長十五・八公分，簪頭長四・五公分，寬二・一公分，重十三・七克，簪首以金累絲做出菊花、石榴、枝葉等形，花心嵌寶石，現遺失四顆寶石。又如，私人收藏清代黃金累絲嵌珠寶菊花髮簪〔8.262〕，簪長十五公分，簪頭長六公分，寬四公分，重十九・八克。簪子是用以固定、裝飾頭髮的首飾，一股為單股；雙股的稱為釵或髮釵。

菊花也是清代宮廷中比較受歡迎的題材，加之是清代盛行的點翠工藝製作的，就成為最具時代特徵的應景節令物，如清代點翠菊花紋頭花〔8.263〕，橫二十公分，縱二十公分。頭花以銀鍍金材質做成兩朵菊花紋底托，再以翠鳥羽毛粘製菊花及花葉。在菊花外面圍繞的亦是點翠纏枝花葉。菊花花朵緊湊，枝葉疏朗，一緊一鬆形成視覺上的對比。

8.264 Paulding Farnham淡水珍珠和鑽石打造的菊花胸針

蒂芙尼首席設計師Paulding Farnham擅長以珠寶呈現自然植物的美態，設計了一系列花形珠寶傑作。這些清雅別致的作品曾在一八八九年的巴黎世界博覽會上展出並贏得金獎。其後一款創作於一九〇四年左右的淡水珍珠胸針，由黃金支撐的鉑金鑲嵌純美鑽石構成菊花的莖和葉〔8.264〕，生動地展示出一朵菊花的美麗形態。

8.266〔清〕品月色緞平金銀菊花團壽字棉襯衣

8.265〔明〕紅地灑線繡菊花龍紋方補

在重陽節，人們還要穿有菊花紋補子的服裝與首飾配合。明代菊花紋樣如萬曆紅地灑線繡菊花龍紋方補〔8.265〕。清代菊花紋樣如慈禧太后由於喜歡寓意長壽的菊花，因此，用菊花裝飾便服成為宮廷時尚。其實物如清光緒品月色緞平金銀菊花團壽字棉襯衣〔8.266〕，粉色素紡絲綢裡，內絮薄綿。領、袖邊裝飾紫色地乾枝梅花條，元青緞平金銀團壽字菊花邊和元青長圓壽字織金緞邊。綴銅鍍金鏨花扣及機制銅福字幣式扣各一枚，機制銅祿字幣式扣四枚。品月素緞上平金銀繡龍爪菊、虎頭菊、貫珠菊、髮絲菊、松針菊、萬壽菊、牡丹菊、大麗菊等九種菊花，間飾平金團壽字，菊花紋樣表現出強烈的浮雕感，凸顯皇室御用服飾的富麗尊貴。菊花在中國傳統的吉祥圖案中寓意長壽，九種菊花諧音寓意「久居長壽」。

明代也有將菊花和蜜蜂組合的主題首飾，被稱為「蜂趕菊」。《金瓶梅》第十四回描寫潘金蓮穿著香色潞紬雁銜蘆花樣對衿襖上縫著的就是「溜金蜂趕菊鈕扣兒」[184]。明代蜂趕菊鈕扣有不少出土雙蜂捧菊造形的實物，如北京明定陵出土蜂趕菊鈕扣〔8.267〕。菊花的花蕊為圓盤狀網格紋，外徑為一圈短而橢圓的花瓣。又如，湖北蘄春蘄州鎮雨湖村王宣明墓出土金鑲寶石蜂趕菊鈕扣〔8.268〕，兩層的金花瓣，每個花瓣中

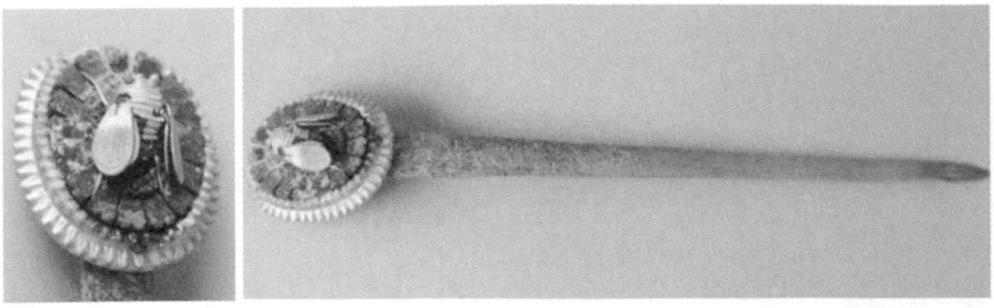

8.269〔明〕金鑲銀蜂趕菊髮簪

8.267〔明〕蜂趕菊紐扣

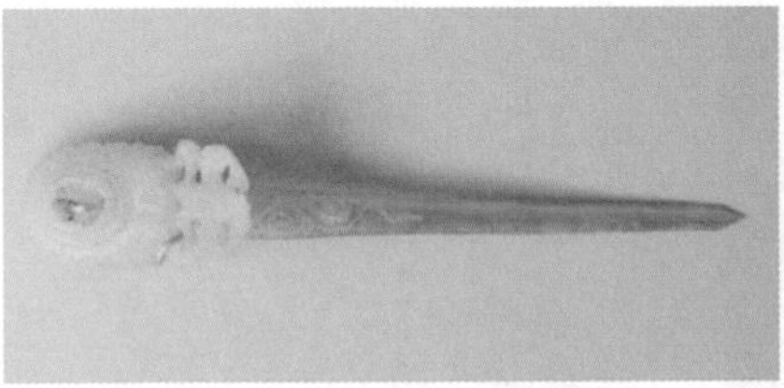

8.270〔明〕白玉嵌寶蜜蜂金釵

8.268 蘄春縣博物館藏〔明〕金鑲寶石蜂趕菊紐扣

間都有一圓點。花蕊是嵌紅寶石，外口的兩隻蜜蜂相對。每個翅膀與身體交接的根部有兩個孔洞，應是最初嵌寶石的痕跡。此類紐扣的形制有雌雄的象徵，雄者為扣，雌者為紐，相合而成一副紐扣。明清之際，南方中上層社會婦女的日常衣領高約寸許，用一兩個領扣，明代中期以後，領扣流行用貴金屬金或銀製作，主要用於女子服裝的領口，《天水冰山錄》中有關於「金屬扣」的記載，有童子捧葵、雙蝶戲花、祥雲、雙魚、花卉、元寶組合等。

「蜂趕菊」主題也有髮簪的例子，如二〇〇三年常熟虞山寶巖明代吏部郎中丁奉墓出土的金鑲銀蜂趕菊髮簪〔8.269〕，常熟博物館藏，簪首為一橢圓狀盛開甘菊，甘菊花蕊為銀質，氧化嚴重，上刻有十字紋理，花蕊周圍是金鏨刻打製的兩重細密花瓣，一隻採蜜金蜂停落在甘菊花蕊上。蜜蜂翅膀兩層，身體有橫向凸起肌理，橢圓形眼睛凸起，蜂腳抓在花蕊裡面，牢牢固定住身體。常熟博物館還藏有一件溫州知府陸潤夫婦墓出土白玉嵌寶蜜蜂金釵〔8.270〕，簪首用白玉雕成橢圓形菊花，

184〔明〕蘭陵笑笑生：《全本金瓶梅詞話》第十四回，三七六頁，香港，太平書局，一九八一。

菊花上嵌寶花蕊已經丟失，菊花彫刻一隻蜜蜂。兩隻簪子的蜜蜂，一上一下，一金一玉，形制相似，似為兩件「蜂趕菊」挑心。這種菊花的原型似是一種白甘菊的菊花，也稱「回蜂菊」，宋代鄭克己〈架壁〉詩曰：「今年種得回蜂菊，亂點東籬玉不如。」

冬至・陽生

冬至，又稱為「冬節」、「長至節」、「亞歲」等，是中國農曆中一個重要節氣，也是中華民族的一個傳統節日。冬至之後陽氣開始生發。冬至是二十四節氣中最早制定出的一個，起源於春秋時期。

據《酌中志》卷二十〈飲食好尚紀略〉記載，明代宮中十一月「冬至節，宮眷內臣皆穿陽生補子蟒衣。室中多畫綿羊引子畫貼。」[185]所謂「陽生」補子蟒衣，其紋樣為童子騎綿羊，頭戴狐帽（韃帽），肩扛梅枝，梅枝上掛鳥籠，寓意「喜上眉梢」，亦稱「太子綿羊圖」（8.271）。太子騎著一隻大羊，引領一群小羊，象徵皇室子嗣繁盛。明朝宮裡的妃子也喜歡在門上貼「綿羊引子」。綿羊引子是明代比較常見的繪畫、裝飾題材。因為，《周易》以十一月為復卦，一陽生於下；十二月為臨卦，二陽生於下；正月為泰卦，三陽生於下，故以綿羊太子象徵「三陽開泰」，如雜劇《鬧鐘馗》就有「三陽真君領三個綿羊太子」的描寫。綿羊引子圖的流行與圖式的成熟大約是在元

8.271〔明〕《綿羊引子圖》

代。[186]明後期的雙龍陽生紋圓補，在設計圖案時用口中吐出上升瑞氣的龍來表現「陽、生」的諧音。其實物如明後期雙龍陽生紋圓補〔8.272〕和大都會藝術博物館藏綿羊引子掛飾〔8.273〕。

綿羊引子圖首飾實物如北京海淀董四墓村明神宗妃嬪墓出土一對金累絲嵌寶綿羊引子圖簪〔8.274〕，長十六・三公分，寬七・六公分，重一百零二・六克，首都博物館收藏。金累絲花葉上面遍嵌藍、紅色的珠寶。其中心有一騎羊人物，右手牽絲韁，左手握梅枝，上掛鳥籠，挑於肩頭。人物身後有梅花，籠內為喜

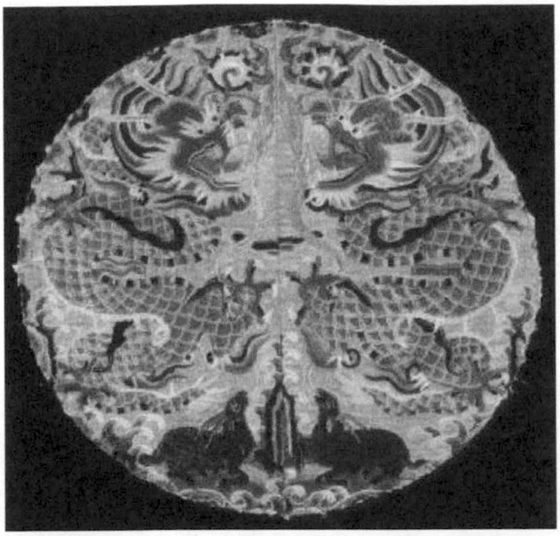

8.272〔明〕雙龍陽生紋圓補

8.273〔明〕綿羊引子掛飾

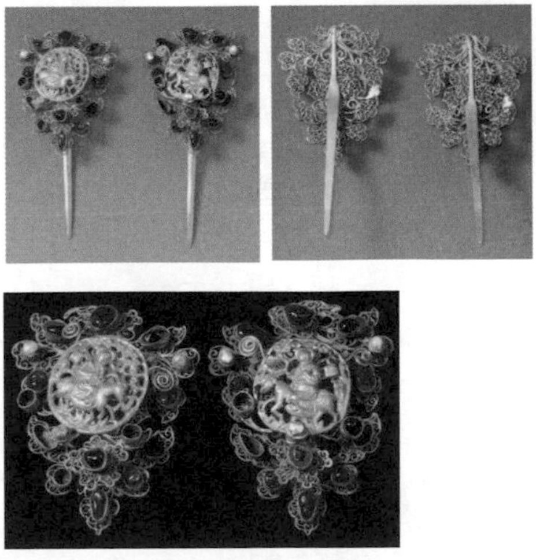

8.274〔明〕金累絲嵌寶綿羊引子圖簪

185 〔明〕劉若愚：《酌中志》卷二十，一八三頁，北京，北京古籍出版社，一九九四。

186 揚之水：《奢華之色》第三冊，一八八頁，北京，中華書局，二〇一一年。

鵲。此外，在北京董四墓村還出土了綿羊引子紋嵌寶金紐扣〔8.275〕。該紐扣中的童子亦是與前者髮簪上的人物姿態一樣。

8.275〔明〕綿羊引子紋嵌寶金紐扣

正旦・葫蘆景

春節，是農曆正月初一，古稱元日、元辰、元正、元朔、元旦。民國時期，改用公曆，將公曆一月一日稱為元旦，農曆一月一日叫春節，俗稱「陰曆年」或「過年」。這是中國最重要、最隆重、最熱鬧的傳統節日。春節的歷史很悠久，它起源於殷商時期年頭歲尾的祭神祭祖活動。

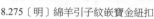

從頭一年臘月二十四祭灶[187]以後到新年，宮眷、內臣必穿「葫蘆景」補子及蟒衣，帽上佩大吉葫蘆、萬年吉慶鐔針（鐔針為帽前額正中的飾物），「咸頭戴鬧蛾，或草蟲蝴蝶」，象徵迎春。

8.276〔明〕正紅地刺繡卍壽葫蘆景壽山福海龍紋圓補

葫蘆景又稱大吉葫蘆，葫蘆的枝「蔓」與「萬」字諧音，葫蘆是多子之實，有「子孫繁茂」「子孫萬代」的寓意，也被人們用來宜男。葫蘆又諧音「護祿」「福祿」，有祈求幸福等含義。「葫蘆景」補子實物如正紅地刺繡卍壽葫蘆景壽山福海龍紋圓補〔8.276〕，上方繡一紅色正面五爪龍，龍銜萬壽葫蘆，左右各繡藍、綠升龍一條，下面飾海水江牙。如意雲頭覆蓋萬壽葫蘆，蓋下垂「卍」字繫，繫拴鯰魚一條，葫蘆內盛滿雜寶，整體寓意「江山萬代、富

8.277〔明〕金遍地緙絲燈籠仕女袍料

8.279〔明〕緙絲明黃地元宵節大吉葫蘆景柿蒂形過肩龍

8.278〔明〕滿繡葫蘆江山萬代龍紋圓補

貴有餘」。又如，北京藝術博物館藏明代金遍地緙絲燈籠仕女袍料〔8.277〕，面料整體為對襟衣造形。在柿蒂形裝飾區內有八組，每組三位，共計二十四位梳高髻，身穿襦裙的侍女。人物頭部均朝向中間領口。侍女中心有寶傘蓋子的大吉葫蘆五串，葫蘆中間牡丹花、卍字、海水江崖等吉祥紋樣，人物下映襯太湖石和花草紋樣。又如，明代萬曆滿繡葫蘆江山萬代龍紋圓補〔8.278〕和明代萬曆時期緙絲明黃地元宵節大吉葫蘆景柿蒂形過肩龍〔8.279〕。後者高一百二十公分，寬一百三十二公分，為明代皇帝所用吉服袍袍料，

187 掃塵日，即從每年農曆臘月二十三日起到除夕止，漢族傳統的節日習俗把這段時間叫做迎春日，其中，臘月二十三為傳統小年，也稱祭灶日，臘月二十四則為「掃塵日」。掃塵就是年終大掃除，北方稱「掃房」，南方叫「撣塵」，除舊布新、迎接新年。人們為除難消災，每到臘月二十三送灶神，除夕夜迎灶神期間，必須掃塵除埃，表達了古人一種辟邪除災、迎祥納福的願望。掃塵日起源於古代漢人驅除病疫的一種宗教儀式。《呂覽注》中寫道：「歲除日，擊鼓驅癘疫鬼，謂之逐除，亦曰木難。」這種儀式後來演變成了年底的大掃除。由於灶君等神明都會在新年之前的這一天「提早收工」返回天庭，因此客籍人把灶神送上天庭的日子看成已是「入年界」，福建人則以為這代表一年要結束了，又稱這一日為「送年」。

8.281〔明〕緙絲葫蘆景紋右衽窄袖袍

8.280〔明〕灑線繡葫蘆景「鍾馗打鬼」經皮面

曾用懸掛在西藏的一個寺廟天花板上，當作裝飾天篷。此外，北京故宮博物院藏一件明代灑線繡葫蘆景「鍾馗打鬼」經皮面〔8.280〕，上面是龍嘴裡叼一個葫蘆，葫蘆裡面是鍾馗身穿進士藍袍，足踏一小鬼，右手持「終葵」欲擊的紋樣。其做成的服裝實物如明代緙絲葫蘆景紋右衽窄袖袍〔8.281〕，長一百一十八公分，袖通長一百六十五公分。周身緙絲八團葫蘆景，以及海水江崖、牡丹花、祥雲和龍紋等紋樣，色彩豐富，形體飽滿。

與葫蘆紋樣服裝配合的是插戴「大吉葫蘆」簪釵和葫蘆耳環。與紋樣中的葫蘆景不一樣，用於手中把玩和裝飾的葫蘆以小為貴，唐代韋肇〈瓢賦〉說：「有以小為貴，有以約為珍。」宋人亦是如此。曾有一位劉道士贈陸游一枚小葫蘆，他甚為喜歡，並為此作了〈劉道士贈小葫蘆〉詩四首：

葫蘆雖小藏天地，伴我云云萬里身。
收起鬼神窺不見，用時能與物為春。
貴人玉帶佩金魚，憂畏何曾頃刻無？
色似栗黃形似繭，恨渠不識小葫蘆。
短袍楚制未為非，況得藥瓢相發揮。
行過山村傾社看，絕勝小劍壓戎衣。

個中一物著不得，建立森然卻有餘。
盡底語君君豈信，試來跳入看何如？

除了把玩，小葫蘆還可以用作首飾。據《析津志・風俗》記載，元代后妃們頭戴的顧姑冠，「與耳相聯處安一小紐，以大珠環蓋之，以掩其耳在內。」耳環「多是大塔形葫蘆環。或是天生葫蘆，或四珠，或天生茄兒，或一珠。」[188]這種小葫蘆另有一個非常特別的名字「草裡金」，其價格甚貴。因為「草裡金」結果甚少，形成極其偶然，非常珍貴，顧名草裡金，從古至今都備受人們的推崇。因為葫蘆諧音「福祿」，臍兒大而且不正，那就不能稱為草裡金了。只有具備了以上這些苛刻的要求，才能稱作「草裡金」。故此，「草裡金」多被人收藏，把玩，製成飾品，是手捻葫蘆中的極品。明代宦官劉若愚《酌中志》卷二十〈飲食好尚紀略〉：「正月初一日正旦節。自年前臘月廿四日祭灶之後，宮眷內臣即穿葫蘆景補子及蟒衣……自歲暮正旦，咸頭戴鬧蛾，乃烏金紙裁成，畫顏色裝就者，亦有用草蟲蝴蝶者。或簪於首，以應節景。仍有真正小葫蘆如豌豆大者，名曰『草裡金』，二枚可值二三兩不等，皆貴尚焉。」[189]清初人劉廷璣《在園雜誌》卷四〈葫蘆耳墜〉載：「明宮中小葫蘆耳墜，乃真葫蘆結就者，取其輕也。內監於葫蘆初有形時，即用金銀打成兩半邊小葫蘆形，將葫蘆夾住，縛好，不許長大。俟其結老，取其端正者，以珠翠飾之，上奉嬪妃。然百不得一二焉。因其難得，所以為貴也。」[190]明時宮中會有太監專門負責培育工藝葫蘆。這種難得的成品小葫蘆

[188]〔元〕熊夢祥：《析津志輯佚》，二〇六頁，北京，北京古籍出版社，一九八三。
[189]〔明〕劉若愚：《酌中志》卷十九，一七八頁，北京，北京古籍出版社，一九九四。
[190]〔清〕劉廷璣：《在園雜誌》卷四，一七二頁，北京，中華書局，二〇〇五。

會與珠翠串在一起，做成耳環，進奉給后妃。

所謂「草裡金」，也有人稱其為「寸子」，是指葫蘆科的一個品種，因為其生長之小，高不足寸，周正標致，皮質好，臍兒正，眼兒小，有嘴兒，有腰兒，龍頭完整，有型有鬚。在《清稗類鈔》工藝類中有「梁葫蘆」一條也談到，清時，北京有位梁姓太監以擅長培育工藝葫蘆聞名，即「梁九公，太監也。北地多蟈蟈，好事者率盛以葫蘆置暖處，可經冬不死」。在梁九公種植的葫蘆中，「極小者為婦人耳璫，尤精巧。」[191]朱家溍先生在《故宮退食錄》中記載，他的夫人趙仲巽有一玉釵：

上面鑲著一個小葫蘆，只有三分長。玉釵是用碧玉做成竹杖形，在杖端用赤金做成條帶拴在葫蘆腰，下垂一個條結，看上去簡潔雅致。趙仲巽的外祖是一位榜眼公，官至清代理藩院尚書。榜眼公有兩個妹妹都不出嫁，家裡人稱這兩位老姑娘為「五老爺」、「六老爺」。這個三分長的小葫蘆就是五老爺種的。五老爺是一位詩畫兼能的才女，喜歡聽戲、遊山、栽花、養魚等，又善於培植各種盆景。其中有兩盆小葫蘆，所謂小者也都有二寸來長，有一年秋天結了幾個一寸左右的，其中一個最小的就是那個三分長的小葫蘆。這位五老爺精心用意地保護，一直到初冬天氣，每天還從屋裡搬到廊簷上追太陽，總算長老了沒出毛病。五老爺向仲巽說：「可惜配不上對，要再有一個一般大的，給妞鑲一對耳墜子多好。」仲巽說：「您自己鑲一個首飾戴兩把頭上，多好。您今年整生日，鑲一個戳枝花，葫蘆就像老壽星拐棍上掛的一樣。」五老爺說：「福祿壽三星未免太俗氣了。」仲巽說：「嫌俗氣就別聯繫老壽星。東坡的詩，有『野飲花間百物無，杖頭唯掛一葫蘆』的句子。我給您出個主意。叫玉作坊用碧玉給琢一根竹杖形的戳枝，叫三陽金店用足赤打一個條帶結子把葫蘆鑲上，豈不是一件有詩意的首飾。」五老爺就照這樣辦了，後來五老爺終

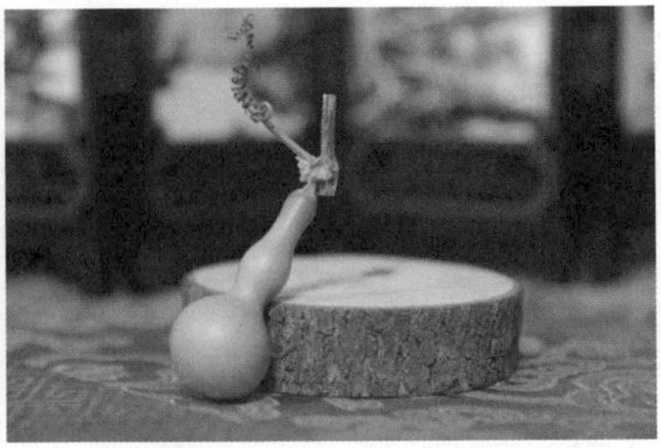

8.282 季源收藏草裡金實物照片

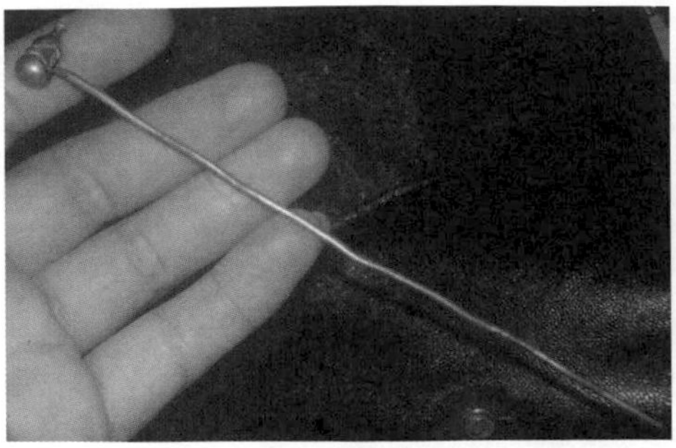

8.283〔清〕銅鎏金葫蘆簪

於把這件竹杖小葫蘆給了外孫女趙仲巽。[192]

文中講小葫蘆，即草裡金〔8.282〕，如果能配上對，便會「鑲一對耳墜子」，即元代后妃們的「天生葫蘆」。因為未能配對，所以做成了「金條小葫蘆碧玉簪」。這種有小葫蘆的簪子未見實物遺存，但與私人收藏的清代銅鎏金葫蘆簪形制相似〔8.283〕。

元代宮廷中就已經開始流行「葫蘆環」，全稱「四珠葫蘆環」或「四珠環」。在元末明初的《碎金》「服飾篇」之「北」首飾下，就列有「葫蘆三裝五裝環」。[193]在台灣故宮博物院藏南熏殿《無款元皇后像》中就有「葫蘆環」的形象〔8.284〕。到了明代，葫蘆環成為宮廷后妃命婦的一種常見耳環式樣，如《禮部志稿》卷二十〈皇帝納后儀〉的納吉納徵告期禮物中有「四珠葫蘆環一雙」[194]。在《大明會典》「皇帝納后儀」所備的禮物中即有「四珠葫蘆環一雙」、「八珠環一雙」[195]。

[191]〔清〕徐珂：《清稗類鈔》第五冊，二四一四頁，北京，中華書局，一九八四。
[192] 朱家溍：《故宮退食錄》上冊，二三五頁，北京，北京出版社，一九九九。
[193]〔元〕佚名：《碎金》服飾篇，國立北平故宮博物院文獻館影印本，一九三五。
[194]〔明〕俞汝楫編：《禮部志稿》卷二十〈皇帝納后儀〉，文淵閣四庫全書，五百九十七冊。
[195]〔明〕李東陽等：《大明會典》卷六十七，第二十六冊，東京大學國立圖書館藏，明正德六年司立監刻本。

8.285〔明〕《孝慈高皇后像》

8.284《無款元帝后像》

8.287〔明〕白玉葫蘆金耳墜

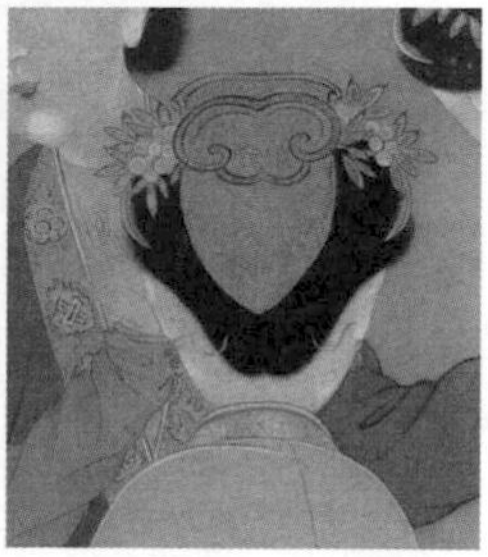
8.286〔明〕唐寅《孟蜀宮伎圖》局部

明太祖朱元璋之妻孝慈高皇后像〔8.285〕中就有金鑲四珠葫蘆環。其形制均為S形金腳穿頂覆金葉，中間穿兩顆白玉珠或一個白玉雕圓葫蘆，在白玉珠的連接處細炸珠金圈裝飾，下端又用金葉或金花托底。查看《孝慈高皇后像》可以看出，葫蘆環的長長S形金腳放在臉側，而明代唐寅《孟蜀宮伎圖》的S形金腳則在頭後方〔8.286〕。這麼長的環腳戴在耳朵上，自然不會固定不動，《紅樓夢》中就描寫尤三姐的兩個墜子卻似打鞦韆一般晃得賈璉和賈珍「酥麻如醉」[196]。《天水冰山錄》中稱為「金珠寶葫蘆耳環」，又根據珠子的大小分為「金鑲大四珠耳環」和「金鑲中四珠耳環」。其實物如明代常熟陸潤夫婦墓出土白玉葫蘆金耳墜〔8.287〕、曲江藝術博物館藏鑲玉葫蘆金耳環兩對〔8.288、8.289〕。此外，還有蘭州上西園明肅藩郡王墓出土金累絲鑲白玉珠葫蘆耳墜〔8.290〕，通長十・八公分，耳墜上方為一個五爪雲鉤提繫，

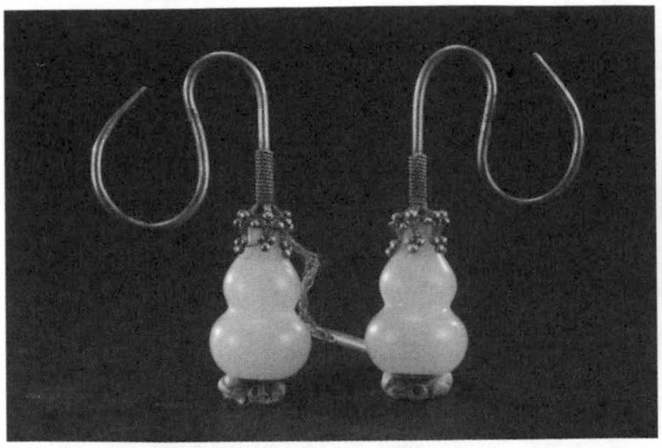

8.289 鑲玉葫蘆金耳環

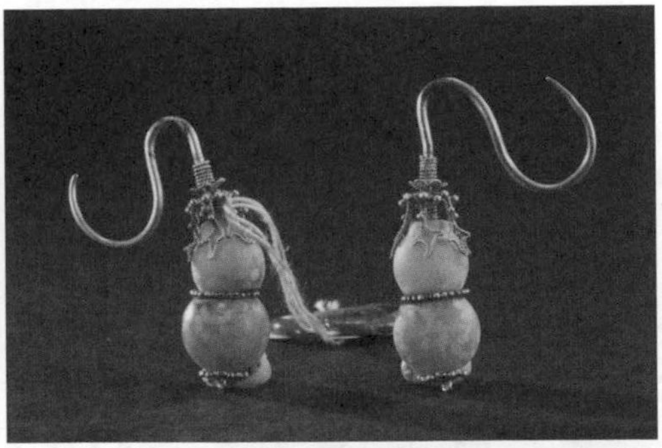

8.288 鑲玉葫蘆金耳環

8.291〔明〕金鑲白玉鏤孔葫蘆耳墜

8.290 金累絲鑲白玉珠葫蘆耳墜

下接金累絲傘蓋。傘蓋外圈披飾瀝水，內吊綴白玉珠兩顆，玉珠兩端飾金累絲花葉托連綴。五爪雲鉤墜如意、金錠、銅錢、鐸鈴事件兒五串，形成白玉珠的外圍裝飾。毫無疑問，此件葫蘆耳墜的造形設計是借鑑了燈籠景的裝飾式樣。

還有更為複雜的工藝的葫蘆耳墜，如一九九七年上海市盧灣區李惠利中學明墓出土明代金鑲白玉鏤孔葫蘆耳墜〔8.291〕，高四・五公分。耳墜上部用一根金絲彎成S形，似葫蘆蔓，下垂金片錘打鏤刻出的雙層覆蓮瓣，覆蓮瓣蓋在玉葫蘆上，似蓮蓋頂。玉葫蘆由大小兩顆圓形玉珠組成，玉珠通體透雕鏤空錢紋。兩葫蘆間，為金片製成的仰覆

---

196 〔清〕曹雪芹、高鶚：《紅樓夢》，卷六十五，九〇九頁，北京，人民文學出版社，二〇〇五。

8.292 戴東珠葫蘆耳環的清代皇后畫像

8.293 清代皇太后、皇后耳飾

蓮瓣，葫蘆底部，由金片仰蓮瓣托起，造形精巧，工藝精湛。

到了清代，葫蘆耳環更是成了皇后禮服中的耳飾〔8.292〕。清代禮俗，上自后妃，下至七品命婦，著禮服時皆左右耳各戴三具耳墜〔8.293〕。皇太后、皇后耳飾左右各三，每具金龍銜一等東珠各二。皇帝的后妃耳飾皆為金龍蟒銜東珠各兩顆，唯東珠品質有等差。皇子福晉以下等貴族夫人則為金雲銜珠兩顆。

除了金嵌玉，其實最常見的是金葫蘆耳環。受明代文人審美取向影響，尚素雅，不事繁縟，有一種素光或稱金光葫蘆耳環，如一九七八年南京太平門外鐵心橋出土明代金光葫蘆耳環一對〔8.294〕，耳環作葫蘆形，葫蘆蒂上纏繞數道金絲，不作任何裝飾，又如私人收藏明代葫蘆形金光耳飾〔8.295〕，高三・七公分，重十克，素面長束腰。這兩個與《天水冰山錄》「耳環耳墜」一項中的「金光葫蘆耳環」相對應。

除了素光葫蘆耳環，還有起稜和摺絲工藝。前者如一九七三年南京太平門外堯化門出土明代葫蘆形金耳環〔8.296〕，同出一對，形制相同。採用錘鍱工藝製成葫蘆，空心，周身起稜，蒂上有金托，可嵌物，底部作花心狀，有一孔；一九七七年南京太平門外板倉徐輔墓出土明代葫蘆形金耳環一對〔8.297〕，耳環作葫蘆形，以錘鍱、嵌花、

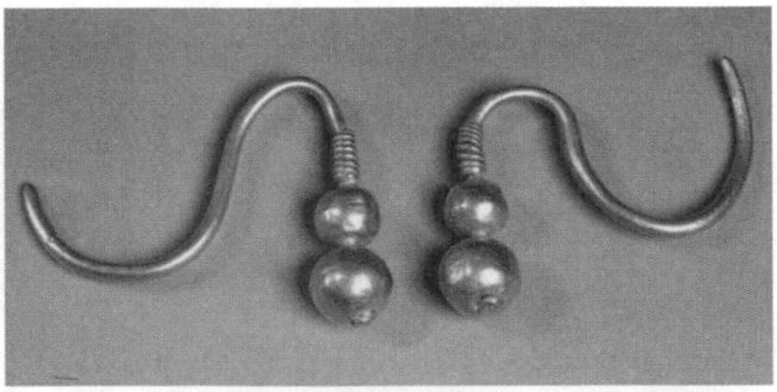

8.294〔明〕金光葫蘆耳環

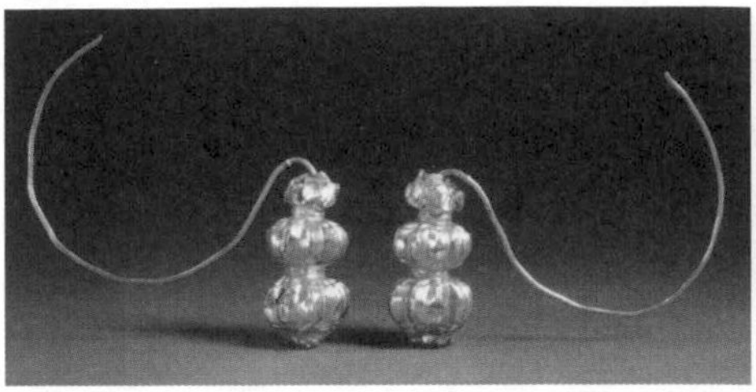

8.295〔明〕葫蘆形金光耳飾

8.296〔明〕葫蘆形金耳環

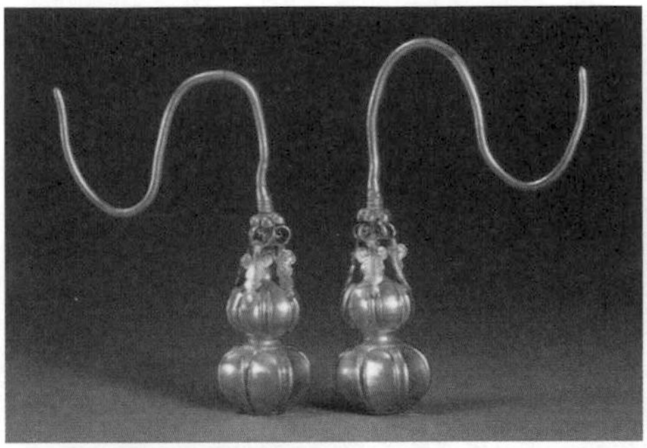

8.297〔明〕葫蘆形金耳環

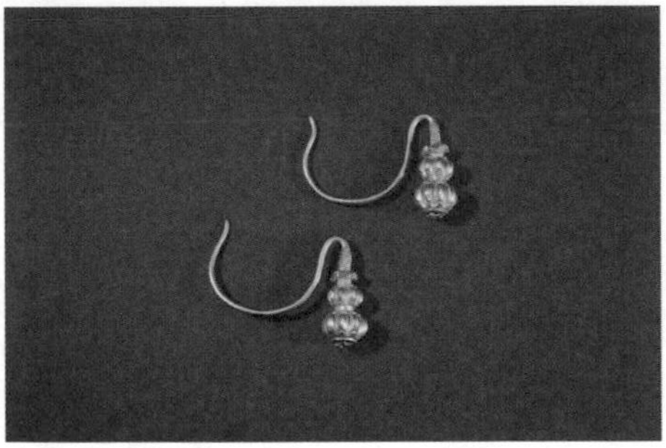

8.298〔明〕金質葫蘆形耳飾

8.299〔明〕金摺絲葫蘆耳環

焊接等工藝做成。葫蘆，空心，周身起稜，上端有五個圓珠組成五瓣花，再通過纏繞的金絲連接五片芭蕉葉，葫蘆底作錢紋。此外，臺灣「金粟山房」藏明代金質葫蘆形耳環〔8.298〕，高五・三公分，重三十二克，葫蘆造形，頂覆金瓜葉意象，身上起稜脊做裝飾，極富立體感。另外一件私人收藏明代金摺絲葫蘆耳環〔8.299〕，高三・

五九公分，總重量十五・五三克。耳墜作葫蘆形，大小兩肚，頂覆金瓜葉，葉脈清晰，枝蔓纏繞如傘蓋，與掛鉤連為一體，上有瓜稜，空心，亞腰處用小金珠作成圓環環繞，底部為圓形錢紋鏤空底座。前兩件是用薄金片材打製，然後鏨出起稜的紋理。

「摺絲」有時也稱折絲。其實物如曲江藝術博物館藏的兩對明代金摺絲葫蘆耳環〔8.300、8.301〕，先以金片片材做出葫蘆身，再用金絲攢聚做出的「摺絲」效果。摺絲用途較廣泛而折絲多用於耳飾，因其難做，故市面上少見。即便在明時因折絲難做，高檔工匠們便會在金銀葫蘆耳環的表皮淺刻上線條仿造折絲以迎合大家的追寵之意，雖不及真折幾分亦為時尚。此外，亦有用點翠〔8.302〕、掐絲工藝做〔8.303〕和鏤空鏨刻〔8.304〕工藝製作的葫蘆形耳環。

除了耳環，有時葫蘆紋樣也用在髮簪上的裝飾。其實物如清代宮廷鎏金金簪〔8.305〕，長十六公分，整體造形類似明代皇冠，主體為鏨刻紋飾，中部的葫蘆係掐絲工藝，葫蘆諧音「福祿」，與下方的蝙蝠形鏨刻紋同為吉祥如意、福祿雙全之寓意。兩邊鑲盤長結，民間也作「盤腸結」，古漢詩中有「著以長相思，緣以結不解。以膠投漆中，誰能離別此」之句，寓意無始無終，綿長恆久。中嵌紅寶石起畫龍點睛之效。金簪整體工藝精湛，為明代宮廷御用大家之手筆。

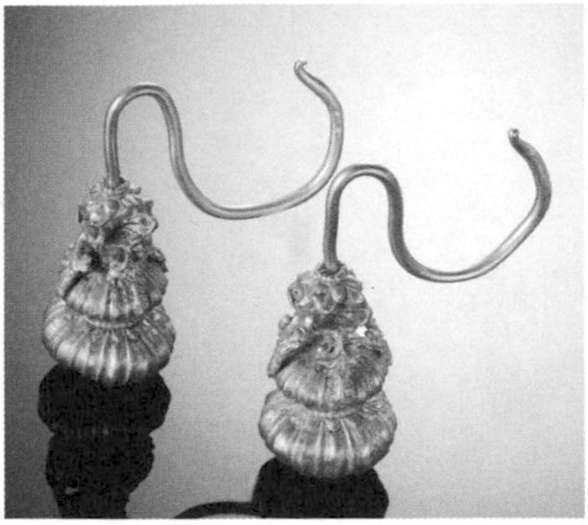

8.301〔明〕金摺絲葫蘆耳環

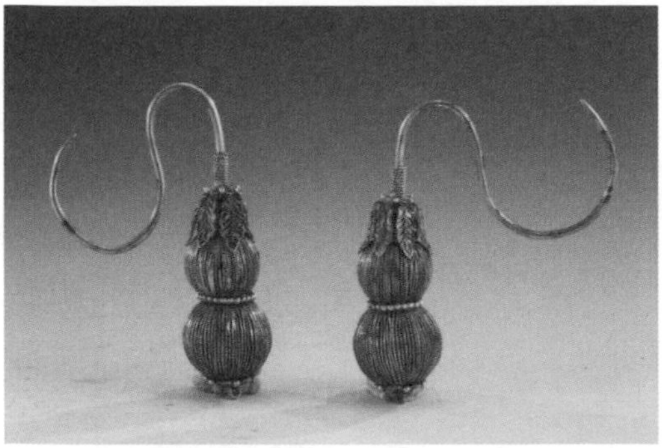

8.300〔明〕金摺絲葫蘆耳環

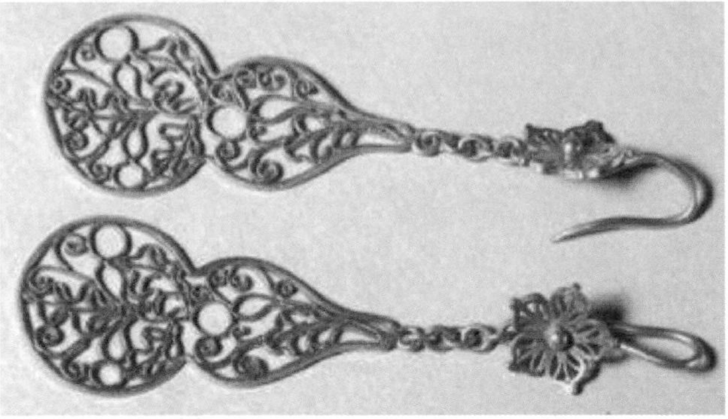

8.303〔清〕金掐絲葫蘆耳墜

8.302〔清〕銅點翠鳳凰葫蘆耳飾

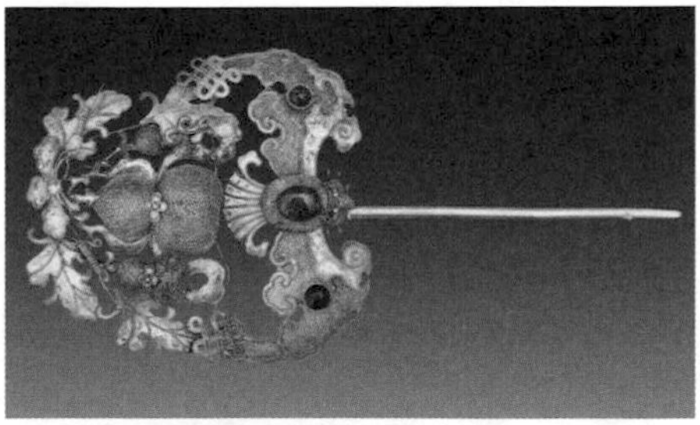

8.305〔清〕鎏金金簪

8.304 私人收藏　〔明〕鏤空鏨刻葫蘆金耳環

後記

就中國服裝史研究而言，一般都是先從禮儀服飾入手，因為這部分內容典籍記載比較詳細，出土實物相對較多，內容宏大，也最能體現中國古人的造形觀念和哲學思想。當對禮儀典籍的研究達到一定程度的時候，對於中國服裝史的研究就需要擴大範圍，探尋中國先民在實際服飾文化生活中的真實面貌，不能僅僅局限於殿堂廟宇中穿用的禮儀服裝。這些內容因為更貼近真實的生活而更富生活情趣，也更容易反映出中國古人的真實生活面貌。

從最初的構思、整理資料、梳理文獻、撰寫書稿，再到文字校對，直至今天撰寫後記，大約也有將近五年的時間了。這個過程雖然斷斷續續，但整體研究一直沒有停下來。儘管時間長了些，卻也能不斷補充一些新內容和新材料。這或許也是一件好事。

本書也是獻給我母親劉淑遠女士、父親賈佩琰先生的一份禮物。當年正是父母支持我學習，鼓勵、督促我考研、讀博，一步一步走到今天。如今父母都已是古稀之年的老人。我也已經人到中年。雖然時間歲月在慢慢流失，但我對於中國服裝史的熱愛不曾衰減一分。真心希望這些經過數千年積累，逐步沉澱的博大、豐厚、精彩的中國傳統服飾文化遺產，能夠一代一代傳承下去，不要消失在二十一世紀的今天。盡自己所能，將其發揚光大是我一生的使命。

感謝家人張文芳、程曉英、賈程成，你們的笑容是上帝賜予我人生最好的禮物。

賈璽增

國家圖書館出版品預行編目 (CIP) 資料

四季花與節令物：中國古人頭上的一年風景 /
賈璽增著. -- 第一版. -- 臺北市：風格司藝術
創作坊, 2018.11
面； 公分
ISBN 978-957-8697-36-2(平裝)

1.髮飾 2.服飾習俗 3.中國

538.147 107019616

四季花與節令物
中國古人頭上的一年風景

作　　者：賈璽增
編　　輯：苗　龍
出　　版：風格司藝術創作坊
10671台北市大安區安居街 118 巷 17 號
Tel: (02) 8732-0530　Fax: (02) 8732-0531
http://www.clio.com.tw
總 經 銷：紅螞蟻圖書有限公司
Tel: (02) 2795-3656　Fax: (02) 2795-4100
地址：台北市內湖區舊宗路二段121巷19號
http://www.e-redant.com
出版日期／2018 年 11 月　第一版第一刷
定　　價／450 元

※本書如有缺頁、製幀錯誤，請寄回更換※

Knowledge House & Walnut Tree Publishing

Knowledge House & Walnut Tree Publishing